Hans-K. und Susanne Lücke
Die Götter der Griechen und Römer

Hans-K. und Susanne Lücke

Die Götter der Griechen und Römer

marixverlag

FSC
Mix
Produktgruppe aus vorbildlich
bewirtschafteten Wäldern und
anderen kontrollierten Herkünften

Zert.-Nr. SGS-COC-1940
www.fsc.org
© 1996 Forest Stewardship Council

Copyright © by Marix Verlag GmbH, Wiesbaden 2007
Hans-K. und Susanne Lücke sind Autoren der
Verlagsagentur Lianne Kolf, München
Covergestaltung: Thomas Jarzina, Köln
Bildnachweis: akg-images GmbH, Berlin
Satz und Bearbeitung: C&H Typo-Grafik, Miesbach
Gesamtherstellung: GGP media GmbH, Pößneck
Printed in Germany

ISBN: 978-3-86539-909-0

www.marixverlag.de

Inhalt

Vorwort

Die Götter der Griechen und Römer und ihre Mythen sind noch immer mit uns: unverhohlen in den bildenden Künsten, auf der Bühne, in Musik und Literatur und nicht zuletzt integriert in die Trivialität unseres Alltags. Da garantiert → Demeter für sauberes Getreide, → Hermes ist für den Transport von Gütern zuständig, das trojanische Pferd bringt Unheil in Form eines Hackerprogramms. Schon seit über zweitausend Jahren beginnt das Jahr mit dem Januar, dem Monat des römischen → Janus, des Gottes des Übergangs.

Gewöhnlich unbemerkt begleiten uns die antiken Götter im Alltag auch als Spiegel, in dem wir uns erkennen und wiedererkennen können. Unsere Welt mag größer geworden sein inzwischen, auch in Bluejeans ist der Mensch geblieben, was er war: Der Blick in die Welt der antiken Götter beweist es. Dieses Buch kann – allemal in seiner knappen lexikalischen Form – nicht mehr sein als ein Fenster und vielleicht auch noch eine Tür zu jener Welt, eine Einladung und vielleicht ein Besuchsprogramm dazu.

Die Götter der Griechen und Römer: Das ist ein Stück abendländischer Religionsgeschichte, die wir heute ausschließlich christlich zu definieren pflegen, und zugleich ein Stück Geistesgeschichte. Dass die Götter der Alten noch immer lebendig sind, ist ein Werk ganz wesentlich eben christlicher Überlieferung in einem Prozess, der historisch zu guten Teilen eine Analogie hat in der ausgleichenden (typologischen) Begegnung des Neuen mit dem Alten Testament und den wir heute nüchtern „Assimilisation" nennen würden.

Gewöhnlich stellen die Götter der Griechen sich uns heute als Götter auch der Römer, vor allem unter ihrem lateinischen Namen vor. Historisch ist solche Einheit in ihren wesentlichen Teilen (im 3. Jh. v. Chr.) ein eher spätes Ereignis, das einen ursprünglichen Wesensunterschied in der Vorstellung vom Göttlichen verdeckt. Allgemein ist diese Begegnung ein Phänomen des Hellenismus.

Dieses Buch ist auch ein Versuch, neben dem fraglos Gleichen der beiden Kulturen auch das jeweils Eigene aufzuzeigen. Dennoch stellen wir einige Gottheiten in ihrer historisch endgültigen Einheit, andere in ihrer jeweiligen Manifestation als griechisch oder wesentlich römisch vor. Anlass für dieses besondere Anliegen ist die Beobachtung, dass griechische und römische Religiosität im Bereich unserer Aufmerksamkeit sich in vieler Hinsicht fundamental voneinander unterscheiden.

Den Griechen zeigen sich die Götter in menschlicher Gestalt und mit menschlichem Wesen, mit menschlichen Gefühlen, Gedanken und Leidenschaften. Dazu gehört, dass sie gar heiraten und eine überschaubare Familie bilden. Kinder haben sie auch mit Sterblichen. So gibt ihr Naturell ihnen eine ungemeine Präsenz im täglichen Leben der Menschen. In Erscheinung und Wesen sind diese Götter ein Spiegelbild des Menschen. Was sie jedoch zu Göttern macht, ist, dass sie zum einen unsterblich sind und dass sie zum anderen den Menschen Respekt abverlangen und Anmaßung erbarmungslos strafen. Das alles wissen wir ganz wesentlich aus Homer, auch aus Hesiod, aus der griechischen Tragödie und damit aus religionsgeschichtlich vergleichsweise später Zeit. Ein Blick auf die Frühzeit griechischer Religion, auf etwa Seelenkult und Fetischismus, lässt uns die olympischen Götter gleichsam als Menschwerdung eines ursprünglich Verborgenen und entrückten Göttlichen erscheinen.

Dem Römer zeigt das Göttliche in seinem eigentlichen Wesen sich als „Numen". Das ist eine Autorität mit Einsicht und Willen, aber sie bleibt unsichtbar und ist wahrnehmbar wesentlich nur in ihrem Wirken, das man z. B. in Vogelschau und Haruspizien als Zeichen zu deuten weiß, eine Autorität, der man sich mit einem sorgfältigen Kult nähert. Römische Götter haben gewöhnlich keinen Mythos: Ein Numen macht so leicht keine Geschichten. Erst mit der Personifikation in griechischem Geist konnte das sich ändern.

Bemerkenswert bleibt, dass auch diese Numina griechische Göttergestalt anzunehmen vermochten. Eine prominente Ausnahme dabei ist in Abwesenheit eines griechischen Äquivalents → Janus, ein Numen des Übergangs. Es scheint, dass mit gerade dieser Zuständigkeit sich ein fundamentales Stück römischer Religiosität zeigt, sofern das Göttliche dem Menschen Grenzen setzt, die er zu seinem Heil nicht überschreiten soll. Das Gebot setzt Kenntnis voraus, und die ist ein Anliegen der „Religion" und vermittelt sich dem Römer wesentlich durch Zeichen, deren kultische Wahrnehmung wesentlich dem Auguren obliegt. Dessen Fähigkeit, die Zeichen richtig zu lesen, gibt dem Begriff der Religion im römischen Verständnis von *religio* den Sinn, in dem Cicero (*nat.* 2.72) das Wort ableitet von *relegere* als ein (Immer-)Wieder-Lesen und also Erwägen. Das sind Akte, denen es um Kenntnis geht. Diese Kenntnis verlangt Respekt, und der findet seinen Asdruck in der *pietas*, einem Prinzip von fundamentaler Bedeutung für das römische Individuum wie für das Gemeinwesen, für den Staat: gewissenhafte Pflichterfüllung, Gehorsam nicht nur gegen die Götter. Kennzeichnend für diese Haltung ist auch das ungemein gewissenhafte Befolgen kultischer Vorschriften und Regeln, das eigentlich nichts anderes ist als das geradezu ängstliche (vgl. die „ängstlichen" Ohren in Ovid, *fasti* 1.179) Streben nach Genauigkeit beim *relegere* der Zechen (s. o.).

Das Verschmelzen etruskischer mit römischer Religiosität ist hier kein Thema: Wir belassen es gewöhnlich bei einer bloßen Erwähnung.

Die Unterscheidung von „italisch" und „römisch" ist einzig historisch-geografischer Art. Seit augustäischer Zeit sind *Romanus* und *Italus* gleichbedeutend (vgl. Horaz, *carmen* 2.13 und 18; Vergil, *aen.* 8.678; vgl. Kl. Pauly 2, Sp. 1484).

Die Religion der Griechen und Römer ist polytheistisch. Mit dem Christentum tritt ihr ein Monotheismus entgegen, der sich durchsetzt. An die Stelle der vielen Götter tritt nun ein einziger Gott, und der zeigt sich der Welt in seinem Sohn Christus als Mensch. Die Botschaft von der Menschwerdung des Göttlichen mag leicht Verständnis gefunden haben bei Leuten, denen die Erscheinung des Göttlichen in Menschengestalt vertraut war. Wohl auch darum vermochte man die Götterwelt der „Alten" als einen Zustand zu verstehen, der, wie das Alte Testament, den Weg weist auf die Wahrheit, die sich mit Christus offenbart. In diesem Sinn war es möglich, z. B. → Herakles/Hercules, den Sohn des → Zeus/Juppiter, als Antetypus Christi zu sehen. Es ist ebendieser historische Sachverhalt, der substanziell das „Überleben" der alten Götter bis in unsere Tage begründet hat.

Die gegenwärtige Auswahl griechischer Götter beschränkt sich grundlegend auf die „Zwölfgötter", auf jene Göttergemeinschaft, die ihren Namen nach dem Sitz des Göttervaters Zeus auf dem Olymp erhalten hat: die „olympischen Götter" also, die sich gewöhnlich in sechs – mit Ausnahme von Zeus und Hera keineswegs auch beständigen – Paaren zeigen. Dazu kommen in unserem Zusammenhang noch andere bedeutende Götter, vor allem solche, die sich den Olymp erst „verdienen" mussten, wie → Dionysos und → Herakles.

Die Auswahl der römischen Gottheiten folgt im Sinne des römisch-griechischen Synkretismus der besonderen Erscheinung des römisch-italischen „Partners". Die Minderheit der genuin römischen Gottheiten im gegenwärtigen Zusammenhang entspricht dem uns fassbaren historischen Sachverhalt.

Ein Unterschied in der jeweiligen Darstellung von griechisch einerseits und römisch andererseits erklärt sich aus dem ursprünglich fundamentalen Unterschied zwischen den beiden Religionen (s.o.): Die griechischen Götter stellen wir dem Leser so vor, wie sie sich in ihrem Mythos zeigen, wobei es uns durchaus darum geht, nach Möglichkeit ein wenig von dessen anschaulicher Lebendigkeit zu vermitteln, die Person vorzustellen. Einsicht in das genuin abstrakt gestaltlose römische Numen lässt sich nur gewinnen durch den – gelegentlich auch spekulativen – Blick auf seinen Kult, der uns ein gleicherweise eher abstraktes Bild der Gottheit vermittelt.

Diese Götter sind durch die Zeiten Gegenstand eines vielfältigen, auch wissenschaftlichen, Interesses geworden. Uns war wichtig, aus den alten grundlegenden Quellen zu schöpfen, gelegentlich im Originaltext. Wir nennen sie mit der Absicht, dem interessierten Leser zu dienen, und in der Hoffnung, dem anderen Leser nicht lästig zu sein.

Schondorf, Dezember 2006   *Hans-K. und Susanne Lücke*

ÄSKULAP → Asklepios

AMOR → Eros

APHRODITE, griech., lat. → Venus, etr. Turan. Die griechische Göttin der Schönheit, der Liebe und der Fortpflan-
zung von Mensch und Tier. Eine der „Zwölfgötter", Tochter des → Zeus und der Titanin Dione, auch die Tochter
des Himmels (des Uranos), die die „Schaumgeborene" genannt wird.[1] Ihr Name wurde von den Griechen mit *„aph-
ros"* (griech., „Meeresschaum") in Verbindung gebracht.

A. ist reich an Mythen. Unter den verschiedenen Berichten über ihre Geburt ist die Version von der „Schaum-
geborenen" die bekannteste (s.o.). Erde (Ge/→ Gaia) und
Himmel (Uranos) sind ein Paar. Zwischen den beiden
kommt es zu Unstimmigkeiten, als Uranos ihre gemeinsamen Kinder, die grässlich anzuschauenden Hekatoncheiren, vor Scham versteckt. Ge beauftragt → Kronos,
Uranos zu strafen. Der entmannt den Vater und wirft
das abgetrennte Glied ins Meer. Dem Schaum, der das
„unsterbliche Fleisch" umgibt, oder dem Glied selbst entsteigt dann das Mädchen A. Plautus berichtet, A. sei aus
einer Muschel geboren.[2]

Sie tritt als Vollendete in die Welt (vgl. → Athene) und
wird von einer Muschel oder von den schäumenden Mee-
reswogen an Land getragen. Zephir, der Westwind, lenkt
sie nach Zypern, wo sie an Land geht. Gras sprießt, wo
sie ihren Fuß hinsetzt. Nun wird sie von den Horen, drei
Töchtern des → Zeus und der Themis (ursprünglich Per-
sonifikationen der Jahreszeiten), in Empfang genommen.
Die kleiden und schmücken die Göttin und führen sie den
unsterblichen Göttern vor, die von ihrer Schönheit so beeindruckt sind, dass ein jeder sie sich insgeheim zur Frau

wünscht; sogar die Vögel und alle anderen Tiere sind verzaubert.[3] So zeigt die Göttin sogleich ihre unwiderstehliche Macht. Weniger beeindruckt zeigen sich die keuschen Göttinnen → Athena, → Hestia und → Artemis.

A. hat viele Liebschaften, die erste angeblich mit dem schönen Nerites, Sohn des alten Meeresgottes Nereus, noch bevor sie dem Meer entsteigt.[4]

Zeus macht, dass sie sich als Erstes in einen Sterblichen verliebt: den schönen Anchises.[5] A. wird ihm Lyros und Aineias/Aeneas gebären, den künftigen Stammvater der Römer.[6] Unter den Göttern verbindet sie sich mit → Hermes, dem sie den Zwitter Hermaphroditos gebiert. Ihr Kind von → Dionysos ist nach Pausanias[7] und Diodor[8] der monströse Fruchtbarkeitsgott → Priapos. Noch weitere Kinder hat sie aus anderen Verbindungen.

Schließlich heiratet A. den unansehnlichen, hinkenden Schmiedegott → Hephaistos, den sie nach Kräften hintergeht. Vor allem eine Affäre mit dem Kriegsgott → Ares wird zu einem regelrechten Skandal auf dem Olymp. Ares besucht die A., wenn ihr Gemahl abwesend ist, und liegt mit ihr. Aus dieser Beziehung gehen drei Kinder hervor: Phobos (griech., „Schrecken"), Deimos („Furcht") und Harmonia.[9]

Helios, der Sonnengott, sieht die beiden beim Ehebruch und hinterbringt Hephaistos seine Entdeckung. Der Betrogene schmiedet nun ein feines Netz, so fein wie ein Spinngewebe, in dem sich die Ehebrecher gefangen und bloßgestellt sehen, zum großen Gelächter der Olympier. Damals sei A. vor Scham den Tränen nahe gewesen.[10]

Eine heftige Liebe erfasst A. zu Adonis, der im Grunde seine Existenz dem Zorn der Göttin verdankt: Myrrha, die Tochter des kyprischen Priesterkönigs Kinyras, verliebt sich nach dem Willen der A. in den eigenen Vater.[11] Myrrha zeugt mit dem Ahnungslosen den Adonis, der schon als Säugling so schön ist, dass sich A. sogleich in ihn verliebt. Heimlich verbirgt sie das Kind in einem Kästchen und gibt es in die Obhut der → Persephone, die sich aber ebenfalls sofort in A. verliebt. Den Streit, der zwischen den beiden Göttinnen entbrennt, schlichtet Zeus, indem er entscheidet, Adonis solle ein Drittel des Jahres für sich leben, ein Drittel bei Persephone und ein Drittel bei A.

Der ständige Begleiter der A. ist → Eros, der entweder älter ist als die Göttin[12] oder – nach späteren Autoren – ihr Sohn.[13]

Ungewollt greift sie ins Weltgeschehen ein und entfacht ahnungslos den Krieg zwischen Griechen und Troern: Im Wettstreit von A., Athene und Hera, wer von ihnen die Schönste sei, soll der troische Prinz Paris der Siegerin einen goldenen Apfel reichen.[14] A. besticht den Richter, indem sie ihm die Ehe mit Helena, der schönsten aller Frauen, verspricht. Als Paris Helena nach Troja entführt hat, entbrennt der Krieg, in dem die Göttin neben → Ares, Apollon und Artemis auf der Seite der Troer steht, während die im Schönheitswettbewerb unterlegenen Göttinnen Hera und Athene die Griechen schützen.[15] Ihre besondere Sorge gilt Aineias, ihrem Sohn von Anchises. Sie versorgt seine Wunde, die Diomedes ihm beigebracht hat, und trägt ihn vom Schlachtfeld,[16] und dem von Athene hingestreckten Ares hilft sie wieder auf die Beine.[17] Den Paris rettet sie in höchster Not, und „in viele Nebel ihn hüllend" entrückt sie ihn.[18]

A. ist keine Kämpferin wie Athene, und sie ist verletzlich. Als die streitbare Athene ihr einen heftigen Schlag vor die Brust versetzt hat, muss sie sich dazu den Spott der Siegerin und die Beschimpfung der Hera gefallen lassen, die sie eine „Hundsfliege" nennt.[19] Ihre Waffen sind anderer Art und bleiben auf dem Schlachtfeld wirkungslos. Diomedes nutzt diese Schwäche und trifft sie mit seiner Lanze an der Handwurzel, als sie den Aineias vom Schlachtfeld trägt.[20]

Die Waffen, die ihr zu Gebote stehen, setzt A. im Übrigen ein zum Guten wie zum Bösen. Vor allem aber stiftet sie Liebe: zwischen Tartaros und Ge,[21] in Hephaistos entfacht sie Liebe zu Athene,[22] in Kirke zu Odysseus,[23] in

Heras Auftrag macht sie, dass sich Medeia in Jason verliebt.[24]

Ihre Günstlinge bedenkt sie mit Wohltaten. Vor dem Wettlauf zwischen Melanion (oder Hippomenes) und der schnellfüßigen Atalanta z. B. erhört sie den Hilferuf des Jünglings und rollt goldene Äpfel in die Rennbahn, die Atalanta verleiten, sich nach ihnen zu bücken. So verliert das Mädchen Zeit und den Lauf.[25]

Wer dieser Göttin jedoch den Respekt versagt, bekommt ihre Rache zu spüren. Rache ist – nächst der liebestiftenden Kraft – die andere mächtige Waffe der A. So unterscheidet sie sich auch darin wesentlich von Athene. Myrrha verliebt sich in Kyniras, den eigenen Vater, zur Strafe dafür, dass ihre Mutter geprahlt hatte, ihre Tochter sei schöner als A. (s. o.). – Eos, die Göttin der Morgenröte, straft sie mit immerwährender Verliebtheit, weil sie mit Ares geschlafen hat. Pasiphaë, die Gattin des Minos, hat mehrere Jahre der A. nicht geopfert und wird dafür mit einer perversen Liebe zu einem Stier geschlagen.[26]

Schon in der griechischen Antike tritt an die Seite der A., die die sinnliche Liebe darstellt, eine A., die frei ist von leiblicher Lust. So unterscheidet Platon eine „himmlische" und eine „irdische" Liebe.[27] Pausanias nennt sogar drei: Urania, die „Himmlische", die frei ist von leiblicher Liebe, Pandemos, die „Gewöhnliche", die für den Beischlaf zuständig ist, und Apostrophia, die „Abwenderin", die die Menschen vor zuchtloser Begierde bewahrt.[28]

Die Schönheit der Göttin A./Venus manifestiert sich von Anbeginn in ihrer sinnlichen Erscheinung. Ihr charakteristisches Bild zeigt sie seit der klassischen Zeit Griechenlands (5. und 4. Jh. v. Chr.) nackt und wohlgestalt. Man kann ihre Nacktheit, die durch reichen Schmuck noch hervorgehoben wird, geradezu als ihr Attribut bezeichnen (vgl. dagegen die keusche → Artemis!). Auffallend ist ihr fülliges, gekräuseltes oder gewelltes langes Haar. Ihre zahlreichen Attribute lassen sich gruppieren a) in solche, die die Sinne ansprechen, wie eine Blüte, an der A. riecht (in der griechischen Antike: „Duftblüte"), insbesondere die Rose, in der Neuzeit auch Musikinstrumente, b) solche, die auf die Fruchtbarkeit hinweisen, wie der Hase oder Tauben, die auch ihren Wagen ziehen, und der vielsamige Granatapfel, c) Requisiten der Schönheitspflege, meist der Spiegel und aufwendiger Schmuck, vor allem ein reich verzierter Gürtel, der über Liebeszauber verfügt (vgl. → Hera, S. 88 ff.). Trabant der Liebesgöttin ist → Eros/Amor. Einige Attribute weisen auf einzelne Ereignisse in ihrem Mythos hin: Muschel, Schwan, Delfin und Schildkröte auf die Umstände ihrer Geburt aus dem Meer („A. *Urania*", die dem Meer entstiegene Tochter des Himmels, deren Begleittier in der Antike häufig eine Gans ist); der Apfel mag an den Schönheitspreis des Paris erinnern. Ein flammendes Herz (auch als Attribut der Göttin) symbolisiert seit der Renaissance die Liebe schlechthin. Überraschend ist die Myrte als Sinnbild der Gattentreue (!) in der Hand einer Göttin, die moralisierenden Interpreten als Flittchen gilt.

Zum nachantiken Verständnis der A. → Venus. [1] Hesiod, *theog.* 188 ff., [2] Plautus, *rud.* 704 [3] Hom. Hymn. 5, *an A.*, 2 ff. [4] Aelian, *de anim.* 14,28 [5] Hom. Hymn. 5, *an A.*, 45 ff. [6] Apollodor, *bibl.* 3.12.2 [7] 9.31.2 [8] 4.6.1 [9] Hesiod, *theog.* 933 ff.; Apollodor, *bibl.* 3.4.2; Hygin, *fab.*, praef. 29 [10] Ovid, *ars* 2.582 [11] Apollodor, *bibl.* 3.14.4; Hygin, *fab.* 251; [12] Hesiod, *theog.* 201 ff. [13] Nonnos 5.135 ff. u.a. [14] Homer, *il.* 3.383 ff. [15] *il.* 20.38 ff. [16] ebd. 5.305 ff. [17] ebd. 21.416 ff. [18] ebd. 3.369 ff. [19] ebd. 21.421 [20] *il.* 5.343 ff. [21] Hesiod, *theog.* 820 ff. [22] Apollodor, *bibl.* 3.14.6 [23] Hesiod, *theog.* 1014 ff. [24] Hygin, *fab.* 22.4 [25] Apollodor, *bibl.* 3.9.2; alle Bewerber vor Melanion hatten verloren und damit ihr Leben verwirkt [26] Hygin, *fab.* 40.1 [27] *symp.* 180c–e [28] Pausanias 9.16.4

APOLLO, lat.; etr. Apulu, Aplu. In der frührömischen Religion gab es keinen dem griechischen → Apollon entsprechenden Gott, abgesehen von dem schlecht fassbaren *Veiovis.*[1] Erst spät fand der Grieche seinen Weg nach Rom, und dann auch nicht in der Komplexität, die ihm eigen ist. Im 8. Jh. v. Chr. brachten griechische Kolonisten den Gott mit nach Ischia und Sizilien, wo Naxos ihre erste Gründung war. Auf dem Festland der Insel Ischia gegenüber gründeten die Griechen ihre Kolonie Kyme (lat. Cumae). Die Sibylle von Cumae war eine Priesterin des A.

In der römischen Religion ist A. wohl vor allem Orakelgott, der Gott der weissagenden Sibyllen und der Gott des reinigenden Sühneopfers (*lustratio*): Anders als der griechische Apollon, der unerbittliche Rächer, schickt der römische A. nicht Seuchen, sondern befreit von ihnen. In A. *Medicus* verehren die Römer den Heilgott.

A. reinigt das Heer von Blutschuld. Im Gegensatz dazu weist der griechische Apollon den Herakles zurück, als der ihn bittet, ihn reinzuwaschen, nachdem er Megara und ihre Kinder getötet hat. Vielmehr ist er es selbst, der sich von Blutschuld reinigen lässt, als er die Pytho erlegt hat.[2] Während der Zeit der Republik (von etwa 475 v. Chr. an) wird A. zum Musenführer.

Seine Erscheinung gleicht im wesentlichen der des griechischen Apollon. Eine Besonderheit ist der dem Zeus ähnliche blitzeschleudernde A., wie man ihn auf römischen Münzen um 110 v. Chr. sieht (z.B. auf einem Denar von 112/111 v. Chr.). Dieser Typus dürfte auf ein historisches Ereignis zurückgehen: A. soll im Jahr 278 v. Chr. die Kelten mit Blitz und Donner aus Delphi vertrieben haben.[3]

Es ist evident, dass der Gott in Rom seine schreckenerregenden Aspekte weitgehend abgelegt hat. Dem entspricht, dass die Haus-Apollines in der Funktion von Penaten den Gott nicht mit seinen Attributen Bogen und Pfeilen darstellen, sondern mit Lorbeerkranz oder -stab, Lyra oder Kithara, mit Opfergefäß (Phiale) oder einem Greifen (vgl. S. 28). Der schreckliche, rächende Gott ist dem milden, friedfertigen gewichen, der im Verlauf des 1. Jhs. v. Chr. zugleich auch zum Inbegriff männlicher Schönheit wird.

Rationalistische Deutung sieht in A., der auch in den sibyllinischen Orakeln stets mit Sol gleichgesetzt wird, die

Sonne und zugleich die gegensätzliche Wirkung des Gestirns, worin sich die Wesenszüge des mythischen Gottes spiegeln: Die wohltuende Milde einerseits und die verderbende Wirkung der sengenden Sonne andererseits.[4] Der wärmenden Sonne schrieb man auch Heilkraft zu; die Vestalinnen sollen den Heilgott als „A. Medice" und „A. Paean" angerufen haben.[5]

Als Gestirn erscheint A./Sol im Strahlenkranz, häufig zusammen mit dem Tierkreiszeichen des Krebses. Er und seine Zwillingsschwester → Diana verkörpern das Tag- und das Nachtgestirn (in Gestalt der Selene steht Diana für den Mond).

Die frühen Christen sehen vor allem den Orakelgott A. und machen ihn zur Zielscheibe ihrer Kritik. Unfähig nennt ihn Augustin, unentschieden, doppelsinnig, bösartig und lügenhaft.[6] Der *Ovide moralisé en prose* dagegen will in A. Christus, in Daphne die Jungfrau Maria sehen.[7]

Herrscher des Absolutismus präsentierten sich mit Vorliebe in der Gestalt des Sonnengottes (Ludwig XIV. als „roi soleil"!). In der gebildeten Welt lebt der heidnische Gott vor allem als Führer der Musen fort, die tanzen zu dem Rhythmus, den A. mit seinem Instrument vorgibt.

[1] vgl. Cicero, *nat.* 3.62 [2] Pausanias 2.30.3, Plutarch, *quaest. graec.* 12; ders., *de def. or.* 15 [3] Pausanias 10.23.1 [4] Macrobius, *sat.* 1.17.16 [5] ebd. 1.17.15 [6] Augustin, *civ.* 1.145 f.; 2.307 f. u. 311; 1.185 f. [7] Maria: Ovide moralisé en prose, de Boer S. 68; vgl. die Kritik Luthers: *Enarr. in Gen.* 30.9, Werke 43, 1912, S. 668

APOLLON, griech., lat. → Apollo, etr. Apulu, Aplu. Einer der Olympier, Sohn des → Zeus und der Titanin Leto, lat. Latona, Zwillingsbruder der → Artemis. Der Ur-A. war vermutlich ein auf Kreta beheimateter Vegetationsgott, der im Laufe der Zeit dann auch Züge eines orientalischen Sonnengotts übernommen hat. In dieser Eigenschaft wurde A. mit dem Titanen Helios (bei den Römern

Sol) gleichgesetzt, der die Sonne verkörperte. Als Sonnengott trägt A. den Beinamen *Phoibos* (griech., „leuchtend", „rein", „heilig"; lat. *Phoebus*), der unter seinen vielen Beinamen neben *Nómios* (s.u.) der am häufigsten genannte ist. Etliche der Beinamen beziehen sich auf seine Kultstätten, z.B. der Delphische A., der Delische A. (auf der Insel Delos, s.u.) usw.

A. ist einer der ranghöchsten Götter im Olymp, was schon daraus hervorgeht, dass er „zur Rechten des Zeus" sitzt.[1] So wird er oft mit einem Zepter dargestellt. A. ist zudem außerordentlich vielseitig und hat vielerlei Zuständigkeiten. Er ist der Gott der Weissagung, der Medizin, der Musik, der Führer der Musen und Schützer der Herden (A. *Nómios*: von griech. *nómos*, „Ordnung", „Satzung", „Gesetz"[2]). Er ordnet, ordnet an und ist ein unerbittlicher Rächer.

Der umfangreiche Mythos des A. beginnt bereits vor seiner und seiner Zwillingsschwester Artemis Geburt. Als die eifersüchtige → Hera, Gemahlin des Zeus, entdeckt, dass Leto von Zeus schwanger ist, verfolgt sie die Frau rachsüchtig. Leto steht vor der Niederkunft, und Inseln und Städte weigern sich, sie aufzunehmen[3] aus Furcht vor Hera, die auf jegliche Weise versucht, die Niederkunft zu verhindern.[4] Nun bewährt sich schon im Mutterleib die prophetische Gabe des A.: Er weist der Mutter den Weg zur Insel Delos.[5] Endlich eilt auch Eileithyia, die Göttin der Geburt, zu Hilfe. Nach neun Tagen kommt Leto nieder. Dabei kniet sie und wirft ihre Arme um eine Palme.[6] So gebiert sie Zwillinge: Artemis und A. Das Mädchen sei zuerst auf die Welt gekommen und habe der Mutter bereits bei der Geburt des Bruders Hebammendienste geleistet.[7]

Eine andere Geschichte erzählt Hygin[8]: Hera in ihrer Eifersucht habe die schwangere Leto verfolgt und bestimmt, kein Platz unter der Sonne solle ihr Schutz gewähren. Da habe der Meeresgott → Poseidon Leto auf Bitten des Zeus aufgenommen und unter der Insel Orthygia verborgen, wo sie dann ihre beiden Kinder zur Welt brachte. Diese Insel hat ihre eigene Geschichte: Als Zeus auch Letos Schwester Asteria begehrlich nachstellt, verwandeln die Götter das Mädchen in eine Wachtel (griech. *órtyga*), die wiederum Zeus in einen Stein verwandelt, der dann ins Meer fällt. Als Leto vor der von Hera geschickten Pytho (s.u.) flieht, steigt der Stein auf und wird zur rettenden Insel, die später Delos heißen wird.

Die Titanin Themis füttert den Neugeborenen mit Nektar und Ambrosia, und sogleich zeigt A. seine göttliche Autorität. Vor den staunenden Umstehenden sprengt er seine „goldenen Säuglingsfesseln" und verkündet sein Vorhaben: „Die Lyra und der geschwungene Bogen sollen immer mir treu sein, und den Menschen will ich den unfehlbaren Willen des Zeus verkünden".[9] Anders als sein Halbbruder → Hermes, der nur Bote des Zeus ist, wird A. auch dessen ordnende Autorität annehmen.

Für den Beginn seines Wirkens kennt der Mythos verschiedene Varianten, in denen zum einen der künftige Orakelgott, zum anderen der Rächer in Erscheinung tritt. Der Homerische Hymnos[10] berichtet, A. sei, gerade drei Tage alt,[11] aufgebrochen, um die Mutter zu rächen und zugleich einen Ort für ein Orakel zu finden. Er eilt nach Krisa, um unter dem schneebedeckten Parnass über einer engen, wilden Schlucht einen Tempel zu errichten, dessen Fundamente er – der Ordner – selbst legt und damit seinen Kult einrichtet.[12] In der Nähe gab es eine Quelle und eine riesige Schlange, die sich in neun Windungen um den Parnass wand und Menschen und Tiere bedrohte.[13] A. tötete das Untier mit seinen Pfeilen – allein[14] oder gemeinsam mit der Zwillingsschwester.[15] Weil der Kadaver unter der heißen Sonne verweste, nannte man den Ort nun „Pytho" (von griech. *pýthestai*, „verfaulen") und den „Drachentöter" A. den „pythischen A.".[16] Es heißt, der Gott habe mit dieser Tat seine Mutter gerächt. Der Pytho habe er dann Leichenspiele ausgerichtet.[17]

Apollodor kennt eine weitere Version der Geschichte: A. macht sich nach Delphi auf, um sein Orakel einzurichten.[18] Dort besteht aber bereits ein Orakel der Themis, das von einer Schlange (oder einem Drachen) bewacht wird. Das Untier verwüstet das Land und vernichtet Mensch und Tier. A. tötet das Ungeheuer mit seinen Pfeilen und übernimmt das Orakel. So legt der Gott den Grund für sein weiteres Wirken.

Der Mythos des A. lässt im Wesentlichen vier Aspekte des Gottes erkennen: 1. den Ordner und Anordner, der sich im Orakelgott manifestiert, 2. den Musiker und Musenführer, 3. den Rächer, 4. den Heiler. Daraus wird deutlich, dass griechische Götter mit wenigen Ausnahmen (z.B. Vesta oder Pan) wohlwollend und schrecklich zugleich sind, den Menschen im gleichen Maße (angemessen!) Heil wie Unheil bringen.

1. Indem A. ein Orakel gibt, sorgt er für Gesetz und Ordnung. Er übernimmt damit das Erbe der Themis (griech., „Gesetz", „Satzung", „Ordnung"), seiner Amme und Erfinderin der Orakelkunst, welche die Weissagung, das Darbringen von Opfern und die den Göttern gehörige Ordnung eingeführt haben soll.[19]

Eine Version des Mythos besagt, dass A. die Kunst der Mantik (Weissagung) von → Pan erlernt habe.[20] Danach erst sei er nach Delphi gegangen, um dort das Orakel von Themis zu übernehmen.

Der wachsame Ordner A. trägt den Beinamen „nómios" (von nómos, „Ordnung", vgl. Cicero;[21] wohl nicht von nomé, „Weide"). Auch wenn der Name eher nichts mit „Weide" zu tun hat, ist das Hirtenamt des A. nicht nebensächlich, erweist sich in ihm doch der wachsame Ordner.[22] Am Beginn der Kindheitsgeschichte des Hermes erfahren wir, wie er seinem großen Bruder die Herden stiehlt und wie der, beeindruckt vom Gesang des Hermes zur Lyra, seine Rinder gegen das Instrument eintauscht. Eine andere Geschichte, die den Hirten A. betrifft, erzählt

Kallimachos[23]: Als der Gott aus Rache dafür, dass Zeus den Asklepios getötet hat, die Kyklopen erschlägt, will ihn der Vater in den Tartaros verbannen. Doch Leto vermittelt und erwirkt, dass A. zur Sühne für ein Jahr die Herden des Admetos, des Königs von Pherai, zu hüten habe. Unter der Obhut des göttlichen Hirten gedeihen Rinder, Ziegen und Schafe; Rinder und Schafe werfen Zwillinge.[24]

2. Der musizierende A., der Kitharöde oder Lyraspieler, ist dem Ordner A. wesensverwandt. Das veranschaulicht wohl am besten die Geschichte vom gemeinsamen Mauerbau mit Poseidon (s.o.): Allein durch den Klang seiner Lyra habe A. die Steine zur Mauer gefügt.[25] So wie er Mauern fügt, so hat er auch sein Vergnügen am Städtegründen, und er selbst baut die Fundamente.[26] Die Macht apollinischer Musik wird offenbar, wenn der wachsame Adler auf dem Zepter des Zeus bei ihrem Klang einschläft, wenn der Blitz durch sie gelöscht wird und selbst der wilde Ares die Waffen sinken lässt. Pindar nennt A. auch einen Tänzer,[27] und bei ihm heißt es auch, die goldene Lyra A.s und der Musen lenke den Schritt der Tänzer und den Einsatz der Sänger.[28] Die besondere Autorität von Musik in Verbindung mit dem Tanz wird anschaulich auch darin, dass in Griechenland Gesandte ihre Botschaft nicht nur über das bloße gesprochene Wort, sondern singend und tanzend vermittelten.

Der Mythos weiß überdies von den Musen, dass sie singen und tanzen „auf sanften Füßen mit kraftvollem Schritt".[29] So ist die enge Verbindung des A. zu den Musen nur folgerichtig.[30] Pausanias wird A. den „Tanzmeister der Musen" nennen,[31] und der Musenführer (lat. *Musagetes*) wird schließlich zum vorrangigen Verständnis des Gottes in nachantiker Zeit.

Von wesentlicher Bedeutung ist die Art des Instruments, das A. spielt: Es ist das Saiteninstrument, das die ordnende apollinische von der lösenden dionysischen

Musik unterscheidet, für die die Flöte, ein Windinstrument, steht (vgl. den Wettstreit zwischen A. und Marsyas, s. u.).

3. In den bekanntesten Geschichten, in denen A. seine schreckliche Seite und seine Macht als Rächer zeigt, bestraft er im Grunde das Überschreiten einer Respektsgrenze, die das Göttliche den Sterblichen setzt, und erweist sich so als Wiederhersteller einer verletzten Ordnung. Da erscheint der, der so oft *Phoibos* (der Strahlende) genannt wird, finster als einer, der „der Nacht gleicht".[32]

Berühmt ist die Geschichte der Niobe, der Gemahlin des thebanischen Mitkönigs Amphion, mit dem sie viele Kinder hatte. Sie brüstete sich, mehr und bessere Kinder zu haben als Leto. Da strafen A. und Artemis diese Anmaßung grausam, indem sie die Kinder der Niobe mit ihren Pfeilen töten. Niobe selbst bleibt am Leben und wird auf dem Berg Sipylos in einen Stein verwandelt, der fortwährend Tränen verströmt.[33] Eine Bestrafung für seine Hybris erfährt auch Marsyas (im Unterschied zu → Pan). Der bocksfüßige Satyr fordert A. unbedacht zum musikalischen Wettstreit heraus. Er spielt die Flöte, die → Athene weggeworfen und den verflucht hat, der sie aufheben würde.[34] Schiedsrichter sind entweder die Nymphen vom Berg Nysa oder die Musen.[35] A., der die Lyra spielt, gewinnt und bestraft den Verlierer, indem er ihn schindet, also ihm die Haut abzieht oder abziehen lässt.[36]

Den Riesen Tityos, einen Sohn des Zeus und der Elare oder der Ge (→ Gaia), Vater der Europa, tötet er, weil er versucht hat, Leto zu missbrauchen, als sie auf dem Weg nach Delphi war.[37]

Im Kampf um Troja fallen die Griechen bei A. in Ungnade: Agamemnon hat Chryseis, die Tochter des A.-Priesters Chryses, geraubt. Daraufhin straft A. (doch wohl der Sonnengott!) die Griechen, indem er ihnen neun

Tage lang mit seinen Pfeilen die Pest ins Lager schickt.[38] A. ist es auch, der den tödlichen Pfeil des Paris, Sohn des troischen Königs Priamos, auf Achill lenkt.[39]

Ganz menschliche Züge zeigt A., wenn er liebt. Der abgewiesene oder hintergangene Liebhaber jedoch wird sich in den göttlichen Rächer wandeln. Unbarmherzig übt er dann Rache. Kassandra, die Tochter des Priamos, ist seine Priesterin, und A. begehrt sie. In der Hoffnung, sie zu besitzen, lehrt er sie die Kunst der Weissagung, doch Kassandra weist ihn ab. A. entlässt sie mit dem Fluch, niemand solle ihren Prophezeiungen Glauben schenken. So kommt es, dass Kassandra die Troer vergebens warnte und davor zu bewahren suchte, dass sie das hölzerne Pferd, in dem sich die griechischen Krieger verbargen, in die Stadt zogen.[40]

A.s Geliebte Coronis nimmt, als sie von ihm schwanger ist, einen anderen Liebhaber und wird deshalb von Artemis oder dem Gott selbst erschossen.[41] Der Krähe (lat. *cornix*), die Coronis bei A. denunziert hat, lässt A. zur Strafe schwarzes Gefieder statt des zuvor weißen wachsen.[42]

Mag sein, dass der Streit des A. mit → Eros ein gut Teil Schuld daran trägt, dass der Gott häufig kein Glück in der Liebe hat. Die Nymphe Daphne, die vor dem Verliebten flieht, weil Eros sie mit einem Pfeil mit der bleiernen Spitze getroffen hat, wird von Ge (→ Gaia) in einen Lorbeerbaum verwandelt. Dem Gott bleibt nichts, als sich einen Zweig von dem Baum zu brechen, den er dann auf seinem Haupt trägt. Seitdem ist ihm der Lorbeer heilig.[43]

Ein andermal ist es Aphrodite, die sich dafür rächt, dass A. (der Sonnengott) ihren Gemahl Hephaistos von ihrer Affäre mit Ares unterrichtet hat: Sie macht, dass A. sich in Leukothoë, die Tochter des Perserkönigs Orchamos, verliebt. Dem gut beschützten Mädchen muss der Gott sich in einer Verwandlungsform nähern (der Gestalt ihrer Mutter). Als der Vater davon erfährt, mauert er das

Mädchen lebendig ein. Mitleidig verwandelt A. sie in einen Weihrauchbaum.[44]

Unglücklich endet die Beziehung auch des Knabenliebhabers A. zu Hyakinthos: Der eifersüchtige Zephir (der Westwind) lenkt einen Diskus, den A. geworfen hat, so, dass er den Geliebten tödlich trifft.[45]

Die Pfeile des Gottes, verstanden als die sengenden Strahlen der Sonne, sind wohl früh Metaphern für die Pest. Bereits vor dem Kampf um Troja hatte A. der Stadt die Seuche geschickt, weil Laomedon ihm und Poseidon den Lohn für den Bau der Mauer schuldig geblieben war.[46] Es heißt auch, die Kinder der Niobe (s.o.) seien durch die Pest umgekommen, als A. und Artemis die Überhebliche straften.[47]

A. schießt seine Pfeile und trifft über große Entfernung. Merkwürdig, dass ihn Homer seiner Ausdauer und Kraft wegen hervorhebt und zum Patron des Ringkampfs macht.[48] Vielleicht an diese Stelle anknüpfend, erwähnen spätere Schriftsteller folgende Geschichte: Als der Wegelagerer Phorbas Pilger auf ihrer Reise nach Delphi überfällt und mordet, fordert ihn A. zum Ringkampf und tötet ihn.[49]

Der große A. ist nur zweimal der Unterlegene. Einmal brüstet er sich vor den Göttern, weiter schießen zu können als Zeus. Obwohl sein Pfeil bis ans Ende der Welt fliegt (bis in den Garten der Hesperiden), unterliegt er, denn Zeus braucht nur einen einzigen Schritt zu tun, um dorthin zu gelangen, und A. erntet seinen Spott.[50] Es überrascht, dass A. sich mit Zeus anlegt, dessen „Sprecher" zu sein er doch als Neugeborener gelobt hat.[51] Eine andere Episode zeigt ihn als Verlierer gegenüber → Eros.

4. Im Heilgott A. erkennt man jenen, der mit seinen Pfeilen Krankheiten unter die Menschen bringt. Der die Krankheiten bringt, ist auch in der Lage, sie wieder zu nehmen. Chryses z.B. fleht A. an, die Pest zurückzunehmen.[52]

Kallimachos spricht von dem „allheilenden Öl" (griech. *panákeia*), das aus den Locken des A. tropft; der Ort, auf dessen Boden dieses Öl fällt, bleibt frei von allem Übel.[53] Die Bezeichnung *Panákeia* (als Personifikation eine Tochter des → Asklepios) meinte ursprünglich eine Gruppe heilkräftiger Pflanzen.[54]

Die Erscheinung des A., den man eigentlich nur von ferne sieht, präsentiert sich zunächst dementsprechend unscharf. Wir sind zudem geblendet von dem vielen Gold: Golden sind sein langes Haar, die Tunika, der Mantel, die Sandalen.[55]

Mythografen und bildende Künstler finden dennoch Genaueres. So erscheint A. stets als wohlgestalter Jüngling, manchmal sogar knabenhaft. Kallimachos sagt, sein mädchenhaftes Gesicht habe nie auch nur den Flaum eines Bartes gezeigt.[56] Er wird entweder nackt oder nur mit einem Mantel (oder kurzem Mäntelchen) bekleidet dargestellt. Als Kitharöde (Sänger zur Kithara) trägt er einen langen Mantel.

Seine wichtigsten Attribute sind ein (silberner) Bogen, Köcher (mit Pfeilen) und Lyra (vgl. → Hermes) oder Kithara. Sie charakterisieren den Gott also als den Schützen einerseits, den Musiker andererseits, wobei die Werkzeuge des einen wie des anderen eng miteinander verwandt sind: Die Saite ist sowohl dem Bogen wie dem Musikinstrument eigen.

Seit dem 5. Jh. v. Chr. erscheint A. mit einer Reihe weiterer Attribute, wie dem Dreifuß (als Attribut des weissagenden A.), dem Lorbeer (in Erinnerung an seine Geliebte Daphne), seltener einer Schriftrolle (im Mittelalter auch einem Buch).

Zahlreiche Tiere begleiten A.: Schlange (gemeint ist die Pytho, vgl. S. 21), Wolf, Reh oder Hirsch(kuh), Delfin,[57] Rabe und Krähe, Schwan, Geier und Habicht, die Eidechse, die in der Literatur mit Vorbehalt als eine harmlose Variante der Pytho gedeutet wird,[58] auch die Maus. Der Delfin erinnert an das Orakel in Delphi.[59] Auf den

Orakelgott und den Herrscher über Leben und Tod weist die Sphinx hin. – Die anmutigen, segenspendenden Chariten (lat. *Gratiae*, „Grazien") begleiten den Delphischen A., dessen (verlorenes, durch Münzen und Vasenbilder überliefertes) Kultbild den Gott mit den Chariten auf der Hand darstellte.

Der Sonnengott A., dessen Haupt von einem Strahlenkranz umgeben ist, fährt in einer Quadriga über den Himmel, begleitet von Venus (dem Morgenstern) und Vesper (dem Abendstern). Sein Attribut ist die Fackel, manchmal trägt er auch eine Sonnenscheibe in der Hand. Auch der Greif (ein Fabeltier mit Kopf und Flügeln eines Adlers und Löwenkörper) und der Löwe, beide im Orient der Sonne zugeordnet, charakterisieren A. als Sonnengott.

[1] Kallimachos, Hymnos 2, *an A.*, 31 [2] Cicero, *nat.* 2.33.57 [3] Hom. Hymn. 3, *an den del. A.*, 30–49 [4] Kallimachos, Hymnos 4, *an Delos*, 55 ff. [5] ders., Hymnos 2, *an A.*, 35 ff. u. 190 ff. [6] Hom. Hymn. 3, *an den del. A.*, 91 f. u. 115 ff.; vgl. Homer *od.* 6.162 f. [7] Servius, *aen.* 3.73; vgl. Myth. Vat. III 8.3 [8] Hygin, *fab.* 53 [9] Hom. Hymn. 3, *an A.*, 131 ff. [10] 103, *an A.* 214 ff. [11] Hygin, *fab.* 140.5 [12] Hom. Hymn. 3, *an den pyth. A.*, 294 ff.; vgl. Pausanias 10.6.9 f. [13] Kallimachos, Hymnos 4, *an Delos*, 93 [14] Kallimachos, Hymnos 2, *an A.*, 100 ff. [15] Pausanias, 2.7.7 [16] Hygin, *fab.* 140.5 [17] vgl. Ovid, *met.* 1.447 [18] Apollon, *bibl.* 1.4.1 [19] Diodor 5.67.4 [20] Apollodor, *bibl.* 1.4.1 [21] Cicero, *nat.* 3.23.57 [22] vgl. L./L., Ant. Myth., S. 83 [23] Hymnos 2, *an A.*, 47 ff. [24] Kallimachos, Hymnos 2, *an A.*, 50 ff.; Apollodor 3.10.4 [25] Ovid, *her.* 16.181 [26] Kallimachos, Hymnos 2, 55 ff. [27] vgl. Athenaios 1.22.6 [28] Pindar, *pyth.* Ode 1.1 ff. [29] Hesiod, *theog.* 1–8 [30] vgl. L./L., *Myth.*, S. 555 ff. [31] 1.2.4 [32] Homer, *il.* 1.37 ff. [33] ebd. 24.605–617; Ovid, *met.* 6.146–312; Hygin, *fab.* 9 u. 11; Pausanias 1.21.3 [34] Diodor 3.59.2 f. [35] Hygin, *fab.* 165 [36] Diodor 3.59.5 [37] Homer, *od.* 7.321–324; 11.576–581; Pindar, *pyth.* 4.46; Apollodor, *bibl.* 1.4.1; Ovid, *met.* 4.457 f.; Hygin, *fab.* 55; Pausanias 10.4.5 f. [38] Homer, *il.* 1.8–474 [39] ebd. 22.359; Apollodor, *bibl.* 5.3 f.; Hygin, *fab.* 107 [40] Homer, *od.* 8.494 ff.; Kleine Ilias 1, H.G. Evelyn-White, Hesiod 1977, S. 510 f. u.a. [41] Pindar, *pyth.* 3.1.8 ff.; Myth. Vat. I 46 [42] Ovid, *met.* 2.542 [43] ders., ebd. 1.452–567 [44] ders., ebd. 4.208–255 [45] ders., ebd. 10.162–219; Apollodor, *bibl.* 1.3.3; Pausanias 4.19.3–5 [46] Homer, *il.* 21.451 ff.; Apollodor, *bibl.* 2.5.9; Hygin, *fab.* 89 u.a. [47] Homer, *il.*

24.602 ff.; Hygin, *fab.* 9.3 u.a. [48]Ovid, *met.* 23.660 f. [49]ebd. 11.414; Philostrat, *imag.* 2.19 [50]Babrius, B.E. Perry 1984, S. 84, Nr. 68 [51]den „unfehlbaren Willen des Zeus" wolle er verkünden: Hom. Hymn. 3, *an den del. A.*, 131 ff. [52]Homer *il.* 1.450 ff. [53]Hymn. 2, *an A.*, 32 ff. [54]Kl. Pauly 4, Sp. 448, s.v. Panaces [55]Apollonios Rhodios 2.678 u. 2.682; Kallimachos, Hmynos 2, 32 ff. [56]ebd. 36 f. [57]vgl. den Hom. Hymn. 3, *an den pyth. A.*, 399 ff. [58]LIMC 1984, 2,1, S. 199 [59]vgl. den Hom. Hymn. 3, *an den pyth. A.*, 448 ff., ebd. 388 ff.

ARES, griech., lat. → Mars. Olympischer Gott des Krieges. Sein Name wird etymologisch unterschiedlich, jedoch stets auf ein wildes, ungezügeltes Wesen hin gedeutet. Sohn des → Zeus und der → Hera oder der Hera in Parthenogenese (vgl. → Hephaistos). Bruder der Hebe[1] und der Eileithyia/Eileithyien.[2] Eine Ehe mit Neriene (auch Neria) scheint kinderlos geblieben zu sein. Zahlreiche Kinder hat A. von vielen anderen Frauen. Seine berühmteste und wohl dauerhafteste Geliebte ist → Aphrodite, mit der er die Söhne Phóbos (griech., „Furcht") und Deímos („Schrecken") und die Tochter Harmonia hat, ferner → Eros und Anteros. Auch die Amazonenkönigin Penthesileia soll seine Tochter gewesen sein.[3]

Historisch gesehen vereint A. einen bronzezeitlichen mediterranen Lanzengott mit dem Kriegsdämon der thrakisch beeinflussten mykenischen Streitwagenkultur.[4]

A. ist arm an Kult und Mythen. Ovid (der eigentlich von „Mars" redet) berichtet von der Geburt in Thrakien,[5] deren Bewohner bei den Griechen als barbarisch galten. Mutter Hera soll → Priapos zum Fechtlehrer des Knaben berufen haben. Der aber stellte die Bedingung, A. müsse zuerst ein vollendeter Tänzer werden, bevor er ihm den Umgang mit der Waffe beibringen würde (vgl. den „tänzelnden" → Mars, die „tänzelnde" → Athena *Pallas*!).[6]

Einen wesentlichen Teil der Geschichte des A. nimmt seine Teilnahme am Krieg um Troja ein. Er kämpft auf Seiten der Troer, feuert sie an, taucht in den Hektor, füllt dessen Glieder mit Stärke und Kraft und mordet im Einzelkampf.[7] Homer findet die schrecklichsten Epitheta für ihn: Blutig sei er, männerverderbend, menschentilgend und unersättlich im Kampf.[8]

A. ist der einzige Gott, der auf dem Areopag (griech. „Areshügel") wegen Mordes angeklagt wird: Er hat beobachtet, wie Hallirhotios versuchte, Alkippe zu vergewaltigen, und den Burschen getötet. Die Götter sitzen zu Gericht und sprechen ihn frei.[9]

Ares ist der schnellste der Götter,[10] so schnell, dass dem Betrachter keine Zeit bleibt, sich von ihm ein präzises Bild zu machen. So stellt man ihn sich vor von riesenhaftem Wuchs und nennt phantastische Zahlen: Im Fallen decke er sieben Plethren.[11] Umso deutlicher sieht man die Zeichen seines Wirkens.

Er ist so schrecklich und furchterregend, dass sogar der eigene Vater ihn verabscheut. Dennoch ist er nicht unverwundbar. Hesiod[12] erzählt, → Herakles, gelenkt von Athena, habe ihm den Speer in den ungeschützten Schenkel gestoßen, und in der *Ilias* bringt ihm der Speer des Diomedes eine Wunde „seitlich am Bauch" bei. Dabei erweist sich Athena als die eigentliche Gegnerin des Kriegsgottes: Sie ist es, die auch dem Diomedes die Hand führt.[13] So steht die überlegt lenkende Kraft der bloßen Gewalt gegenüber und erweist sich als ihr überlegen.

Vor Schmerz (aus „Furcht"!) brüllt der Verletzte so laut, „wie neun- oder zehntausend Männer schreien im Krieg". Dann flieht der Gott auf den Olymp und beschwert sich dort bitter über Athena. Der Heilgott Paian/Paiëon heilt ihn, Schwester Hebe wäscht und kleidet ihn in „reizende Kleider".[14] Zurück auf dem Schlachtfeld, versucht er Rache zu nehmen. Wenn er nun die Athena genau auf der Aigis (s. S. 41 u. 46) trifft, die die Trägerin unverwundbar macht, zeigt sich von Neuem seine Beschränktheit, und die Bestrafung folgt auf den Fuß. Athena schleudert einen schweren Grenzstein gegen ihn, sodass er benommen zu Boden geht. Damit nicht genug. Als A. den Tod seines Sohnes Askalaphos rächen will, stürmt die Göttin auf ihn ein, reißt ihm den Helm vom Kopf, den Schild von den Schultern, nimmt ihm den Speer aus der „wuchtigen Rechten" und setzt ihn außer Gefecht. Doch dann mäßigt sie sich, nimmt den A. wie eine größere Schwester (sie ist ja tatsächlich seine Halbschwester!) bei der Hand und führt ihn aus der Schlacht: Er solle den Kampf den Troern und Achaiern (den Griechen) überlassen.[15]

Ausführlich erzählt der Mythos von seiner ehebrecherischen Beziehung zu Aphrodite, die der Sonnengott ans Licht bringt (vgl. → Hephaistos, S. 85). Auch diese Geschichte zeigt, dass A. gegen Niederlagen nicht gefeit ist, schon dadurch, dass der mächtige Kriegsgott einer noch größeren Macht erliegt, nämlich der Liebe. Dass der, den sonst alle fürchten, nun hilflos und nackt dem Gelächter der Götter ausgeliefert ist, gefangen im Netz des Hephaistos, muss ihn besonders treffen.[16]

Ein weiteres Mal unterliegt er, als er sich den Giganten Otos und Ephialtes entgegenstellt, die den Olymp besteigen wollen und sich anschicken, sich an Hera und → Artemis zu vergreifen. Die beiden Brüder packen ihn und stecken ihn gefesselt in einen ehernen Krug.[17] Unbemerkt befreit → Hermes den Erschöpften.[18]

All diese Niederlagen konnten den Ruf des abstoßenden, blutrünstigen Kriegsgottes nicht ändern. Er überlebt auch in der Nachantike ungeachtet einer Stimme wie der des Homerischen Hymnos,[19] der in ihm den kühnen, beherzten Krieger anruft als den Retter der Städte, den Verteidiger des Olymp, Zwingherrn der Aufständischen, den Führer der Rechtschaffenen und den zeptertragenden König der Männlichkeit. Hier wird A. gepriesen als Helfer der Menschen, wird angerufen um Mäßigung des hitzigen kriegerischen Temperaments, um die Gabe, einem gewaltsamen Schicksal zu entgehen und in friedlicher Ordnung zu leben. Das ist ein Bild des A., das dem des Homer entgegengesetzt erscheint und eher Eigenschaften der besonnenen Athene beschreibt, das aber zugleich auch den griechischen A. mit dem römischen Mars verbindet. Es ist zu betonen, dass es sich im Homerischen Hymnos um den Planetengott A. handelt.

Unsere Vorstellung von A. wird wesentlich literarisch durch Homer bestimmt. Der stellt den Gott recht eigentlich mit dessen Handwerk vor, mit Gewalt und Tod, Waffenlärm und Gebrüll. Das Wesen des A. kommt auch in seiner Erscheinung zur Anschauung. Er ist athletisch gebaut, gewöhnlich sieht man ihn als Krieger in glänzender Rüstung, mit Lanze und goldenem Helm.[20] Er fährt in einem von zwei goldgeschirrten Pferden gezogenen Kampfwagen.

Seine Attribute sind vor allem die Lanze, die er häufig tänzelnd in der erhobenen Hand hält (A. als Lanzenschwinger, s. → Mars, S. 141), auch das Schwert, das jedoch eher für den römischen Mars *Ultor* charakteristisch ist. Eine Trophäe, die aus erbeuteten Waffen und Rüstungsteilen besteht, kennzeichnet den siegreichen A. Seinem wilden Wesen entsprechend sind Wolf und Stier seine Begleiter. Der Hund ist sein Opfertier.[21]

[1] Homer, *od.* 11.603 f. [2] Homer, *il.* 11.270 f. [3] vgl. auch Apollonios Rhodios 2.289 ff. [4] Kl. Pauly 1, Sp. 528 [5] *fasti* 5.257 [6] s. Kolluthus 36–39, Mair 1928, S. 544 [7] Homer, *il.* 17.210 ff. u. 5.847 f. [8] ebd. 5.844; 5,909 u. 20,46; 5,863 [9] Apollodor, *bibl.* 3.14.2; Euripides, *ion.* 1258 ff.; ders. *iph. taur.* 945 f. [10] Homer, *od.* 8.330 f. [11] 11 Plethron = etwa 30 m; Homer, *il.* 21.407 f. [12] *aspis*, 458 ff. [13] Homer, *il.* 5.860, 5.428 ff., 5,860 [14] Homer, *il.* 5.865 ff. u. ebd. 5.900 ff. [15] ebd. 21.404 ff., 15.124 ff. u. 5.29 ff. [16] Ovid, *ars* 2.583 f.; Homer, *od.* 8.326 f. [17] Apollodor, *bibl.* 1.7.4 [18] Homer, *il.* 5.385ff; ders. *od.* 11.307 ff. u.a. [19] Hom. Hymn. 8, *an A.*, passim [20] ebd.; Homer, *il.* 20.38 u.ö. [21] s. Kl. Pauly 1, Sp. 528

ARTEMIS, griech., lat. → Diana, etr. Artumes. Tochter des → Zeus und der Leto/Latona, Zwillingsschwester des → Apollon. In ihren frühesten Manifestationen ist A. die Herrin der Tiere, die *Potnia Therón*, die noch den Charakter ihrer vorgeschichtlichen Vorgängerin spiegelt, der die nach festen Regeln stattfindenden Schlachtungen oblagen.[1]

Die Göttin war andererseits aber auch Hegerin und

Schützerin des wachsenden Lebens, und zwar nicht nur der Tiere. So galt sie den Gebärenden als Geburtshelferin und der Jugend, vor allem den Mädchen, als Helferin (*kourotróphos*). Auch um die Säuglinge kümmert sie sich und erfindet für sie sogar passende Nahrung.[2] Bemerkenswert ist ihre Kindheitsgeschichte, wie sie uns Kallimachos u.a. detailliert schildert.[3]

A. steht ihrer Mutter Leto schon bei der eigenen Geburt als Hebamme bei, danach bei der des Zwillingsbruders Apoll. Das Mädchen weiß früh, was es will. Auf dem Schoß des Vaters Zeus sitzend, lässt sie ihn entschlossen wissen: Jungfrau wolle sie bleiben und Lichtbringerin sein (*phosphóros*), sie erbittet sich Pfeil und Bogen und ein knielanges Gewand für die Jagd auf wilde Tiere. Als Gefolge möchte sie 60 jungfräuliche Nymphen, Töchter des Okeanos, zu ihrem Geleit, dazu 20 weitere Nymphen als Mägde zur Pflege ihrer Jagdstiefel und ihrer Hunde. Mit den Städten hält sie es nicht; sie wolle in den Bergen leben und die Städte nur aufsuchen, wenn sie von Gebärenden zu Hilfe gerufen wird.

Wir sehen A. als Dreijährige auf dem Arm ihrer Mutter, die sie dem → Hephaistos zeigt. Der gibt ihr ein Geburtstagsgeschenk, der Kyklop Brontes nimmt sie auf den Schoß, und A. rupft ihm die haarige Brust.[4] Die Kyklopen bauen ihr einen kydonischen Bogen, bei → Pan besorgt sie sich sechs starke Jagdhunde, die es selbst mit Löwen aufnehmen können, zudem sieben Hündinnen, die schneller sind als der Wind für die Verfolgung von Hase und Reh. Dann fängt sie ohne Hilfe vier riesige Hirsche, die ihren Wagen ziehen sollen.

Nach Diodor sind → Athena und → Persephone ihre Gespielinnen.[5] Gemeinsam weben die Mädchen ein Gewand für Vater Zeus. Gemeinsam pflücken sie Blumen auf dem Ätna, als der wilde → Hades auftaucht und → Persephone raubt.

Zur Einübung schießt A. mit dem silbernen Bogen auf eine Ulme, dann auf eine Eiche und schließlich auf ein wildes Tier. Bald zeigt sie die schreckliche Seite ihres Wesens. Die ungerechten, böswilligen Bewohner einer Stadt bekommen ihre ganze Macht zu spüren: Sie schießt ihre Pfeile auf sie ab und erweist sich zum ersten Mal als die unerbittliche Rächerin, deren Grausamkeit dann noch viele erfahren werden. Ihr Zorn tötet Vieh und Menschen, wie andererseits ihr Wohlwollen bewirkt, dass die Äcker Frucht tragen, das Vieh gedeiht, die Menschen in Eintracht alt werden.

Eine jedoch ist mächtiger als sie: Hera, die ihre Eifersucht nicht am ungetreuen Gemahl auslässt, der wiederum mächtiger ist als sie (vgl. S. 88), sondern sie nun dessen Tochter fühlen lässt.[6] Zunächst weist sie A. zurecht, sie solle lieber auf die Jagd gehen, statt sich mit ihr („der Mächtigeren") anzulegen. Dann nimmt sie ihr den Bogen von der Schulter und schlägt ihn ihr so heftig um die Ohren, dass die Pfeile in ihrem Köcher klirren. A. flüchtet sich weinend in den Schoß des Vaters Zeus.[7]

Schon früh zeigt die Göttin ihre kriegerische Seite. Nur wenige Tage alt, kommt sie der Mutter zu Hilfe. Als die Schlange Pytho(n), die ihr die eifersüchtige → Hera geschickt hat, Leto bedroht, wird sie von A. und deren Zwillingsbruder erlegt;[8] (manche sagen, Apollon sei allein der Schütze gewesen).

Ovid wird dann noch eine andere Geschichte von der Verfolgung der Latona mit ihren Kindern durch → Juno erzählen (→ Diana, S. 59). Den Giganten Tityos töten die Pfeile der Geschwister, weil der sich (vielleicht von Hera angestiftet) an Leto hatte vergreifen wollen. Die schöne Chione, die an einem Tag sich dem Apollo und dem Merkur hingegeben haben soll und zudem das Antlitz der A. kritisiert hat, stirbt durch die rächende Göttin: Ein Pfeil durchbohrt ihre Zunge. Erbarmungslos geht A. selbst gegen ihr eigenes Gefolge vor: Sie tötet die von Zeus verführte Nymphe Kallisto, weil die ihren Schwur gebrochen hatte, jungfräulich zu bleiben. Sie erlegt die von Hera in eine Bärin verwandelte Kallisto (vielleicht aber versehentlich) auf der Jagd.[9] Auch Koronis, die Geliebte Apolls, die von ihm schwanger ist, töten die Pfeile der A.

Mangelnden Respekt vergilt A. noch auf andere Weise. Den Jäger Broteas, der ihr das Opfer versagt hat, schlägt sie mit Wahnsinn, und er kommt in Flammen um.[10] Ein anderer Jäger (in Poseidonia) versagt der Göttin das Opfer, als er einen besonders mächtigen Eber erlegt hat. Statt ihr den Kopf des Ebers zu weihen, behält er ihn für sich und nagelt ihn an einen Baum, unter den er sich legt zum Schlaf. Da fällt der Eberkopf herab und erschlägt den Frevler.[11] Ein unbeabsichtigt vorenthaltenes Opfer wird dem König Oineus von Kalydon zum Verhängnis. A. schickt einen riesigen Eber, der ihm das Land verwüstet. Oineus bittet andere griechische Städte um Hilfe, und es kommt zu einer dramatischen Jagd (der sog. Kalydonischen Jagd) auf das Untier, das von Atalanta verwundet und schließlich von Meleager, Oineus' Sohn, getötet wird.[12]

Ebenso (aus unserer Sicht) unschuldig ereilt den unglücklichen Aktaion (lat. Actaeon) die Strafe der Göttin. Die gängigste Version der Sage steht bei Ovid.[13] Der Jäger überrascht die keusche Göttin ahnungslos nackt bei ihrem Bad („Das Bad der Diana" ist ein beliebtes Bildthema seit der Renaissance). Die verwandelt ihn zur Strafe in einen Hirsch, und Aktaion wird von seinen eigenen Hunden zerrissen. Andere Versionen der Geschichte sprechen von einer wirklichen Schuld des Aktaion (z.B. er habe der Göttin Gewalt antun wollen;[14] er habe sich gerühmt, ein besserer Jäger als sie selbst zu sein, so bei Euripides[15]).

Die grausame Seite der A. muss auch die kinderreiche Niobe erfahren, die sich brüstet, gesegneter zu sein als Mutter Leto. Da treten A. und Apollon als Rächer auf und erschießen die Kinder der Anmaßenden: Apollon erschießt die Knaben, A. die Mädchen.[16] Nach Pausanias sollen deren zwei überlebt haben (Chloris und Amyklas), weil sie sich flehend an Leto gewandt hatten.[17] So blieben Niobe so viele Kinder, wie Leto hatte. Ovid schildert, wie

Niobe verzweifelt versucht, die jüngste Tochter zu schützen.[18]

Der düstere Aspekt der A. manifestiert sich in der dreifaltigen Unterweltsgöttin Hekate, die ursprünglich ein freundliches Wesen war und den Menschen die Früchte aus der Erde spendete, im späteren Verständnis aber zu einer Art Gespenst wurde, das nachts in der Begleitung von Höllenhunden die Menschen erschaudern lässt und zur Patronin der Zauberinnen wird.

Von ihrer milden Seite zeigt sich die A., als Agamemnon seine Tochter Iphigenie zu opfern bereit ist. A. entrückt das Mädchen und schickt an seiner Stelle eine Hindin.[19] (Vgl. das Opfer Abrahams im Alten Testament!) Unkriegerisch erscheint A. auch in ihrer Vorliebe für den Tanz, der für sie wohl zum festlichen Ausklang der Jagd gehörte.[20] Dieser Tanz unterschied sich sicher fundamental vom „martialen" Tanz des → Mars.

Archaische Darstellungen zeigen A. oft geflügelt, mit langem Gewand und der hohen Götterkrone (dem Polos), mit jeder Hand ein Tier haltend, als *„Potnia Therón"*, also markant abweichend von ihrer klassischen Erscheinung als flinke Jägerin im kurzen geschürzten Gewand, die sie auch in der Neuzeit geblieben ist. Eine charakteristische Geste der A. – wie der Diana – in der Bildkunst ist der erhobene rechte Arm und der Griff der rechten Hand über die Schulter, mit dem sie einen Pfeil aus dem geschulterten Köcher zieht. Ihre häufigsten Attribute sind Pfeil und Bogen, ein Hirsch und Jagdhunde, die sie begleiten. Ihr goldener Wagen wird von vier Hirschen mit goldenem Geweih gezogen.[21]

---

[1] E. Simon, Römer, S. 51 [2] Diodor 5.72.5 [3] Hom. Hymn. 3, *an Apoll*, 15 ff.; Apollodor, *bibl.* 1.4.1; Kallimachos, Hymnos 3, *an A.*, 22 ff. [4] Kallimachos, Hymnos 3, *an A.*, 75 ff. [5] 5.3.4 ff. [6] im Streit der Götter untereinander: Homer, *il.* 21.478 ff. [7] Homer, *il.* 21.507 [8] Hygin, *fab.* 140.5; vgl. Pausanias 2.7.7 [9] Ovid, *met.* 2.422 ff.; Apollodor, *bibl.* 3.8.2 [10] Apollodor, *epit.* 2.2 [11] Diodor 4.22.2 f. [12] Ovid, *met.* 8.268–546;

Apollodor, *bibl.* 1.8.2 f.; *il.* 9.543 ff. [13]*met.* 3.138 ff. [14]Hygin, *fab.* 181
[15]*bacch.* 337; Diodor 4.81 [16]Homer, *il.* 24.609 [17]2.21.10 [18]Ovid, *met.*
6.300 ff. [19]ders., ebd. 12.24 ff., u.a. [20]vgl. Hom. Hymn. 27, *an A.*,
11 ff. [21]Kallimachos, Hymn. 3, *an A.*, 110 ff.; Hom. Hymn. 9, *an A.*

ASKLEPIOS, griech., lat. Aesculapius.

Der griechische
Heilgott A. ist Sohn des → Apollon und einer Sterblichen;
die meisten Quellen nennen Koronis/Coronis als seine
Mutter.

Prädestiniert für den Arztberuf scheint A. schon als
Sohn des Apollon, der den Griechen als Heilgott galt. Seine Kunst, vor allem den Gebrauch der Heilkräuter, er-
lernte er jedoch bei dem weisen Kentauren Cheiron/Chi-
ron. Cicero kennt drei verschiedene A. Der erste habe als
Erfinder der Sonde gegolten,[1] der zweite soll ein Chirurg
gewesen sein, der zum ersten Mal Schienen verwendete,
dem dritten schrieb er die Erfindung des Aderlasses und
des Zahnziehens zu.[2]

A. konnte sogar Tote zum Leben erwecken.[3] → Athena soll ihm Blut aus den Adern der Gorgo Medusa gegeben haben. Mit jenem aus der rechten Seite der Gorgo
erweckte er die Toten, das aus der linken Seite setzte er
zum Verderben der Menschen ein. Diodor weiß,[4] dass er
damit den → Hades so verärgerte, dass der ihn bei Zeus
verklagte, weil durch das Wirken des Heilgottes weniger
Menschen starben als zuvor.[5]

In Pergamon wurde der wundertätige Arzt als A.-Zeus
(→ Zeus) verehrt. In den griechischen Heiligtümern sollen die Priester des Gottes mit „praktischen" und „psy-
chologischen" Mitteln, zu denen auch der Heilschlaf
zählte, geheilt haben.[6]

Eines seiner bedeutendsten Heiligtümer lag in Epi-
dauros. Von dort holten die Römer seinen Kult in historischer Zeit auf die Tiberinsel. Dahin kommt der Gott in
Gestalt einer riesigen Schlange aus Anlass einer Seuche
und bannt die Krankheit. Der Tempel des A. wurde dort

291 v. Chr. eingeweiht. (Auf der Tiberinsel besteht noch heute ein Krankenhaus!)

Vor dem Hintergrund neuplatonisch-hermetischer Auslegung sieht Julian den „Heiland" der Heiden als Herausforderer des Heilands von Bethlehem.[7]

Die Erscheinung des A. in der Bildkunst ähnelt der des Zeus und anderer Vatergottheiten (vgl. → Poseidon). Wir sehen ihn als Mann in reiferen Jahren, mit vollem Haupt- und Barthaar, gekleidet in einen Mantel, der Brust und rechten Arm freilässt. Anders jedoch als der – charakteristischerweise thronende – Zeus wird er stehend dargestellt, auf seinen von einer riesigen Schlange (des ungiftigen *coluber longissimus*) umwundenen Knotenstock gestützt („Äskulapstab"). Wie A. zu diesem Stab gekommen sein soll, erzählt der römische Mythograf Hygin.[8] König Minos hatte A. aufgetragen, ihm seinen Sohn Glaukos wiederzubringen, der in einem Honigtopf ertrunken war. A. saß da, einen Stab in der Hand, und überlegte, was zu tun sei. Da näherte sich eine Schlange, und A. erschlug sie mit dem Stab. Wenig später kam eine andere Schlange, legte ihm eine Pflanze auf das Haupt und verschwand. Mit dieser Pflanze erweckte A. das Kind wieder zum Leben.

Eines seiner Attribute ist der Pinienzapfen, dessen Samen man magische Kräfte nachsagte und die heute noch als Heilmittel verwendet werden.

Charakteristisch für A. ist auch der Wulstkranz aus Stoff (die *corona tortilis)* im Haar.

Das Opfertier des A. ist der Hahn, der ihm manchmal als Attribut beigegeben ist. Sein Fest wird am 1. Januar gefeiert.[9] Ein Huhn sei ihm beigegeben, weil es eine für den Kranken bekömmliche Diät ist, die Eule, weil in der Nacht der Schmerz zunimmt. Dem Arzt solle stets die Salus (lat., „Gesundheit") und nicht der Gewinn vor Augen stehen![10]

Von den vielen Kindern des A. sind nur der Sohn Telesphorus und die Tochter Hygieia/Hygia erwähnenswert.

Hygieia ist wohl eine Abstraktion und Personifikation der Gesundheit. Dementsprechend ist sie ohne eigenen Mythos, doch hat die Bildkunst eine präzise Vorstellung von ihrer Erscheinung. Sie wird als junges Mädchen dargestellt, dem offenkundig die Pflege der Schlange obliegt. Man sieht sie die Schlange füttern, ein Motiv, das auch bei der Göttin Vesta (→ Hestia) zu beobachten ist. Seit der antoninischen Zeit gesellt sich zum Heilgott A. attributiv Telesphorus, die Personifikation der Genesung, dargestellt als kleine Figur im Kapuzenmantel.

Schließlich eine Stimme aus dem 16. Jh.: A. sei dargestellt worden mit einer Krone von Lorbeer auf dem Haupt, in einen langen Rock gekleidet, mit einer Salbenschachtel in der einen, einem Stab in der anderen Hand. So zeige er sich als Arzt. Seine Krone bezeichne das Heilen mit vielen Medikamenten, sein langer Rock die Bescheidenheit, die zu einer solchen Fertigkeit gehöre. Die Salbenschachtel zeige an, dass da Heilmittel bereitstehen für körperliche Leiden, „denn in alten Zeiten war das Amt von Arzt, Chirurg und Apotheker in einer Person vereint, während das alles heute zumeist die Tätigkeit dreier Diebe ist. Anstelle von Kenntnis steht (heute) Ignoranz; für Können Täuschung; für Heilung Verderben; für Leben steht Tod. Das sind die Früchte betrügerischer Praxis. Durch den Stab, die Stütze des Alters, ist Kenntnis bezeichnet, und Erfahrung wird gestützt durch gutes Urteil, woraus sich die Kenntnis von Gutem und Bösem ergibt".[11]

---

[1] *„specillum"*, Cicero, *nat.* 3.57; Boccaccio, *gen.* 5.19 [2] Hygin, *astron.* 14 [3] Apollodor, *bibl.* 3.10.3 [4] 4.71.1 ff. [5] vgl. auch L./L., *Helden*, S. 155 [6] s. E. Simon, *Römer*, S. 21 [7] Julian, *Hymnos auf König Helios* 153B [8] *astron.* 14 [9] Ovid, *fasti* 1.291 f. [10] Emblem bei Joh. Sambucus 1566, H./S., Sp. 1786; vgl. L./L., Helden, S. 160 [11] Stephen Batman, s. Quellen, Bl. 12ᵛ f.

ATHENA, ATHENE, auch Pallas oder Pallas A., griech., lat.
→ Minerva, etr. Menerva. Ihr Ursprung aus dem Haupt
des Zeus (s.u.) kennzeichnet ihr Wesen, in dem Verstand
und Hand zur Einheit kommen. In diesem Sinn sind ihr
jegliches Handwerk wie auch die Wissenschaften und
Künste angelegen. In ebendiesem Sinn ist sie mit Rat und
Tat auch eine Kriegerin, die dem blutig-heftigen → Ares
die überlegene Macht des Verstandes entgegensetzt,
so im Kampf um Troja. Vernunft, Mäßigung und Ethos
zeichnen sie aus. Unter den Olympiern ist die jungfräuliche A. eine der ältesten Gottheiten. Die Etymologie ihres Namens ist unklar. Vermutlich wurzelt er im zweiten
Jahrtausend in der minoisch-mykenischen Religion, wo
A. eine Gottheit sicher von höchstem Rang war. Man darf
in ihr wohl die Schutzgöttin des mykenischen Krieger-
adel, und später die Schirmherrin von Burg und Stadt
sehen. Das Wort „Pallas" ist vermutlich vorgriechisch
und bezieht sich wohl auf ein kämpferisches Wesen der
Göttin.

Am Beginn ihres umfangreichen Mythos steht die
Geschichte ihrer seltsamen Geburt aus dem Haupt des
→ Zeus. Zwei unterschiedliche Mythen erklären, wie es
zu dieser Kopfgeburt kommt. Der eine behauptet, Zeus
habe die Tochter aus sich selbst hervorgebracht,[1] worauf-
hin die eifersüchtige → Hera ohne Zutun ihres Mannes
den → Hephaistos geboren habe. Der andere berichtet,
Zeus sei Vater der A. von der Okeanide Metis, seiner ersten Gemahlin, gewesen.[2] Himmel und Erde (oder die
Erde allein) warnen Zeus, ein Kind von dieser Frau werde ihm an Klugheit und Stärke gleichkommen. Um das
zu verhindern, packt er Metis und tut sie in seinen eigenen Leib. Zu diesem Zeitpunkt war sie bereits schwanger, oder sie wurde es danach. Jedenfalls reift das Kind
im Körper des Zeus und entspringt schließlich seinem
Haupt. Manche sagen, → Hephaistos habe den Geburts-
helfer gespielt, indem er den Schädel des Zeus mit einer
Axt spaltete.[3] Bei ihrer Geburt ist A. bereits erwachsen

und verrät vom ersten Augenblick an ein kämpferisches Temperament. Sie entspringt dem Haupt des Vaters in voller Rüstung, und sie rüttelt einen scharfen Speer.[4] Da erbebt der Olymp, die Erde schreit voller Angst auf, das Meer ist aufgewühlt.[5] Apollon hält sein Gespann an, und als A. einen lauten Schlachtruf ausstößt, erschaudern Himmel (Uranos) und Erde (→ Gaia).

Über ihre Jugend wissen die Mythografen Unterschiedliches. Nach Apollodor sei sie sofort nach ihrer Geburt zu Triton (dem Gott eines Gewässers gleichen Namens) gebracht worden. In dessen Tochter Pallas habe sie die rechte Gefährtin für ihre Kampfspiele gefunden. Aus Spiel droht allmählich Ernst zu werden, und eines Tages wirft Zeus seine Aigis zwischen die beiden, um seine Tochter vor Schaden zu bewahren. Doch die Waffe der A. wird abgelenkt und trifft Pallas tödlich. In tiefer Trauer schafft A. ein Abbild der Gefährtin aus Holz und legt ihm die Aigis (lat. Aegis) um die Schultern. Dies ist der Usprung des Palladions (lat. Palladium), des Kultbilds der A., das auch den Namen „Pallas" trägt.

Eine andere Geschichte erzählt Diodor.[6] Zusammen mit → Artemis und Kore (→ Persephone) sei A. auf Sizilien erzogen worden. Dort sollen die drei Mädchen Vater Zeus ein Gewand gewebt haben. Nach Hygin sind die drei dabei, Blumen zu pflücken, als unerwartet Pluto (Hades) auftaucht und Proserpina (Persephone) entführt.[7]

Der Mythos der A. ist von kriegerischen Auseinandersetzungen bestimmt. Zunächst sehen wir sie im Kampf der Götter gegen die Titanen, die, von Hera angestiftet, Zeus stürzen und Kronos wiedereinsetzen wollen, neben Apollon und Artemis an der Seite des Vaters.[8] Nach Diodor führt sie da ein Amazonenheer an, so wie → Dionysos bei dieser Gelegenheit als Anführer eines Heeres von Männern genannt wird.[9] Im Kampf gegen die Giganten (der „Gigantomachie") schleudert sie eine ganze Insel (Sizilien!) auf einen der fliehenden Gegner (Enkelados) und begräbt ihn darunter.[10]

Gleichzeitig beweist sie ihre Klugheit, die stets ihre Kampfeslust zu lenken weiß. So rät sie dem Vater, → Herakles zu Hilfe zu holen, der dann auch den Giganten Alkyoneus niederstreckt. Ihr selbst ist das Gorgoneion (s.u.) auf der Aigis eine unfehlbare Waffe.[11]

Die jungfräuliche Kriegerin ist dennoch nicht frei von weiblicher Eitelkeit. Das erweist sich nach dem Urteil des troischen Prinzen Paris (s. S. 15), der nicht sie (und auch nicht Hera), sondern → Aphrodite zur Schönsten erkärt hat. Das dürfte der Grund dafür gewesen sein, dass sie im Krieg um Troja auf der Seite der Griechen kämpft, und zwar mit Hera im Bunde, die Paris ebenfalls grollt.[12]

Sie nimmt nicht nur selbst ungestüm am Kampf teil, holt den Troer Sthenelaos aus seinem Kampfwagen und reißt Zügel und Peitsche an sich, sondern sie spornt auch noch die Griechen zum Kampf an und verleiht ihnen übermenschliche Kräfte. Letztlich ist es ihr Rat, der die Troer unterliegen lässt. Den Achilleus hindert sie daran, unbedacht das Schwert gegen Agamemnon zu ziehen im Zorn darüber, dass der ihm seine Kriegsbeute, das Mädchen Briseïs, weggenommen hat. Dabei entwickelt sie so viel Temperament wie im Kampf, packt den „Peliden" (Ziehsohn des Peleus, also Achill) am blonden Schopf und ruft ihn zur Ordnung.[13] Das ist charakteristisch für eine Gottheit, die nicht nur die Hand der Sterblichen, sondern auch deren Verhalten zu lenken versteht.

Aus gegebenem Anlass tritt A. sogar gegen Götter an. Als sie vergebens versucht hat, Ares von einem Angriff auf ihren Schützling Diomedes abzuhalten, versetzt sie ihm mit der Lanze des Diomedes eine Wunde in die Weichen,[14] und als wiederum Ares den Tod seine Sohnes Askalaphos rächen will, entwaffnet sie ihn energisch und drückt ihn in einen Stuhl. Sein Versuch, sich zu rächen, schlägt kläglich fehl: Darin, dass er seine Lanze gegen die Aigis der A. stößt, zeigt sich letztlich die Beschränktheit des Kriegsgotts, denn die Aigis – das sollte er wissen – ist unverletzlich. Die Göttin weicht aus und schleudert gegen Ares einen Feldstein, der ihn am Hals trifft. Bei dieser Gelegenheit kommt es zur Konfrontation zwischen A. und Aphrodite, die den verletzten Geliebten in Sicherheit bringen will. A. streckt sie mit einem kräftigen Schlag vor die Brust zu Boden und verhöhnt sie obendrein.[15]

Im Übrigen scheint sich A. nur dann in den Kampf einzulassen, wenn es keine andere Möglichkeit gibt. So wirkt sie häufig eher als Beschützerin denn als aktive Kriegerin. Einen von Hektor gegen Achill geschleuderten Speer lenkt sie, „leicht blasend", gegen den Werfer zurück, und Menelaos schützt sie dadurch, dass sie sich vor ihn stellt, um die feindlichen Pfeile abzuwehren.

Zu ihrer Taktik gehört es, sich in fremder Gestalt ins Kampfgeschehen zu begeben. Unsichtbar durch die Kappe des Hades (vgl. S. 81 f.), tritt sie aufseiten des Diomedes dem Ares im Zweikampf entgegen.[16]

Der Kampf um Troja wird bekanntlich durch die List des Odysseus zugunsten der Griechen entschieden. Die brechen ihre Zelte vor der Stadt ab und geben vor, sich für die Heimfahrt rüsten zu wollen. Stattdessen zimmern sie ein riesiges hölzernes Pferd, das die besten griechischen Recken aufnehmen soll, und stellen das Gebilde (auf Rädern) vor die Stadtmauer.[17] Wohl bedacht ist es so groß, dass es nicht durch das Stadttor passt und die Troer veranlasst, die Mauer aufzubrechen, um das Tier in die Stadt zu ziehen. So geschieht es,[18] und damit ist das Schicksal Trojas besiegelt. Auch hier ist A. wenn auch indirekt beteiligt: Die Griechen versehen das Werk mit einer Weihinschrift an A. als Dankopfer für die Heimkehr.[19]

Schrecklich straft die Göttin den frevlerischen Griechen Klein-Aias, der Kassandra, die Tochter des Königs Priamos und Priesterin des Apollon, vergewaltigte, obwohl die sich zum Kultbild der A., dem Palladion (s.o.), geflüchtet hatte. Auf der Heimfahrt von Troja trifft ihn ein Blitz der Göttin – eine Leihgabe des Zeus an die Tochter.[20]

Ihrem findigen Schützling Odysseus hingegen steht sie während seiner zwanzigjährigen Irrfahrt in jeder Gefahr bei, wiederum häufig in verwandelter Gestalt (z.B. als königlicher Herold vor Alkinoos bei Homer, *od.* 8.1 ff.). Eine ihrer Verwandlungsformen ist der Vogel. Wie sie selbst häufig eine andere Gestalt annimmt, so verwandelt sie auch andere (aus Mitleid oder wenn es gilt, Gefahr abzuwenden), wie etwa die schöne Coronis: Als die von → Neptun verfolgt wird, verwandelt sie A. in eine Krähe, und die von ihrem Vater vergewaltigte Nyctimene, die sich vor Scham im Dunkeln verbirgt, in eine Eule, wie Ovid erzählt.[21] Begleiterin der Göttin war zunächst die Krähe, doch verärgert über deren Geschwätzigkeit, wählt sie statt ihrer die Eule.[22] Perdix („Talos" bei Apollodor, *bibl.* 3.15.8; „Kalos" bei Pausanias, 1.21.6 u. 26.5), den Lehrling des Daidalos/Daedalus, der von seinem missgünstigen Lehrer von der Akropolis gestoßen worden ist, verwandelt sie in ein Rebhuhn,[23] die unglückliche Arachne in eine Spinne (s.u.).

Jungfräulichkeit ist das oberste Anliegen der A. (vgl. → Artemis). Als ihr → Hephaistos lüstern nachstellt, weist sie ihn ab. Da fällt der Samen des Gottes auf den Boden oder auf das Bein der A. Die entfernt den Samen mit einem Wollbausch, den sie auf den Boden wirft. Aus dem Samen wird Mutter Erde (→ Gaia) den Erichthonios gebären. Die Göttin nimmt sich seiner an und zieht ihn in ihrem Heiligtum, dem Erechtheion, auf der Akropolis auf. Erichthonios wird später König von Athen, errichtet der Göttin ein hölzernes Bild und setzt die panathenäischen Spiele ein.[24]

Nicht minder bedeutend und dem Hephaistos gleich ist A. als Handwerkerin. Nach Cicero[25] ist sie in Arkadien (als Tochter der Coryphe) Erfinderin des Kampfwagens. Auch die Erfindung eines lenkbaren Pflugs[26] und des Schiffbaus wird ihr zugeschrieben. Sie soll beim Bau der Argo, dem Schiff der Argonauten, geholfen haben.[27] Auch als Baumeisterin scheint sie sich betätigt zu haben:

Für Herakles baut sie einen Schutzwall vor Troja,[28] den Menschen baut sie ein Haus.[29]

Vor allem ist sie eine kundige Weberin und Lehrmeisterin der Arachne, der Tochter eines Purpurfärbers. Auch aus Arachne wird eine tüchtige Weberin, doch sie ist so unklug, A. zum Wettstreit herauszufordern. Die Geschichte, die Ovid als Erster im Zusammenhang erzählt, nimmt zwangsläufig einen tragischen Verlauf. Bei dem Wettstreit gelingt Arachne anscheinend ein Meisterwerk – ein Bildteppich, der die Liebschaften der Götter zum Thema hat. Den zerreißt A., wie Ovid vermutet, im Zorn, vielleicht auch aus Neid.[30] Im Grunde aber handelt es sich hier doch um das Urvergehen der Sterblichen gegen die Götter: die Respektsgrenzen überschreitende Hybris (vgl. Apollon und Marsyas, S. 22). A. zeigt sich dann jedoch von einer mitfühlenden Seite: Als Arachne in ihrer Verzweiflung sich zu erhängen versucht, verwandelt sie die Göttin in eine Spinne. – A. trägt einen selbst gewebten Peplos, und auch dem Herakles schenkt sie einen solchen von ihrer Hand.[31] Auch Vater Zeus soll sie (gemeinsam mit Kore; vgl. S. 33) ein Gewand gewebt haben. Das reich verzierte Gewand, das sie der Hera schenkt, könnte gar bestickt gewesen sein.[32] An der Ausstattung der Pandora beteiligt sie sich mit einem silbrigen Gewand und einem kostbar bestickten Kopftuch.[33] – Natale Conti wird sie als Erfinderin des Spinnrockens nennen.[34]

Auch der Aulos, eine Doppelhandflöte (im Klang der Schalmei ähnlich) aus einem (Hirsch)knochen, ist ihr Werk. Sie selbst versteht das Instrument zu spielen und führt den Olympiern stolz ihre Erfindung vor, doch statt Applaus erntet sie Gelächter (vor allem von Juno und Venus) wegen der beim Spiel aufgeblasenen, entstellenden Backen.[35] Da wirft sie die Flöte weg und verflucht den, der immer sie aufheben wird (→ Apollon).

Durch ihre enge Beziehung zu den Künsten steht sie den Musen und Apollon als deren Anführer nahe. Gern

45

besucht sie die Musen auf dem Helikon, wo das Flügelross Pegasos eine Quelle geschlagen hat.[36]

Nicht nur auf das Handwerk versteht sich A., die
„Kopfgeborene" ist auch versiert in den Wissenschaften.
Von Minerva/A. wird man sagen, sie habe die Zahlen er-
funden (Boccaccio, *gen.* 2.3, unter Berufung auf Livius).

Es entspricht ihrem Wesen, dass A. schon von ferne sich als gerüstete Kriegerin, als „Promachos",
(griech.„Vorkämpferin") zu erkennen gibt, obwohl
sie stets ein langes Gewand, in der Regel einen Peplos,
trägt.[37] Ihre Rüstung besteht aus einem Helm mit mäch-
tigem Helmbusch, einem Schild und der (einst von Hephaistos für Zeus geschaffenen, vermutlich aus einem
Ziegenfell bestehenden) Aigis, die zum Schutz von Brust
und Schultern über einem Panzerhemd getragen wird.
Diesen wirksamen, kostbaren, unsterblichen Schutz leiht
Zeus gelegentlich anderen Göttern, vornehmlich aber der
A., sodass man hier von einer Dauerleihgabe sprechen
kann. In der für die A. Promachos typischen Haltung sehen wir sie in Schrittstellung, während sie den Speer in
der erhobenen Rechten schüttelt. Darin ähnelt sie dem
„tanzenden" Mars (vgl. S. 29 u. 144).

Die Aigis ist von Schlangen gesäumt und trägt an der
Vorderseite das Schreckenshaupt der Gorgo Medusa, das
Gorgoneion, dessen Anblick den Betrachter versteinert.
Es kann auch in der Mitte ihres Schildes angebracht sein.
Die charakteristische Waffe der A. ist die Lanze (eine
Stoßwaffe) oder, wie der Homerische Hymnos (s.o.) sagt,
ein „scharfer Speer" (eine Wurfwaffe). Wir sind geneigt,
uns an die Lanze zu halten, denn A. ist – anders als Apol-
lon und Artemis – eine Nahkämpferin, die sich mitten
ins Kampfgetümmel stürzt und notfalls mit der bloßen
Hand zupackt, eben „Hand anlegt".

Dichter und Mythografen beschreiben A. als helläu-
gig (griech. *glaukopis*, „hell", „strahlend", „bläulich";
griech. *glaux*, „Eule"). Unter den Tieren sind ihr Eule und
Schlange heilig, unter den Pflanzen der Ölbaum, den sie

im Wettstreit mit → Poseidon zum Wohl der Menschen selbst geschaffen hat (s. S. 159). Darin manifestiert sich ein zweiter, wohltätiger Wesenszug, der im Gegensatz zu dem kämpferischen Wesen der Göttin steht (vgl. dagegen Ares!). Leibliche Erscheinung (besonders die strahlenden Augen), Rüstung und Waffen charakterisieren die Göttin vor allem. An Attributen sind lediglich die Eule, die die Krähe ablöst (s.o.), die Schlange, die A. dem Haupt der Gorgo Medusa entnommen hat,[38] und der Ölbaum (s. o.) zu nennen. Pferde ziehen ihren Wagen, und allgemein steht ihr unter den Tieren das Pferd nahe. Selten sieht man sie mit einem Hahn, mit einem Blitzbündel (s. → Minerva) oder einer Spindel.

[1]Hesiod, *theog.* 924 ff. [2]ebd. 886 ff. [3]Pindar, *ol.* 7.35 ff. [4]Hom. Hymn. 28, *an A.*, 7 f.; Hesiod, *theog.* 929 f. [5]Hom. Hymn. 28, *an A.*, 9 ff. [6]5.3.4 [7]Hygin, *fab.* 146 [8]ders., *fab.* 150 [9]3.71.4 [10]Apollodor, *bibl.* 1.6.2 [11]Claudian, *gigant.* 91 ff. [12]Homer, *il.* 1.195, 5.418 ff., 9.254 u.ö. [13]ders., ebd. 5.835 ff., 15.71, 1.193 ff. [14]Homer, *il.* 5.850 ff. [15]ders., ebd. 21.416 ff. [16]Homer, *il.* 20.438 ff., 4.127 ff., 22.226 f., 5.844 ff. [17]ders., *od.* 494; Dictys Cretensis 5.9 u. 11 [18]*od.* 8.492 ff. [19]Apollodor, *epit.* 5.14; Hygin, *fab.* 108 [20]Apollodor, *epit.* 5.22; Macrobius, *sat.* 5.22.8 [21]Ovid, *met.* 2.572 ff. [22]Hygin, *fab.* 204; *met.* 2.598 ff. [23]lat. *perdix*; Ovid, *met.* 8.250 ff. [24]Myth. Vat. III 10.3; Apollodor, *bibl.* 3.14.6 [25]*nat.* 3.59 [26]Hesiod, *erga* 429 ff. [27]Apollonios Rhodios 1.19 f., 1.111 f. u. 1.526 [28]Homer, *il.* 20.145 ff. [29]Babrius, *fab.* 59 [30]*met.* 6.5 ff., 135 ff. [31]Apollodor, *bibl.* 2.4.11 [32]Homer, *il.* 14.178 f. [33]Hesiod, *theog.* 574ff [34]1567, Bl. 95v, Z. 9 f. [35]Fulgentius, *myth.* 3.9 726, Helm 1970, S. 73, Z. 11; Myth. Vat. III 10.7 [36]Ovid, *met.* 5.250 ff.; vgl. → Minerva [37]Hom. Hymn. 28, *an A.*, 7 f.; Hesiod, *theog.* 929f; Apollodor, *bibl.* 1,3,6 [38]Pausanias 8.46.5

BACCHUS, Liber Pater, lat., griech. Bakchos, → Dionysos, etr. Fufluns. Bakchos, in der latinisierten Form „B.", ist der Beiname des rasenden Dionysos (griech. *bakchóon*, „schwärmen", „rasen", „verzückt sein"). Der Name *Liber* (lat., „frei") lässt denken an die befreiende, entfesselnde Wirkung des Weines.

Als *„Pater"* („Vater") wird Liber selbst dann bezeichnet, wenn er offenkundig als Knabe gedacht ist (s.u.), was seine unveränderliche Autorität zum Ausdruck bringt.

Wie → Aphrodite hatte es B. schwer, sich im römischen Götterkreis und Kult einen Platz zu sichern. Beider fundamentale Triebhaftigkeit war den Römern fremd. Ihr Wesen stand im Widerspruch zur altrömischen *Pietas* (lat., „Frömmigkeit" im Sinn einer Verpflichtung gegenüber dem Göttlichen; s. Vorwort). Noch 186 v. Chr. verbot ein Senatsbeschluss die Abhaltung dionysischer Mysterien, deren Einführung in Rom spätestens um die Mitte des 1. Jh.s v. Chr. erfolgte. Festzustehen scheint jedoch, dass sowohl in Griechenland als auch auf der Apenninen-Halbinsel in prähistorischer Zeit unabhängig voneinander bereits ein Weingott verehrt wurde.

Bakchos wurde in Rom schon zur Zeit der frühen Republik mit Liber gleichgesetzt, der im Staatskult jedoch gemeinsam mit seiner weiblichen Ausprägung Libera als Trabanten der → Ceres eine klar definierte Funktion hatte: Vermutlich war er mit Libera für den Weinhandel zuständig wie Ceres für den Getreidehandel. Allen dreien stand → Merkur als Gott des Handels allgemein zur Seite. Brot und Wein waren damals „Grundnahrungsmittel" – hatten für die Ernährung der Menschen fundamentale Bedeutung, wie uns das auch aus der Bibel vertraut ist: Hier werden Brot und Wein in einem Atemzug genannt (vgl. auch die Eucharistie im christlichen Kult, in dem der Wein zum Blut, das Brot zum Fleisch Christi wird).

Eine ganz andere Bedeutung hat Liber in der Volksfrömmigkeit. Das Fest von Liber und Libera wurde am 17. März, den *Liberalia*, gefeiert, an dem die Jünglinge zum ersten Mal in ihre „Toga virilis" gekleidet wurden zum Zeichen für ihre Aufnahme in die Bürgergemeinde. Vom Ablauf des Festes gibt Ovid eine lebendige Vorstellung.[1] Phallische Umzüge scheinen dabei eine wesentliche Rolle gespielt zu haben.[2]

In der Allegorese der Spätantike und daran anknüpfend im Humanismus verbinden sich B. (Wein) und Ceres (Brot) mit Venus als der Göttin der Liebe: Ohne Liber und Ceres friere die Venus, sagt Terenz: „Sine Cerere et Libero friget Venus".[3]

B. und Venus sollen Eltern des Priapus/→ Priapos gewesen sein. Beide galten als Patrone der Künste. Moralisten sehen in ihnen nur noch Verwerfliches, denn Frauen (Venus) und Wein (Liber) seien nur dazu da, (sexuelle) Begehrlichkeit zu wecken.[4] Cornutus dagegen setzt den Gott mit *pax* (lat., „Friede") gleich, denn im Frieden werde viel gefeiert, und dazu brauche man Wein.[5]

Als Gott bzw. die Verkörperung des Weins ist uns B. auch heute noch geläufig. In Italien ist bis auf den heutigen Tag der Ausruf „per Bacco" zu hören.

Erscheinung und Attribute des B. entsprechen im Allgemeinen denen des Dionysos. Ein untrügliches Erkennungsmal ist auch hier ein Kranz aus Efeu- oder Weinlaub, eine Traube und der Thyrsus. Eine Besonderheit des römischen B. ist der Satyr Marsyas (s. S. 24), der ihn wie ein Trabant begleitet und insbesondere die Verkörperung der *libertas* übernimmt. Sein Bild stand häufig als Symbol der Freiheit auf den Marktplätzen.

[1]*fasti* 3.7.13 ff. [2]Augustin, *civ.* 7.21 [3]*eun.* 733. [4]Tertullian, *spect.* 10 [5]*nat. deor.* 30

CASTORES, lat., Castor und Pollux, etr. Castur und Pultuce, griech. → Dioskur(id)es. Die Römer sehen in ihnen vor allem die Krieger und nennen sie folgerichtig nach dem sterblichen Castor, dem Krieger, die *Castordies*. Sie banden sie in archaischer Zeit in die eigene Geschichte ein: den Lokrern sollen sie (um 550 v. Chr.) den Sieg über die zahlenmäßig überlegenen Krotoner beschert haben.[1] Auch den Römern seien sie (nach einer Version der Geschichte) in der Schlacht am See Regillus in Gestalt zwei-

er Schimmelreiter mit purpurnen Mänteln zu Hilfe gekommen.[2]

Der römischen Eigenart entsprechend, die unter den
Göttern keine Verwandtschaftsverhältnisse kannte, galt
ursprünglich die kultische Verehrung nicht den Zwil-
lingen, sondern Castor allein, dem auf dem Forum Romanum ein Tempel geweiht war. Vermutlich war die
Stadt Kyme (das heutige Cumae) im Golf von Neapel,
die Tochterstadt von Chalkis auf Euböa, die Vermittlerin
des Dioskuren-Kultes zwischen Griechenland einerseits,
Lavinium und Rom andererseits.[3]

Die C. hatten ihre Zuständigkeiten sowohl im privaten
wie im öffentlichen Bereich, in der *res publica*. Hier waren
sie Schutzgötter der Reiterei und der Flotte. Privatleuten
waren sie Nothelfer und Schwurgötter. „Beim Castor",
bei dem mit Vorliebe die Frauen schworen, und „beim
Pollux" waren gängige Schwurformeln.

Obwohl die beiden C. im römischen Kult zunächst
nicht als Zwillinge, sondern einfach als „die beiden
Jünglinge" bezeichnet wurden (wie auf einer Inschrift
des 6. Jh.s v. Chr.), erscheinen sie in der Bildkunst dennoch stets wie das Spiegelbild jeweils des anderen. Am
bekanntesten ist ihr Bild als Rossebändiger oder Pferdeführer, wie man ihnen in Rom bis auf den heutigen Tag
begegnet (vor dem Quirinalspalast als Rossebändiger, als
Pferdeführer am Eingang zur Piazza del Campidoglio).
Eine Sonderform der Darstellung der Zwillinge findet
sich auf Münzen der Zeit nach 225 v. Chr. (nach den Darstellungen auf dem Revers „Quadrigati" genannt). Die
beiden im Profil gezeigten C. teilen sich einen Hinterkopf,
sodass sie in entgegengesetzte Richtungen blicken. Auf
diese Weise gleichen sie dem doppelgesichten → Janus
– mit dem Unterschied, dass sie Lorbeerkränze tragen
und nicht wie jener bärtig und in reiferem Alter gezeigt
werden, sondern jung und bartlos. Mit Janus teilen sie
den Ort des Türwächters. Als kosmische Gottheiten (vgl.
das Sternbild der Zwillinge) wachen sie an der Himmels-

pforte. In weiteren Konstellationen sehen wir die C. mit Venus oder Luna, die sie jeweils flankieren.

Zusammen mit Juturna, einer Quelle auf dem Forum, bilden die C. eine Trias, die an diesem Ort schon in alten Zeiten als Heilgötter verehrt wurden. Sie sollen nach der Schlacht am See Regillus ihre Pferde an der Quelle Juturna getränkt haben.

Die frühchristlichen Exegeten beurteilen sie negativ. Clemens von Alexandrien sieht in ihnen von der heidnischen Welt erfundene Nothelfer und nennt sie zusammen mit dem Übel abwehrenden Herakles und dem Arzt Asklepios.[4] Tertullian schmäht sie als „Dämonendiener",[5] andere sehen in ihnen ein Sinnbild des Hochmuts oder des Verderbens für Seefahrer.[6]

[1] Strabo 6.261; Cicero, *nat.* 2.6; 3.11 u.ö. [2] Dionys. 6.13 [3] vgl. E. Simon, *Römer*, S. 35 [4] *exhort.* 2[22 P.], Butterworth, S. 54 f. [5] *spect.* 9, Butterworth, S. 254 ff. [6] Fulgentius, *myth.* 2.12, St. 695 f.

CERES, die römische Entsprechung der → Demeter, ist ursprünglich eine genuin italische Göttin, als deren Vorläuferin die Saatgöttin Dea Dia gelten kann. Erst zur Zeit der Republik geriet ihr Kult unter den Einfluss der westgriechischen Demeter.

Ihr Name, der schon um 600 v. Chr. inschriftlich bezeugt ist, wird u.a. überzeugend mit *crescere* (lat., „wachsen") in Verbindung gebracht. In Latium wurde C. im privaten Kult als Numen der Bauernhöfe verehrt.[1] Ihre öffentliche Verehrung reicht in Rom bis in die frühe Königszeit zurück (8. Jh. v. Chr.). Dort schützte sie die Rechte der Ehefrauen.[2] Sie war die Göttin des Getreides, des Ackerbaus und der Menschen, die ihn betrieben. Das Fest der C. waren die am 19. April gefeierten „Cerialia", bei denen man um den Schutz des Getreides vor Sonnenglut betete.

Aber wie Demeter ist auch C. nicht nur eine gebende, wohltätige, sondern auch eine strafende Göttin. Wer

fremde Feldfrüchte stahl oder nachts das Vieh auf fremden Äckern weiden ließ, riskierte sein Leben. Er verfiel
der Rache der C. und wurde an einem Baum gehenkt.

C. ist zum einen der Ops (→ Kybele) verbunden, zum
anderen dem → Merkur, der für den Handel mit Getreide
zuständig ist. Seit der Zeit der Frühen Republik bildet sie
gemeinsam mit Liber/Bacchus und Libera eine Trias, deren Hauptgottheit C. war. 496 v. Chr. wurde dieser Trias
nach einer Hungersnot ein Tempel gebaut, dessen Fundamente man unter der Kirche Santa Maria in Cosmedin am
Forum Boarium vermutet. Er bildete fortan das gewichtige Gegenstück zum Tempel der Trias Juppiter-Juno-Minerva auf dem Kapitol. Dieser war das Hauptheiligtum
der Patrizier, der Tempel der C. das der Plebejer. Dabei
dürfte Liber (auch in seiner Erscheinungsweise: mit Bart
und Mantel) dem Juppiter entsprochen haben.

C. findet – im Unterschied zu den meisten anderen
heidnischen Gottheiten – auch in der christlichen Exegese
Zustimmung. Der „Ovid moralisé en prose"[3] erklärt sie
zum Bild der „heiligen Kirche", Proserpina steht dort für
die christliche Seele, die der König der Unterwelt raubt,
die Zurückgekehrte für die Sünderin, die die Mutter
Kirche (C.) auf den Weg der Erlösung bringt. Christine
de Pizan bringt sie mit der Eucharistie in Verbindung:
Christi Leib ist das Brot – eine Erfindung der C. –, das der
Mensch in der Eucharistie genießt.[4]

Rationale Auslegung der heidnischen Mythen sieht
in C. eine Königin von Sizilien, der die Erfindung der
Landwirtschaft und aller aus ihr resultierenden zivilisatorischen Errungenschaften zugeschrieben wird: die
Erfindung des Hakenpflugs, auch die Kunst, Stiere zu
zähmen.[5] Vor allem habe C. durch ihre Erfindung des Getreides gesellschaftliche Ordnung gebracht, insofern als
nun das Anlegen von Äckern gesetzlich geregelt wurde;
davor seien die Menschen gesetzlos umhergeirrt.[6]

Die römische Bildkunst stellt sie mit Ähren in der
Hand oder mit einem Ährenkranz im Haar dar. Auch

der Mohn, wie alle vielsamigen Früchte ein Symbol der Fruchtbarkeit, gehört zu ihren Attributen. Als Schnitterin trägt sie eine Sichel in der Hand. Manchmal hält sie eine mächtige Fackel, was sie als Herrin von Mysterien ausweist.[7] Häufig sieht man sie – wie Triptolemos – auf einem von Schlangen gezogenen Wagen fahren.

In der Kaiserzeit begegnen uns auf Kameen Porträts von Kaiserinnen, wie etwa der Livia, im Bild und mit den Attributen der C. – Die Neuzeit versteht C. hauptsächlich als Allegorie des Sommers. So kann sich in ihrer Gesellschaft auch der Löwe finden – das Tierkreiszeichen des Sommers. C. schmückt sich mitunter mit Kornblumen oder einem Füllhorn mit Früchten (→ Fortuna); wie schon in römischer Zeit trägt sie als „Schnitterin" eine Sichel in der Hand. Ihr üppiges Haar hat die Farbe des reifen Getreidefelds.

[1] Cato, *agr.* 134 [2] Plutarch, *Romulus* 22 [3] 5.9, de Boer S. 181 ff. [4] Zimmermann 1990, Kap. 39, S. 114 [5] Hygin, *fab.* 274.19; Christine de Pizan, s.o., Kap. 35, S. 107 u. 38, S. 110 [6] Servius, *aen.* 4.58 [7] E. Simon, *Römer*, S. 48

CHRONOS → Kronos

CUPIDO → Eros

CYBELE → Kybele

DEMETER, griech., lat. → Ceres, Tochter des → Kronos und der R(h)ea. D. wird auch mit → Kybele/Cybele oder Mater Magna gleichgesetzt, auch mit Ops und Vesta (→ Hestia). In frühgeschichtlicher Zeit ist sie wohl eine Muttergottheit, wie schon ihr Name anzeigt (griech. *méter*, „Mutter"). Im

Mythos ist D. eine der Zwölfgötter. Die Göttin des Ackerbaus und der Feldfrucht, die Spenderin des Getreides war
sie wohl schon vor der Einwanderung der Hellenen. Sie
stand dann für die Fruchtbarkeit der Erde schlechthin und
war Hüterin der Familiensatzungen und insgesamt der
gesellschaftlichen Ordnung. Als solche trägt sie den Beinamen *Thesmophoros* (griech., „gesetzgebend").

Von → Zeus ist sie Mutter der → Persephone, von → Poseidon Mutter des Rosses Areion, von dem Zeus-Sohn
Iasion Mutter des Plutos (griech., „Wohlstand", „Reichtum"). In früher Zeit war ihr die Tochter Persephone so
eng verbunden, dass man sie als verjüngte Inkarnation
der Mutter auffassen kann. Manchmal ist sogar pluralisch
von „Demeteres" die Rede, also den beiden D. Solche
Zweiheiten von Mutter und Tochter scheinen für die ägä-
ische Religion charakteristisch gewesen zu sein. Entspre-
chendes gilt für R(h)ea und → Hera, Hera und → Hebe.
Gelegentlich sieht man D. und Persephone in gleicher
Gestalt, zwischen ihnen ein kleines Kind, das als Plutos
gedeutet wird (s.o.). Wir kennen dieses Konzept aus der
christlichen Ikonografie in der Gruppe der hl. Anna mit
Maria und dem Jesuskind als „Anna Selbdritt".

D. ist arm an Mythen. Über ihre Kindheit weiß man
nichts, außer dass Vater Kronos sie – wie ihre Geschwister – verschlingt und dann wieder ausspeit.[1] Die Suche
nach der entführten Tochter (→ Persephone, S. 155)
nimmt einen guten Teil ihrer eigenen Geschichte ein. D.
hört die Hilferufe der Geraubten[2] und begibt sich sofort
in heller Aufregung auf die Suche, die Ovid dramatisch
schildert.[3] Sie zerreißt ihren Schleier, wirft ihren Umhang
ab und eilt über Land und Meer wie ein Vogel. Sie nimmt
Fichtenstämme, entzündet sie am Feuer des Ätna und eilt
mit diesen Fackeln bis zu den Hesperiden. Ihre verzweifelte Suche bleibt ohne Erfolg. Helios (der alles sieht; vgl.
S. 14) verrät ihr schließlich, dass Zeus das Mädchen dem
→ Hades zur Frau versprochen habe. In Trauer und Zorn
wendet sich D. ab von den Göttern und sucht Zuflucht

bei den Menschen, die sie jedoch nicht erkennen, da sie die Gestalt einer alten Frau angenommen hat. Als sie sich traurig unter Oliven am Parthenosbrunnen in Eleusis niedersetzt, sprechen sie die Töchter des Königs Keleos (auch Keleus, Celeus, Celus) an. D. gibt sich als Kreterin aus, die von Piraten entführt worden sei, denen sie jedoch entkommen konnte.[4] Apollodor dagegen berichtet, sie habe die Götter verlassen, sei in Gestalt einer sterblichen Frau nach Eleusis gegangen und habe sich dort neben einem Brunnen auf einen Felsen gesetzt, den man fortan Agélestos genannt habe.[5] Dann begibt sie sich an den Hof des Königs Keleos, wo sie von Metaneira, der Gemahlin des Königs, empfangen wird. Als sie auf der Schwelle steht, wird auf einmal ihre göttliche Natur offenbar: Ihr Haupt reicht bis zur Decke (zum Dach), und himmlischer Glanz erfüllt den Eingang.[6] Metaneira erfasst Ehrfurcht, und sie bietet D. ihren eigenen Sitz an. Doch die wehrt ab und bescheidet sich mit einem schlichten Hocker. Dort sitzt sie lange Zeit in völliger Apathie. Doch schließlich nimmt sie sich des spätgeborenen Königssohns[7] an, salbt ihn mit Ambrosia und wirft ihn des Nachts ins Feuer, um ihn unsterblich zu machen. Doch als die Mutter sie misstrauisch beobachtet und von D. entdeckt wird, wirft die Göttin das Kind auf den Boden (unter anderem heißt es auch, das Kind sei im Feuer verbrannt oder D. habe es im Zorn getötet). Nun grollt D. auch den Menschen und beklagt sich über deren Beschränktheit.[8] Die Eleusiner sollten ihr zur Sühne einen Tempel bauen, und sie selbst werde sie die Riten lehren. Da nimmt D. ihre göttliche Gestalt wieder an: Jung und schön erscheint sie, goldene Locken fallen auf ihre Schultern, ihr Leib erstrahlt hell, und das ganze Haus ist in gleißendes Licht getaucht.[9]

Die meisten Quellen berichten, D. habe Triptolemos beauftragt, ihre Früchte und die Kunst des Ackerbaus über die ganze Erde zu verbreiten. Dazu gibt sie ihm einen von Schlangen (oder Drachen) gezogenen Wagen, der ihn durch die Lüfte trägt und von dem aus er den

Weizen, den ihm D. gegeben hat, aussät. So sieht man den jungen Triptolemos auf zahlreichen attischen Vasenbildern. – Aus Neid um diese göttlichen Gaben will König Keleos den Sohn töten, aber die Göttin zwingt ihn, dem Triptolemos sein Reich zu übergeben. Der richtet ihr zum Dank einen Kult ein.[10] Als D. *Thesmophoros* (s. o.) trägt D. die hohe Götterkrone, den Polos.

Doch der Zorn der Göttin ist noch nicht besänftigt. Sie schickt den Menschen eine schreckliche Hungersnot[11] und ist nahe daran, sie zu vernichten. Da erhebt Zeus – ganz pragmatisch – Einspruch: Wäre die Erde unfruchtbar, gäbe es auch keine Opfer für die Götter! Er schickt die Götterbotin Iris zu D. und versucht sie mit Geschenken umzustimmen – vergebens. D. besteht einzig darauf, ihre Tochter zurückzuhaben. Da setzt sich → Hermes als Vermittler ein und überzeugt Hades mit seinen Argumenten.[12] Hades gibt Persephone frei, lässt sie aber einen Granatapfelkern essen, um sicherzustellen, dass sie zu ihm zurückkehrt, denn die Bedingung für ihre Rückkehr in die Welt war, dass das Mädchen in der Unterwelt nichts aß. Dann bringt er sie in seinem Wagen zum Tempel von Eleusis, wo D. wartet. Stürmisch fallen sich Mutter und Tochter in die Arme. Zeus und R(h)ea beschließen nun, Persephone solle ein Drittel des Jahres in der Unterwelt, zwei Drittel bei ihrer Mutter zubringen;[13] dieselbe Entscheidung fällt im Streit zwischen → Persephone und → Aphrodite um den schönen Adonis. Die Erfahrung des ewigen Wechsels von Werden und Vergehen in der Natur hat hier ihren Ausdruck im Mythos gefunden.

Eine andere Geschichte erzählt Ovid, wohl auf einer italisch-römischen Tradition fußend.[14] Auf Sizilien begegnet Ceres/D. der in einen Bach verwandelten Cyane, die ihr den Gürtel der Tochter zeigt. Von der fehlt jedoch jede Spur. Der Zorn der Göttin wendet sich nun gegen die Menschen, sie zerstört ihre Pflüge, lässt die Saat verdorren, von Unkraut ersticken, von den Vögeln verschlingen. Schließlich verrät ihr die Nymphe Arethusa, wo Proserpina/Persephone zu finden sei. Ceres besteigt ihren Wagen und sucht Juppiter/Zeus auf, um von ihm die Rückkehr der Tochter zu erflehen. Schließlich wird man sich einig, dass Proserpina die Hälfte des Jahres bei Pluto/Hades, die andere bei der Mutter verbringen soll.[15]

Diese Geschichte macht deutlich, dass die ursprüngliche Einheit von Mutter und Tochter im späteren Mythos nicht mehr besteht. Persephone gehört als Herrscherin der Unterwelt dem Hades an, D. dagegen dem Olymp, auch wenn sie sich in Zorn und Trauer um die Tochter von den Göttern fernhält. Erst nach der Befreiung der Persephone kehrt sie – gemeinsam mit ihr – zum Olymp zurück.

In der Geschichte um die verzweifelte Suche nach Persephone mag die so mächtige D. oft hilflos und gedemütigt erscheinen. Doch wenn sich ihre Verzweiflung in Zorn wandelt, bekommen die Sterblichen ihn zu spüren (s.o.). Ihre göttliche Macht stellt sie auch bei anderen Gelegenheiten unter Beweis, etwa in der Begebenheit mit dem Frevler Erysichthon. Der war mit 20 Riesen in einen heiligen Hain der D. in Thessalien eingebrochen und hatte dort Bäume gefällt, darunter die der Göttin heilige „himmelhohe" Pappel.[16] In Gestalt ihrer Priesterin Nikippe warnt sie den Frevler, doch der bedroht sie mit der Axt. D. nimmt ihre wahre Gestalt an und ist nun so riesig, dass ihr Scheitel den Olymp berührt.[17] Sie schlägt Erysichthon mit ewigem Hunger: Er verschlingt schließlich sogar ganze Maultiere, Pferde und Katzen und magert dennoch zum Skelett ab.[18] – Die lykischen Bauern, die sie verspotten und ihr das Trinken verwehren, verwandelt sie in Frösche[19] (vgl. das Schicksal der Leto, → Apollon, → Artemis). Den Knaben, der die Durstige verspottet hat, weil sie so gierig trank, verwandelt sie in eine Eidechse.[20] Als ihre Priesterin Melissa von wütenden Frauen zerrissen wird, weil sie das Schweigegebot der Göttin befolgt hat, straft sie die Schuldigen und das Land mit Pestilenz.[21] Die große Göttin hat als Rächende einen eigenen Namen: D. *Erinys*.

Gehorsam ist sie nur dem obersten Gott, Zeus, gegenüber. Als sie sich im Kummer um die verlorene Tochter in Arkadien in einer Höhle verbirgt und die Feldfrüchte verderben lässt, schickt Zeus die Moiren, die Rachegöttinnen, als Mahnerinnen zu ihr, D. gehorcht und legt ihren Zorn ab.

Die Würde der mächtigen D. kommt im Bild der thronenden Göttin zum Ausdruck. Ihre Macht zeigt sich auch in ihrer Körpergröße: Als sie den Sterblichen in ihrer göttlichen Gestalt erscheint, berührt ihr Scheitel das Dach (s.o.). – Ähren sind ihr Attribut, ein Ährenkranz schmückt ihr Haupt. Charakteristisch für sie ist der über den Hinterkopf gezogene Mantel. Als Erdgöttin begleitet sie eine Schlange. Manchmal sieht man sie in Begleitung eines Schweins oder Ferkels (das Schwein war das älteste Haustier und eng mit dem Getreideanbau verbunden). Ferkel waren Opfertiere der D. und der Persephone.

[1] Hesiod, *theog.* 453 ff. u. 491 ff.; Apollodor, *bibl.* 1.1.5 u. 2.1 [2] Hom. Hymn. 2, *an D.*, 38 ff. [3] Ovid, *met.* 5.396 ff. [4] Hom. Hymn. 2, *an D.*, 98 ff. [5] „einer, der nicht lacht"; Apollodor, *bibl.* 1.5.1 [6] Hom. Hymn. 2, *an D.*, 184 ff. [7] Demophoon; bei Ovid, *met.* 5.645, u. a. heißt er Triptolemos [8] Hom. Hymn. ebd., 256 ff. [9] ebd. 275 ff. [10] die Thesmophoria: Hygin, *fab.* 147.5 [11] Hom. Hymn. ebd., 301 ff. [12] ebd. 334 ff. [13] Hom. Hymn. 2, 459 ff.; Apollodor 1.5.3 [14] Ovid, *met.* 5.341–571 [15] ebd. 5.564 ff.; Ovid, *fasti* 4.613 ff.; Hygin, *fab.* 14.146, u. a. [16] Kallimachos, Hymnos 6, *an D.*, 24-119 [17] Hom. Hymn. 2, *an D.*, 54 ff. [18] Ovid, *met.* 8.738–878 [19] Myth. Vat. II 95 [20] Ovid, *met.* 5.451 ff. [21] Servius, *aen.* 1.430

DIANA, lat., entspricht der griechischen → Artemis. Den Namen hat man etymologisch auf unterschiedliche Weise jedenfalls so gelesen, dass er die D. als Mondgöttin erkennen lässt. Ihr Kult zeigt sie sicher als Patronin des weiblichen Lebens und seiner generativen Funktionen, was anschaulich wird in Weihgaben, die man bei Nemi gefunden hat: Abbilder von Vulven, Phallen und Müttern mit Säugling.[1] Der Kult findet die Göttin in einem Hain und nimmt sie damit wahr auch als Hüterin des vegetativen Lebens in Wald und Flur, als Hegerin des Wildes, für das sie ebenso sorgt, wie sie bei den Menschen die Schutzpatronin der Gebärenden ist.

So wird sie zur Göttin der Jagd und gesellt sich auch darin der Artemis in deren Erscheinung als *Potnia Therón* zu. Man meint heute, dass beide Göttinnen auf eine gemeinsame prähistorische Wurzel zurückgehen. Aber es scheint, dass den bäuerlichen Römern die Jagd ursprünglich kein Anliegen war. In dem Maße, in dem die Jagdbeute zur Lebensgrundlage wird, gewinnt die Göttin an Macht. So mag der Ort, an dem man sich in Speise- und Opfergemeinschaften zum Gemeinschaftsmahl traf, zum Kultplatz geworden sein.

Die vermutlich älteste Kultstätte der D. in Latium war der heilige Zypressenhain von Aricia (heute Ariccia unweit Rom), wo man die D. *Nemorensis* (von lat. *nemus* = Hain/Wald) verehrte. Wer dort Priester der Göttin wurde (er war jedenfalls ein entflohener Sklave, der die Würde eines *rex nemorensis* trug, der wohl dem *rex sacrorum* entsprach), entschied sich nach ihrem Willen in einem Duell, nach dem der Sieger den Besiegten tötete. Servius hat dieser Zweikampf an die Meschenopfer für Artemis erinnert.[2]

Das Kultbild der D. von Aricia war wohl dreigestaltig, wie noch spätere Münzbilder bezeugen. In dieser Dreigestalt, als die sie den Beinamen *Trivia* trägt, zeigt sich D. der dreigestaltigen Hekate verwandt.

Die Kultstätte von Aricia war Versammlungsstätte der Latiner und hatte auf diese Weise für das rivalisierende Rom eine politische Bedeutung. Wohl aus diesem Grund holten die Römer in der späten Königszeit den Kult der Göttin nach Rom.

Der älteste D.-Tempel der Stadt Rom, der Sage nach eine Gründung des Servius Tullius, des vorletzten römischen Königs, lag auf dem Aventin und bildete das Gegenüber des Apollo-Tempels auf dem Palatin. Ein ikonografisches Merkmal der D. vom Aventin ist eine Kuh bzw. der Schädel einer Kuh gemäß einer Sage, nach der eine besonders schöne Kuh im Sabinerland entscheiden sollte, wer die Vorherrschaft in Rom erhalten würde. Man befand, derjenige solle seinem Volk die Vormachtstellung (das *imperium*) sichern, der diese Kuh der D. opferte. Als ein Sabiner das Tier zum Aventin führte, um es dort zu schlachten, überlistete ihn ein römischer Tempeldiener und schlachtete das Tier selbst. So fiel die Vormachtstellung den Römern zu.[3] Den Kuhschädel (das „Bucranium") zeigte man noch lange im Tempel der D. auf dem Aventin, und auf Münzen sieht man die D. *Aventinensis* gelegentlich mit einem Rinderschädel über ihrem Scheitel.

Später bildete die D. vom Aventin (s.o.) mit der → Juno *Lucina* vom Esquilin eine Einheit – ein typisch römisches *numen mixtum*.

Die italische D. ist arm an Mythen. Wenn Ovid die Geschichte von der Entführung der Proserpina erzählt, so ist im Grunde von Artemis und Persephone (als deren Gespielinnen) die Rede (s. S. 155). Auch die Erzählung von Latona, die mit ihren Kindern Apollo und D. umherirrt, knüpft an eine griechische Überlieferung an.[4]

Die charakteristischen Attribute der D. sind Zackenkrone und Stoßlanze (die „Saufeder", mit der der Bauer sich gegen das gefräßige Schwarzwild gewehrt haben mag), auch wenn man sie ebenso mit dem Bogen und einem Hirsch in ihrer Begleitung sieht. Spätantike und Neuzeit sehen D. in der Regel als Jagd- und Mondgöttin, erkennbar an der Mondsichel über dem Scheitel. In der Neuzeit erscheint sie gelegentlich mit einem Jagdhorn.

[1] Kl. Pauly 1, Sp. 1511 [2] Servius, *aen.* 2.116; vgl. Hygin, *fab.* 261 [3] Livius 1.45.3 ff. [4] Ovid, *met.* 5.385 ff. u. 6.313 ff.

DIONYSOS, Bakchos, griech., lat. Dionys(i)us, → Bacchus, Liber Pater. Sohn des → Zeus und der Semele, der Tochter des Kadmos.[1] Als seine Mutter werden auch → Persephone, → Demeter und andere genannt.[2] Von vielen Sterblichen, aber auch Göttinnen hat er Kinder: Von → Aphrodite den → Priapos[3] und den Hochzeitsgott Hymen.[4] Mehrere Kinder hat er auch von Ariadne, der Tochter des kretischen Königs Minos und der Pasiphaë.

D. ist ursprünglich ein Vegetationsgott und vermutlich nicht-griechischen Ursprungs. Er zählt auch nicht von Anbeginn zu den Olympiern, sondern muss sich den Götterwohnsitz – wie sein Halbbruder → Herakles – erst verdienen.

Der Mythos des D. ist umfangreich und verwirrend. Die Mythografen unterscheiden drei D.: einen in Indien; einen zweiten, welcher Sohn des Zeus und der Demeter oder der Persephone war. Diodor nennt den letzteren „Zabazios", der mit einem phrygisch-thrakischen Gott der Fruchtbarkeit identisch ist.[5] Der Sohn des Zeus und der Persephone heißt bei Nonnos „Zagreus". Ihn hat Zeus in Schlangengestalt mit Persephone gezeugt. Die eifersüchtige → Hera sorgt dafür, dass die Titanen, als Frauen verkleidet, das Kind regelrecht hinmetzeln.[6] Zeus entdeckt die schreckliche Tat und schleudert die Unholde in den Orkus. Dieser Zerstörung des Leibes folgt eine dritte Geburt bzw. die Geburt eines dritten D.

Zeus wird nun, der bekanntesten Version der Geschichte zufolge, von Semele, der Tochter des Kadmos, Vater dieses dritten D., der ein Ebenbild des Zagreus sein soll. Diesmal trachtet Hera der Geliebten des Zeus nach dem Leben (wohl in der Hoffnung, mit ihr auch das Kind zu vernichten). Listig erscheint sie der Semele in der vertrauten Gestalt von deren Amme Beroë und bringt die Arglose dazu, Zeus zu überreden, sich ihr so zu zeigen, wie er der Hera erscheine.[7] So nähert Zeus sich der Geliebten in Gestalt von Blitz und Donner, und die Frau stirbt (entweder durch den Blitz selbst oder vor Schrecken an-

gesichts dieser gewaltigen Erscheinung). Doch das Kind
überlebt unversehrt, Zeus[8] entnimmt es dem Körper der
Mutter und birgt es in seinem Schenkel, aus dem es dann
ein zweites Mal geboren wird. Hermes bringt es zu Ino
und deren Gemahl Athamas, die es gemeinsam aufziehen. Die beiden stecken das Kind in Mädchenkleider,
wohl um es vor dem Zugriff der Hera zu schützen. Doch
Zeus scheint Hera nicht zu trauen und verwandelt das
Kind nun in ein Zicklein, das Hermes zu den Nymphen
auf dem Berg Nysa in Kleinasien bringt, die es aufziehen
werden.[9] So wächst das Kind in bukolischer Umgebung
unter Nymphen und Hirten auf. Diodor berichtet, Silen
(Seilenos) sei sein Erzieher gewesen.[10] Herangewachsen,
geht D. mit seinem Gefolge (s.u.) auf Wanderschaft. Er
kommt weit herum, durch Lydien, Phrygien, Baktrien,
Medien und „ganz Asien". Diodor sagt, er habe gar die
ganze Welt außer Äthiopien, Britannien und Ligurien
bereist.[11] Es hat den Anschein, als sei der Zweck dieses
Umherschweifens die Verbreitung der wichtigsten Erfindung des D. gewesen: des Weinbaus. Jedenfalls ist dies
das Hauptanliegen des Gottes.

Wer sich ihm widersetzt, wird mit Wahnsinn geschlagen, wie Lykurgos, der König der Edoner, der den Gott
verfolgt hatte. Im Wahn erschlägt der König seinen eigenen Sohn im Glauben, der sei der Zweig eines Weinstocks.
Danach bleibt sein Land unfruchtbar, und ein Orakel des
Gottes kündet, es werde erst wieder Frucht tragen, wenn
Lykurgos hingerichtet sei. So ließen die Edoner den König von Pferden zerreißen. Es werden noch verschiedene
andere Versionen der Sage erzählt, fast immer aber mordet Lykurgos im Wahn und wird mit dem eigenen Tod
bestraft.[12]

Ein grausames Ende nimmt auch Pentheus, der König von Theben, Sohn der Agauë, der Schwester der Semele. Auch er widersetzt sich dem D. Zur Strafe zwingt
der Gott die Frauen von Theben, ihm in bacchischer Raserei zu folgen.[13] In den „Bacchae" des Euripides rächt

sich D. vor allem an den Schwestern seiner Mutter, die
seine göttliche Abkunft geleugnet und Semele verleum-
det hatten.[14] So sorgt D. dafür, dass Agauë im bacchan-
tischen Wahn ihren eigenen Sohn Pentheus in Stücke
reißt, in dem Glauben, es handle sich um einen jungen
Löwen, und, seinen Kopf auf den Thyrsos (s.u.) gespießt,
in Theben einzieht.[15] Ein ähnliches Schicksal erleiden die
Töchter des Königs Proitos von Argos, die sich weigern,
die Göttlichkeit des D. anzuerkennen. Zur Strafe zerreißen sie im Wahn ihre eigenen Kinder und verschlingen
sie.[16] Der Homerische Hymnos berichtet von einer Episode, in der D. einen überzeugenden Beweis für seine
Göttlichkeit liefert.[17] Der junge Gott steht, bekleidet mit
einem Purpurmantel, allein am Meeresstrand. Dort ent-
decken ihn Piraten, die ihn für einen König halten, und
schleppen ihn gefesselt auf ihr Schiff. Da fallen die Fesseln von D. ab, und der Steuermann erkennt den Gott in
ihm. Doch die Piraten hören nicht auf seine Warnung. Da
blähen sich die Segel in einer heftigen Böe, süß duftender
Wein fließt durch das Schiff, Weinzweige ranken sich um
die Segel, schwere Trauben hängen herab. Die Piraten geraten in Panik, und als D. sich in einen brüllenden Löwen
verwandelt und einen struppigen Bären erstehen lässt,
flüchten sich die Seeleute ins Meer und werden in Delfine
verwandelt. Nur der Steuermann entgeht der Strafe.

Eine ähnliche Geschichte erzählt Apollodor.[18] D. mie-
tet das Schiff von Piraten, um nach Naxos zu fahren. Die
Piraten wittern in ihm eine lukrative Beute und beschließen, ihn in Asien teuer zu verkaufen. Als sie an Naxos
vorbeigesegelt sind, erkennt D. ihre Absicht und verwandelt Mast und Ruder in Schlangen, Efeu überrankt das
Schiff, dazu erklingen Flötentöne. Die Piraten springen
in Panik ins Meer und werden auch hier in Delfine verwandelt. Von dieser Geschichte existieren noch weitere
Varianten.[19]

Ganz menschlich zeigt sich D. als Liebhaber – nicht
nur von Frauen. So soll er in Leidenschaft für den schö-

nen Satyr Ampelos entbrannt sein.[20] Am bekanntesten ist
die Geschichte seiner Liebe zu Ariadne, von der mehrere
Versionen überliefert sind. Allen Versionen gemeinsam
ist, dass D. sich in die Frau verliebt und sie heiratet.[21]
Die Hochzeitskrone für Ariadne ist ein Meisterwerk des
→ Hephaistos. Als Sternbild der Corona erscheint sie am
nächtlichen Himmel.[22] Mit Ariadne hat D. mehrere Kinder.

Die mythischen Erzählungen um D. spiegeln die historische und geografische Verbreitung seines Kults, die aufs
Engste einhergeht mit der Einführung der Weinkultur im
Mittelmeerraum und im Orient. Wenn es D. schwer hatte,
sich in Griechenland als Gottheit zu behaupten, so sicher
aus der irritierenden Erfahrung des Weinrausches. Das
illustriert die folgende Geschichte. Dem König Oineus
vergilt D. seine großzügige Gastfreundschaft, indem er
ihm einen Weinstock schenkt. Nach einer anderen Version belohnt er Icarius und dessen Tochter Erigone mit
einem Schlauch (oder einem Wagen) voll Wein.[23] Attische
Hirten, die die beiden zu einem Trunk geladen haben,
wähnen sich, im ungewohnten Rausch, vergiftet, töten
Icarius und lassen ihn unbestattet unter einem Baum liegen, an dem sich vor Kummer die Tochter erhängt. Zur
Strafe schickt D. eine Selbstmordwelle nach Athen, wo
sich viele Mädchen an einem Baum erhängen werden.[24]
→ Apollon rät, zur Sühne die Mörder zu töten, und versetzt Icarius und Erigone samt ihrem Hund als Sternbild
an den Himmel.[25]

Die grausame Art der Bestrafung seiner Widersacher
und der orgiastische Kult des D. haben zwei Aspekte:
Zum einen offenbart sich in ihnen die zügellose diony-
sische Wesensart des Gottes in ihrer unkontrollierten
Triebhaftigkeit, die jede verstandesmäßige oder ethische
Mäßigung ausschließt (im Gegensatz zum apollinischen
Wesen, s. S. 22 ff.). Zum anderen dürften die Berichte von
der bestialischen Tötung der Widersacher und den antro-
pophagen Auswüchsen Relikte aus einem urzeitlichen

Mythos sein. Ähnlich wie → Herakles (vom Totschläger zum Tugendhelden!) legt D. im Lauf der Zeit die unzivilisierten Wesensmerkmale ab und steigt zum Rang eines olympischen Gottes auf.

Eine seiner verdienstvollen Taten ist die Befreiung seiner Mutter Semele aus dem Hades, die er nun Thyone nennt. Viele Gedanken machte man sich über den Ort seines Abstiegs in die Unterwelt. Der Alkyonische See in Lerna wird genannt, aber auch die Bucht von Troizen.[26]

Die Erscheinung des D. wandelt sich vom archaischen Bild des bärtigen, efeubekränzten Gottes im langen Chiton zum nackten, bartlosen Jüngling mit einem Kranz aus Weinlaub in klassischer Zeit, der nicht selten feminine Züge trägt (5. und 4. Jh. v. Chr.), manchmal sogar als Kind erscheint. Gelegentlich sieht man ihn gehörnt, womit wohl sein animalisch-triebhaftes Wesen anschaulich wird.

Seine Attribute sind Trinkhorn oder -schale und Becher, ein von Weinzweigen umrankter Stab, an dessen Spitze ein Pinienzapfen steckt, der „Thyrsos". Er wird von D. und seinem Gefolge wie ein Feldzeichen getragen, manchmal auch als Waffe eingesetzt. So tötet er damit im Kampf der Götter gegen die Giganten den Eurytos.[27]

Das Instrument des D. ist ein Windinstrument: die Flöte bzw. der Aulos, das Instrument der ekstatischen Stimmung (vgl. dagegen → Apollon, der mit Lyra oder Kithara ein Saiteninstrument spielt). Begleittiere des D. sind sowohl das zahme Zicklein (eine Verwandlungsform des D. nach dem Willen des Zeus, s.o.) als auch wilde Tiere wie Panther, Ziegenböcke und Tiger, auch Pferde und Fabeltiere wie Greifen und Kentauren, die alle als Reittiere oder Zugtiere seines Wagens dienen können. In der Art der Tiere offenbaren sich die beiden Aspekte des Gottes: der friedfertige, milde, der dem D. *Lysios* (s.u.), und der wilde, zerstörerische, der dem D. *Bacchos* entspricht. – Der Elefant hat eine besondere Bedeutung im Triumphzug des aus Indien zurückkehrenden Gottes.

Schon früh sahen die Griechen einen positiven Wesenszug in D., den sie wegen der befreienden Wirkung des Weins auch den „Lösenden", den „Er-löser" (griech. „Lysios" oder „Lysaios"), nannten. Es verwundert nicht, dass die Apologeten heidnischer Mythen in der Neuzeit zwischen dem Erlösertum der dionysischen Mysterien und der christlichen Heilslehre eine tief greifende Beziehung sahen. Auch der Lebenslauf des Gottes selbst liefert dafür Anhaltspunkte. Schon der Tod und die dann folgende zweite Geburt des Kindes D. (s.o.) erscheint als eine Form der Auferstehung, die sich wiederum zur uralten Bedeutung des D. als Vegetationsgott fügt, dessen Wesen sich in Vergehen (Tod) und Werden (Auferstehung) in unendlicher Wiederholung manifestiert.

D. ist nicht denkbar ohne seinen orgiastischen Kult, in dem sich sein Gefolge, die rasenden Mainaden und Satyrn, in Ekstase und Enthusiasmus mit ihm vereinen. – Der Kult des D. ist der Ursprung des Theaters, der Satyrspiele.

D. lehrte die Menschen den Anbau und die Herstellung von Wein und Bier. Auch im weiteren Sinn hat sich D. als Kulturbringer bewährt. Er soll den Pflug und den Einsatz von Rindern beim Pflügen erfunden und den Menschen das rechte Aufbewahren von Früchten beigebracht haben. Schließlich habe er sie auch die Gerechtigkeit gelehrt.[28]

Verfolgt man das Bild des D. über die Jahrtausende, so vollzieht sich eine Wandlung vom mächtigen griechischen Gott der Ekstase, in der er sich des Menschen bemächtigt, um aus ihm und durch ihn zu wirken, über den Kulturbringer, ja die Präfiguration Christi hin zum bloßen Trunkenbold aus der Sicht der Moralisten.

[1] Hesiod, *theog.* 940 ff. [2] Diodor, 3.62.6 f. [3] Pausanias 9,31,2 [4] vgl. Servius, *aen.* 4.129; Myth. Vat. III 11.3 u.a. [5] Diodor, 3.64.1 ff. [6] ebd., 5.562 ff. u. 6.169 ff. [7] Apollodor, *bibl.* 3.4.3 [8] oder Hermes: Nonnos

8,396 ff. [9] Homer, *il.* 6.132 ff. u.a. [10] 4.4.3 [11] Euripides, *bacch.* 13 ff.; Diodor 3.3.1; 5.21.2; 5.39.4 [12] Hygin, *fab.* 132 u. 242.2; Homer, *il.* 6.139 f. u.a. [13] Apollodor, *bibl.* 3.5.2 [14] Euripides, *bacch.* 585 ff. [15] vgl. Ovid, *met.* 2.714, 3.51 ff. u. 701 ff.; Myth. Vat. II 83 [16] Apollodor, *bibl.* 3.5.2 [17] Hom. Hymn. 7, *an D.*, 1 ff. [18] *bibl.* 3.5.3 [19] Ovid, *met.* 3.582–691; Philostrat, *imag.* 1.19 [20] Nonnos 10.175 ff. [21] Myth. Vat. II 4; Ovid, *met.* 8.174 ff.; Plutarch, *thes.* 20 [22] Hygin, *astron.* 2.5 [23] Apollodor, *bibl.* 1.8.1 [24] Hygin, *fab.* 10 [25] Hygin, *astron.* 2.4 [26] Pausanias, 2.37.5 [27] Apollodor, *bibl.* 1.6.2 [28] Diodor 2.38.5 ff., 3.73.5 f., 3.64.1, 2.38.5 ff. u. 3.64.7

DIOSKUR(ID)ES, Dioskouroi, griech. die „Jungen (Söhne) des Zeus"; die Dioskuren. Die Zwillinge Kastor und Polydeukes, Söhne von → Zeus und Leda, Brüder der Helena. Als Söhne eines Gottes und einer Sterblichen sind sie Heroen, die erst später vergöttlicht wurden. Ihre historische Herkunft ist vermutlich indoeuropäisch.

Zeus hatte sich Leda in Gestalt eines Schwans genähert[1] und mit ihr Drillinge gezeugt: Die D. und Helena, die Leda zunächst in Eiern (gemäß der Verwandlungsform des Zeus) zur Welt bringt, denen später die Kinder entsteigen.

Der Mythos der D. ist klein, ihre Zuständigkeiten dagegen sind vielfältig. Über die Herkunft der Kinder gibt es unterschiedliche Überlieferungen. Die gängigste wurde eingangs bereits erwähnt. Als Vater der D. wird auch Tyndareos, der König von Sparta, genannt,[2] deshalb der wohl ältere Name der beiden: „Tyndariden". Außer Helena werden noch zwei Schwestern genannt: Klytemnaistra und Phoibe.[3] Pindar[4] sieht die Möglichkeit, dass die Zwillinge verschiedene Väter haben (vgl. → Herakles): Kastor sei Sohn des Tyndareos, Polydeukes Sohn des Zeus. So ist der eine sterblich, der andere unsterblich. Hesiod sieht in Polydeukes einen unsterblichen Spross des → Ares (*kypr.*, Evelyn-White, Hesiod 1977, S. 498).

Den beiden, noch im Kindesalter, schenkt → Poseidon, der Schöpfer des Pferdes (vgl. S. 159), zwei Rosse.[5] Von da an sieht man sie häufig in Begleitung der Tiere als Pferdeführer, Rossebändiger oder Reiter mit langen Speeren.

Auch wenn die Bildkunst (insbesondere die römische) die beiden Brüder häufig jeweils als Spiegelbild des anderen darstellt, sind sie jenseits ihrer gemeinsamen Zuständigkeiten doch recht verschieden. So sagt schon Homer, dass Kastor sich gut mit Pferden auskenne, Polydeukes verstehe sich auf den Faustkampf.[6] Vor allem aber wird des einen und des anderen Schicksal durch die unterschiedliche väterliche Abstammung bestimmt. Das veranschaulicht eine Geschichte, die Apollodor berichtet.[7] Sie erzählt von einem Viehdiebstahl, den die D. gemeinsam mit Idas und Lynkeus (s.u. auch den Raub der Leukyppiden) in Arkadien begehen. Als sie übervorteilt werden, kommt es zum Kampf, in dem Kastor von Idas getötet wird und Polydeukes Lynkeus mit dem Speer tötet. Zeus erschlägt Idas mit einem Blitz und nimmt (seinen Sohn) Polydeukes in den Himmel auf. Doch der möchte nicht ohne seinen Bruder sein, und so entscheidet Zeus, die beiden sollen gemeinsam abwechselnd einen Tag bei den Göttern, einen bei den Sterblichen zubringen. Ähnlich ein Bericht des Pindar,[8] demzufolge Zeus dem Polydeukes vorschlägt, mit Kastor jeweils die eine Hälfte in der Unterwelt, die andere im Himmel zu verbringen (in den „goldenen Häusern" des Himmels).

Als Jason zur Fahrt der Argonauten aufruft, folgen ihm Herakles und die D. als Erste.[9] Ein Höhepunkt dieses Unternehmens ist der Faustkampf zwischen Polydeukes und dem Bebrykerkönig Amykos, der den Argonauten verwehrt hatte, Wasser aus einem Brunnen zu schöpfen. Der Kampf wird in den literarischen Quellen ausführlich beschrieben, bei Apollonios Rhodios[10] und bei Theokrit[11] allerdings mit unterschiedlichem Ausgang. Bei Ersterem erschlägt Polydeukes den Gegner, steckt zuvor jedoch eine Verletzung an der Schulter ein, Theokrit lässt Amykos am Leben, wenn auch übel zugerichtet. Polydeukes fesselt den Besiegten und bindet ihn an einen Lorbeerbaum. Beide Autoren aber bewerten den Ausgang in gleicher Weise als Sieg der Vernunft über die rohe Gewalt.

Unter den wenigen Mythen, die sich um die D. ranken, nimmt nur noch die Geschichte vom sog. Raub der Töchter[12] des Leukippos breiteren Raum ein. Diese beiden, Phoibe (vielleicht Priesterin der Minerva) und Hilaira (Priesterin der Diana), waren den Söhnen des Aphareos, Idas und Lynkeus, verlobt[13] oder mit ihnen verheiratet.[14] Die D. verlieben sich in die wunderschönen[15] Mädchen, entführen und heiraten sie. Unverzüglich nehmen die Apharetiden die Verfolgung auf.[16] Nach einer anderen Version hat sich Leukippos durch die D. mit Vieh bestechen lassen[17] und gibt ihnen freiwillig die Töchter zur Frau, obwohl er sie schon den Apharetiden versprochen hatte. Nach Apollodor hatte jeder der D. einen Sohn mit den Leukippiden.[18]

Gerade die Erzählung vom Raub der Leukippiden war häufig Gegenstand der Deutung. In neuplatonischer Auslegung bedeutet die Entführung Sterblicher durch eine Gottheit (vgl. die Entführung des Ganymed, S. 181) die Vereinigung der Seele mit dem Göttlichen.

Die D. sollen auch an der Kalydonischen Eberjagd teilgenommen haben,[19] allerdings nicht als Jäger, sondern als Schutzgottheiten des Menelaos.

Da die D. als Kinder eines Gottes und einer Sterblichen Heroen sind, gelangen sie nur durch Apotheose in den Rang von Göttern.[20] Die Griechen drücken das sinnbildlich unter anderem dadurch aus, dass ein Heros als Stern an den Himmel gesetzt wird. So erscheinen die D. als Sternbild der Zwillinge am Firmament.[21]

Trotz ausgeprägter individueller Züge der Zwillinge bilden sie in ihren verschiedenen Zuständigkeiten eine Einheit, was nirgends augenscheinlicher wird als in den Bildern, die sie – dem römischen → Janus ähnlich – doppelgesichtig zeigen (s. u.). In erster Linie werden sie gemeinsam von den Sterblichen als Schutzgötter und Nothelfer angerufen. Sie galoppieren durch die Luft von

oben heran[22] und kommen den in Not geratenen Seeleu-
ten zu Hilfe.[23]

Als Seelengeleiter bewähren sich die D. bei der Vergöttlichung der Arsinoë[24] (vgl. → Hermes als Psycho-
pompos!).

Die beiden D. werden überwiegend als gleichgestal-
tige bartlose Jünglinge dargestellt, meist nackt bis auf
einen kleinen Mantel, der um die Schultern gehängt ist.
Auf dem Kopf tragen sie eine dem Pilos ähnelnde Kappe,
die man als Rest der Eierschalen gedeutet hat,[25] oder einen Helm, den seit dem Hellenismus (vom späten 4. Jahrhundert v. Chr. an) ein Stern schmückt. Ihr wichtigstes
Attribut ist der Speer, das Pferd ist ihr Begleittier. Pausanias[26] sieht sie in weißem oder purpurnem Mantel. Die
Lakonier sahen sie in weißer Tunika und scharlachrotem
Mantel.

Die D. können wie kaum eine andere mythische Figur
durch verschiedene Symbole dargestellt bzw. ersetzt werden. So stehen für sie: zwei Sterne (Cicero[27] erwähnt zwei
goldene Sterne), zwei Amphoren, zwei Piloi (Kappen)
jeweils mit oder ohne Stern, zwei antithetische Pferdebü-
sten oder (selten) zwei parallele Balken (= die Dókana),
die Plutarch als altes spartanisches Symbol erklärt und
als Ausdruck einer Kraft der Bruderliebe interpretiert,
die beide aneinanderbindet.[28]

In Griechenland bilden die D. zusammen mit Helena,
die sie auf bildlichen Darstellungen flankieren, eine Trias.

Den christlichen Exegeten sind die beiden „Nothelfer"
als Konkurrenten der (14) heiligen Nothelfer eine Herausforderung (→ Castores).

---

[1] Apollodor, *bibl.* 3.10.7; [2] Homer, *od.* 11.298 ff.; [3] Euripides, *iph.
aul.* 50; Ovid, *her.* 8.77; [4] *nem.* 10,55 ff.; [5] Hygin, a*stron.* 2.22; [6] *od.*
11.299; [7] Apollodor, *bibl.* 3.11.2; [8] *nem.* 10.60; [9] Pindar, *pyth.* 4.172 f.;
[10] Apollonios Rhodios 2.60-97; [11] Theokrit 22.83 ff.; [12] Pindar, *pyth.*
4.172 f.; [13] Theokrit 22.140; Hygin, *fab.* 80; [14] Myth. Vat. I 76; [15] Hy-

gin, *fab.* 80; [16] Theokrit 22.137–140; [17] ders. 22.145 ff.; [18] *bibl.* 3.112:
Polydeukes und Phoibe zeugen Mnesilaos, Kastor und Hilaira den
Anogon; [19] Apollodor, *bibl.* 1.8.2; Ovid, *met.* 8.301; [20] Dares Phrygius
11; [21] Ovid, *fasti* 5.719; Hygin, *astron.* 2.22; [22] Hom. Hymn. 33, *an die
D.*, 18; [23] Euripides, *hel.* 1495 ff.; [24] Kallimachos, Frg. 228, C.A. Trypanis, S. 164 f.; [25] Lukian, *dial.* 26[25]; [26] Pausanias 4.27.2; [27] Cicero, *div.*
1.34.75; [28] Plutarch, *de frat. am.* 1

EROS, griech, lat. Amor, Cupido, etr. Eros. Das kosmisch
zeugende Prinzip schlechthin, Verursacher und Verkörperung der Liebe als kosmischer Urgewalt, der Gott der
Liebe zwischen – und unter – den Geschlechtern.

Über die (vielleicht schon vorgriechische) Herkunft des
E. herrscht Uneinigkeit. In der Kosmogonie des Hesiod ist
er die dritte Ursprungsmacht neben Chaos (Tartaros) und
Erde (→ Gaia/Ge).[1] Es heißt auch, E. sei aus einem von
Nyx (Persofinikation der Nacht) gelegten Ei geschlüpft,
bevor noch Erde, Luft und Himmel existierten (Aristophanes, die altorphische Auffassung parodierend[2]). So
ist es folgerichtig, wenn E. die dem Meer entsteigende
→ Aphrodite in Empfang nimmt (Darstellung des Bildhauers Phidias an der Basis des Kultbildes des Zeus von
Olympia, 5. Jh. v. Chr.). Manche dagegen meinen, er sei
gemeinsam mit Aphrodite dem Meer entstiegen. Pausanias weiß, dass die meisten die Göttin für die Mutter des
E. (ohne einen Vater) hielten.[3] Spätere Autoren nehmen
→ Hephaistos/Volcanus als Vater des E. an.[4]

Jedenfalls ist E. historisch gesehen einer der ältesten
Götter Griechenlands. Longos lässt ihn sagen: „Ich bin ...
kein Kind mehr, auch wenn ich wie ein Knabe aussehe,
sondern bin älter als → Kronos und alle Zeit."[5] Er hat un-
eingeschränkte Macht nicht nur über die Menschen, sondern auch über die Götter. Hesiod nennt ihn den „glie-
derlösenden Bezwinger von Göttern und Menschen".[6]

E. zeigt sich als Kind,[7] manchmal als Jüngling,[8] aber
niemals älter. Bisweilen hat man ihn „androgyn" ge-

nannt. Gewöhnlich ist er nackt und geflügelt, seine Waffen sind Pfeil und Bogen. Er hat einen Köcher geschultert und trägt in der Hand eine Fackel. Mitunter hat er eine Binde vor den Augen („Liebe ist blind", „Liebe macht blind"!).

Der Schönste unter den Unsterblichen sei er, sagt Hesiod.[9] Strahlender Glanz geht von ihm aus, anschaulich auch im Gold des Haares und der Flügel.[10]

Einige späte Geschichten zeigen den E. im Umgang mit anderen Göttern. Apollo hat gerade die Python erlegt und macht sich über den Bogenschützen Cupido lustig. Dieser zeigt dem Spötter verärgert seine besondere Macht: Mit einem goldenen Pfeil weckt er in Apollo die Liebe zu Daphne, mit einem bleiernen weckt er in dem Mädchen die Abneigung gegen den Freier.[11] Der Libellus[12] sieht den (blinden!) Cupido im Auftrag der → Venus tätig. Er verwundet Apollo und flieht vor dem Zorn der Götter in den Schoß der Mutter. Lukian weiß, dass er im Ringkampf dem Hermes unterlag.[13] Den lüsternen → Pan soll er besiegt haben, ihm aber auch unterlegen gewesen sein.[14]

In den *Anacreontea* (28) steht eine Geschichte, in der Hephaistos die Pfeile E.s schmiedet, die Aphrodite dann in Honig, E. in Galle taucht. Dem spöttischen → Ares sei solch ein Pfeil zu schwer erschienen.

E. ist schließlich nicht denkbar ohne seine Begleiter, die im Grunde unterschiedliche Aspekte seiner selbst verkörpern: *Himeros* (griech., „Liebesverlangen", „Liebreiz") und *Pothos* (griech., „Sehnsucht"). E. verursacht Liebe durch den Anblick, *Himeros* weckt mit sinnlichem Reiz die Begierde, *Pothos* weckt die Sehnsucht nach einem Geliebten, den man vermisst.[15] Eine eigene Rolle hat *Anteros*, der „Halbbruder", der zu dessen Gedeihen aus dem Liebenden den zugleich Geliebten macht: Er ist eine Verkörperung der Gegenliebe. Eine spätantike Erzählung hierzu überliefert Gyraldi: Der kleine Cupido/E. habe nicht so recht gedeihen wollen.[16] Da habe Themis der Aphrodite geraten, für ein weiteres Kind als Gefährten des Kleinen zu sorgen. Aphrodite befolgte den Rat und brachte den Anteros zur Welt, als dessen Vater → Mars gilt.[17] Sogleich begann Cupido zu wachsen und war fortan in Gegenwart des Anteros schöner und größer als in dessen Abwesenheit.

Dieser Anteros hat Philosophen und Mythografen zu unterschiedlichen Interpretationen veranlasst. Platon scheint in ihm den Gegner wahrer Liebe zu sehen und ihn mit der „irdischen" Liebe gleichzusetzen im Gegensatz zur „himmlischen", die durch E. verkörpert wird.[18]

So alt und mächtig E. auch ist, so bemerkenswert klein ist bei seiner Allgegenwart sein Mythos. Außerordentlich reich ist dagegen das historische Schicksal der ursprünglichen Urgewalt.

Der Synkretismus bringt auch ihn nach Italien, wo man ihn *Amor* nennt. Als *Cupido* (lat., „Begehren, Begierde") trifft man sicher das Ebenbild des griechischen *Himeros*.

Symptomatisch für einen Wandel der Werte ist die Vorstellung von „Amorini" und „Cupidi", die wohl die vielfältige Allgegenwart von Amor/E. veranschaulichen.[19] Sie erscheinen als eine Schar geschäftiger kindlicher Diener im Gefolge der Venus. Ihr verspielt-freundliches Wesen signalisiert zugleich vergnügliche Lust an der Liebe.

Ciceros Unterscheidung von drei Cupidines,[20] deren dritter Anteros sein soll, ist eine philosophische Abstraktion, in der die einzelnen Protagonisten in zeitlichem Ablauf je eine ursprünglich abstrakte Vorstellung verkörpern, was übereinstimmt mit der spezifisch römischen Vorstellung vom Göttlichen als Numen. Wohl auch aus dieser Vorstellungsweise heraus fällt dem Apuleius die Geschichte von Amor und Psyche ein.[21] In ihr hat der Gott seine ursprüngliche Allgewalt verloren und wird selbst zum Opfer einer überlegenen Schicksalsmacht. Er sucht Hilfe bei → Juppiter.

In christlichem Verständnis hat man Amor/Cupido als Verkörperung der Unzucht und als „verbrecherischen Unzuchtteufel",[22] als „Teufel der Hurerei" gesehen.[23]

So verwirft man den Anspruch des selbstsüchtigen E./Cupido, dem der Sinn nach einem Anteros (s.o.) steht, zugunsten der selbstlosen Caritas.

Aus dem Unterschied zwischen einer törichten und einer wahren Liebe (lat. *„amor fatuus"* und *„amor verus"*), dem Unterschied zwischen Keusch und Unkeusch[24] entwickelt Francesco da Barberino (1318) die Vorstellung von einem „Amor divinus", dem es in christlichem Dienst um die Vereinigung mit Gott geht.

[1] Hesiod, *theog.* 120 ff. [2] Aristophanes, *aves* 692 ff.; [3] Pausanias 9.27.2 ; [4] Nonnos 5.135 ff. u.a. [5] Longos 2.5.2 [6] Hesiod, *theog.* 121; u.a. [7] vgl. Platon, *symp.* 195a.b [8] z.B. Meleagros, Anthologia Palatina 7421; vgl. Apuleius, *met.* 5.22 [9] Hesiod, *theog.* 120 [10] Anakreon, *frg.* 14; Aristophanes, *aves* 1738 [11] Ovid, *met.* 1.452 ff. [12] *De deorum imaginibus libellus* V, im Codex Regin. 1290, in *Fulgentius Metaforalis,* ed. Liebeschütz 1926, p. 118 [13] Lukian, *dial.* [14] Myth. Vat. I 127 und II 148; *Libellus* IX (s. Anm. 12), S. 120 [15] Scholiast, zit. bei Gyraldi, *synt.* 13, S. 558B [16] Gyraldi, *synt.* 13, S. 564B [17] Cicero, *nat.* 3.60 [18] Platon, *symp.* 180e [19] vgl. Apuleius, *met.* 2.8 und 10.32 [20] Cicero, *nat.* 3.60 [21] *met.* 6.1 ff. [22] Theodulf von Orléans, *carm.* 45, MGH Poet. 1, S. 543 f. [23] Isidor, *etym.* 8.11.80 [24] Myth. Vat. III 11.18

FAUNUS, lat. Faunes, Lupercus, die römische Entsprechung des griechischen → Pan. Ein wohl uralter italischer Gott, der sich schließlich mit dem griechischen zusammentut. Sein Tempel in Rom wird erst 194 v. Chr. geweiht. Die Römer binden ihn in ihre (legendäre) Geschichte ein und halten ihn für einen der ersten Könige von Latium (noch vor der Ankunft des Aeneas). Er galt als Sohn des Picus (lat., „Specht", in den Circe ihn verwandelte), König der Aborigener oder Laurenter und Enkel des → Saturn. Als seine Schwester gilt Fauna, eine Gottheit der Frauen, die man auch mit Bona Dea gleichsetzte.[1]

Der Name „F." wird gemeinhin von lat. *favere* („begünstigen") abgeleitet, womit er sich als ein wohlwollendes Numen vorstellt.

Er ist zuständig für Hirten und Herden. Dazu kommt eine andere Kompetenz: Römische Religiosität kennt das Phänomen von geheimnisvollen Stimmen aus der Natur. Für den Urheber solcher Stimmen hielt man F., der damit sich als weissagendes Numen zeigt, das in seinem ohnehin körperlosen Wesen sich einzig in einer akustischen Präsenz zeigt,[2] wo das akustische Omen also ein visuelles ersetzt (vgl. auch → Silvanus). Andererseits zeigt man den F. durchaus auch in leiblicher Gestalt, in der man den Pan erkennen mag. Doch erscheint er da ganz in menschlicher Gestalt, jugendlich und bartlos, doch mit Zügen tierischer Physiognomie, wie sie uns etwa bei den wilden Kentauren begegnen (stumpfe Nase, zusammengewachsene Brauen, niedrige gefurchte Stirn).

F. tritt auch in der Mehrzahl auf, in Gestalt der Faune (vgl. → Lar, Laren), Dämonen in Wald und Feld, die etwa den bocksfüßigen Satyrn im Gefolge des → Dionysos in Griechenland entsprechen. Zu ihnen mag jener F. gehören, der lüstern die Frauen verfolgt.[3] Isidor wird von einem F. berichten, der ein Nachtmar (vgl. Pan!) war und den man „F. ficarius" (von lat. ficus, „Feige") genannt habe.[4]

Die uralte Kultstätte des F. – eine Gründung des Evander – war das Lupercal (von lat. lupus, „Wolf"), die Grotte am Nordwestabhang des Palatin, in der der Gründungssage Roms zufolge die Wölfin die Zwillinge Romulus und Remus gesäugt haben soll (vgl. Mars, S. 141 f.). Am Fest des F. am 15. Februar, den Lupercalien, vollzogen zwei Priester, die Luperci, gekleidet mit einem Schurz aus Ziegenfell, den Ritus. Sie schlachteten einen Bock. Plutarch weiß, dass man da auch einen Hund schlachtete.[5] Schließlich liefen die Priester um den Palatin und peitschten – in einem Reinigungs- und Fruchtbarkeitsritual – mit Riemen aus dem Fell des geschlachteten Tieres die Entgegenkommenden, vor allem Frauen.[6] So erklärt sich auch die Peitsche als Attribut des Gottes.

[1]Macrobius, *sat.* 1.12 [2]vgl. hierzu Ovid, *fasti* 1.178 f. [3]Horaz, *carm.* 3.18.1 [4]7. Jh. nach Chr., *etym.* 3.18.1 [5]*romul.* 21.3 [6]Plutarch, *ebd.* 21.5; ders. *mor.* 280B; Ovid, *fasti* 2.267–452; Servius, *aen.* 8.343

FLORA, römische Göttin wohl sabinischen Ursprungs. Der Name wird hergeleitet von *flos* („Blüte"). Augustin erklärt, sie sei zuständig für die Getreideblüte.[1] Damit zeigt sich ihre Bedeutung für den Bauern. Ihren vermutlich sehr alten Kult übte ihr eigener Priester (lat. flamen) aus. In Rom hatte F. erst seit 238 v. Chr. – auf Anordnung der Sibyllinischen Bücher[2] – einen Tempel im Westen des Circus Maximus. Eingeweiht wurde der Tempel am 23. April mit einem Fest, den Floralia, das man seither alljährlich und schließlich am 3. Mai beging in einer Art Volksfest für die kleinen Leute mit Schauspiel und Tanz und lockerer Unterhaltung, was erklären mag, dass man F. später auch einmal eine Dirne genannt hat.[3]

Ovid behauptet im Sinne des Synkretismus, F. habe ursprünglich griechisch Chloris geheißen. Er berichtet auch, F. habe die → Juno mit einer Blume (Blüte) befruchtet, was dazu führte, dass sie den → Mars gebar.[4]

Wie alle Naturgottheiten hat F. vor allem im Barockgarten eine feste Anstellung.

[1]Augustin, *civ.* 4.8 [2]Plinius, *nat.* 18.286 [3]vgl. Kl. Pauly 2, Sp. 579 [4]*fasti* 5.195 ff. u. 6.251 ff.

FORTUNA, auch Fors Fortuna, lat., „Schicksal", „Glück", „Unglück". Römische Göttin, entspricht der griech. Tyche, die jedoch nicht den Rang einer Gottheit besaß und eigentlich nicht mehr war als die Personifikation des launischen Schicksals. F. hat keinen Mythos. König Servius Tullius hat den Tag *Fors Fortuna* gegründet, das „glückliche Glück", der auf den 24. Juni fällt.[1]

Der Name der F. hängt vermutlich mit lat. *ferre* (tragen, bringen) zusammen.

Die Bildkunst zeigt sie als Frau mit Füllhorn und Steuerruder als Attributen. Nicht selten steht sie auf einer Kugel, Zeichen für ihren unsicheren Stand. Das Glücksrad, die *rota Fortunae,* ist erst in der Nachantike ein häufigeres Bildmotiv.[2] Das Füllhorn ist sicher Symbol der Fruchtbarkeit und der Freigebigkeit, mit der die Göttin die Menschen bedenkt. Das Steuerruder bringt ihre lenkende Funktion zum Ausdruck.

Angesichts des Füllhorns verwundert es, dass F. durch die Zeiten einen eher schlechten Ruf zu haben scheint: Sie sei wandelbar (*volubilis*), sagt Plinius, die meisten hielten sie für blind, sie sei unzuverlässig und unsicher. Ihre Gunst gebe sie den Unwürdigen.[3]

An allen Orten und zu allen Zeiten sei den Menschen keine Gottheit so angelegen wie die F., sagt Plinius (ebd.). Sie sei in aller Munde: *„omnium vocibus Fortuna sola invocatur et nominatur."* Diese Göttin geht jedermann an, sofern er, was immer ihm widerfährt, für ihr Werk hält, ob ein Gutes/Wohl oder ein Böses/Übel. Das Bestreben, das eine zu empfangen und das andere abzuwenden, begründet einen Kult der Göttin.

Augenscheinlich (Plinius, ebd.) gibt es häufiger Anlass, sich über sie zu beschweren (*accusatur,* man klagt sie an) als sie zu loben (*laudatur*). Die Vielfalt der möglichen Anliegen verschafft ihr eine beachtliche Anzahl von spezifischen Epitheta, die eine Zuständigkeit spiegeln, und eine Vielzahl von Kultstätten. In Rom war sie mit wenigstens 30 ihr geweihten Heiligtümern gleichsam allgegenwärtig. Auch in Latium war sie häufig zu treffen. Die bedeutendsten Plätze fand man in Praeneste (heute Palestrina) und in Antium.

Im ältesten Verständnis war sie Schützerin der Reisenden, denen sie zu Land und zu Wasser sicheres Geleit gab. Die Menschen erflehten sich von dieser F. *redux* eine glückliche Heimkehr (lat. *reducere,* zurückführen) und sagten ihr Dank nach heiler Rückkehr. Eine F. *redux* auf einem römischen Votivrelief zeigt sie mit der Beischrift „*Salvos venire*" (sic! im Sinn von „heil ankommen"), was in der heute üblichen italienischen Begrüßungsformel „ben tornato" fortleben mag. Als Augustus im Jahr 19 v. Chr. glücklich aus dem Orient zurückgekehrt war, ließ der Senat der F. *redux* einen Altar errichten. Domitian (81-96 n. Chr.) ließ ihr einen Tempel auf dem Marsfeld bauen.

Es scheint, dass jeder seine eigene F. hatte, die er in ihrer jeweils passenden Zuständigkeit ansprechen konnte, z. B. als F. *bona* (wohl wenn es ausdrücklich um „Gutes", um Glück ging), als F. *mala*, doch wohl zur Abwehr eines „Bösen" (mit einem Tempel auf dem Esquilin), als *privata* (als „persönlich") oder *obsequens* (als „willfährig"), der er auch in einer jeweils passenden Kultstätte begegnen konnte. Die zwei Tempel der F. *huisce diei* („dieses Tages") in Rom besuchte man mit eben auf den „heutigen Tag" bezogenen Anliegen. Die F. *muliebris* kümmerte sich um die Frauen. Frauen sollen am 1. April F. *virilis* um Glück bei den Männern gebeten haben. Der Tempel der F. *equestris* hat seinen Ursprung in einem Gelöbnis des Quintus Fulvius Flaccus 173 v. Chr. bei einem Reiterkampf.

Inschriften der Kaiserzeit bezeugen, dass auch Gemeinschaften wie Familien und Kollegien ihre eigene F. hatten. Auf dem Quirinal gab es eine F. *publica* und eine F. *Populi Romani*. Inschriften in Praeneste bezeugen die Verehrung der F. durch alle sozialen Schichten. Auffällig darunter sind viele „Gewerbetreibende und Händler", die sich z. B. um den Transport von Gütern sorgen mögen (z. B. Salz), und eher „kleine Leute" und Sklaven, die sich von der Göttin ein besseres Geschick erhofften.[4]

Mit dem Heiligtum von Praeneste war auch ein Los-Orakel verbunden.

Noch ungeklärt ist die Vorstellung von der F. als Muttergottheit. Anlass zu einer entsprechenden Deutung ist u. a. die F. *primigenia* („ursprünglich, allererst") mit einem Heiligtum in Praeneste, wo man den ältesten F.-Kult vermutet. Man verweist vor allem auf die Formulierung *Diovo fileia primogenia*, die man (ganz unrömisch) genealogisch versteht als „erstgeborene Tochter Juppiters".[5] Der Vorschlag, die Göttin hier als „die wichtigste der von Zeus ausgehenden Wirkungen" zu verstehen, möchte überzeugen: Die Inschrift ist von einer Frau geweiht mit der Bitte um Kindersegen. So muss hier auffallen, dass der Tempel der F. *virgo* neben dem der mütterlichen → Mater Matuta auf dem Forum Boarium in Rom eine Kultgemeinschaft anzuzeigen scheint. Es liegt nahe, die F. zu sehen als jene Macht, die mit der Empfängnis oder der Geburt eines Kindes das Glück des Anfangs vergibt, und als F. *virgo* das Numen, dessen Wesen es ist, eben nicht zu empfangen, sondern zu geben (vgl. oben, die Gebete an die F. *Virilis*). Sollte es sich bei dem verhüllten Kultbild im Heiligtum auf dem Forum Boarium um ein Bild der F. gehandelt haben, dann wäre die Verhüllung ein interessantes Attribut, das gut zur Blindheit passt.

Die Verbindung mit der Mater Matuta mag sich ergeben aus einer derartigen gedanklichen, abstrakten Assoziation, die man für ein Typicum römischer Religiosität hält: Die F. schenkt den Ursprung, die Mater Matuta steht „zur guten und gelegenen Zeit", mütterlich an einem Anfang, der den Ursprung voraussetzt.

Die Nachantike versteht F. in der Regel als das unberechenbare Glück.[6] In der Emblematik steht sie häufig auf einer Kugel oder/und auf einem Rad und hat verbundene Augen.

[1] Varro, *ling. lat.*, 6.18 [2] vgl. u.a. Cicero, *pis.* 10; Tibull 1.5.70; Tacitus, *dial.* 23.1 ff. [3] Plinius, *nat. hist.* 2.22 [4] vgl. Kl. Pauly 2, Sp. 598 [5] Kl. Pauly 2, Sp. 597 f. [6] vgl. Fulg. Met., Liebeschütz S. 53

GAIA, Ge, griech., lat. Tellus, Terra, Mater magna; Mutter Erde.

Zuerst ist da das Chaos, dann entsteht die Erde, danach kommt → Eros. Das sind die drei grundlegenden Prinzipien in der Kosmogonie des Hesiod, aus denen entsteht, was der Dichter schlechthin „die Welt" nennen würde.[1] Man darf davon ausgehen, dass sein physikalisches Weltbild so aussieht: Was er „Gaia" nennt, stellt er sich vor als eine Scheibe, die auf einem Wasser schwimmt und umgeben ist vom Fluss Okeanos, darüber wölbt sich (wie eine Glocke) Uranos, der Himmel. Das alles ist G., wie der Dichter sie sieht und wie sie ihm zum Gegenstand seiner Kosmogonie wird: eigentlich ein Werk ihrer selbst, sie ist Schöpfer und Geschöpf zugleich.

Diese Erde ist dem Hesiod das sichere Fundament von allem, von Land[2] und Meer (griech. *pontos*[3]) und allem, was darauf und darinnen ist. Zunächst aber ist sie der Ort für den Aufenthalt der Unsterblichen auf dem schneebedeckten Olymp, darunter der düstere Tartaros. Das alles ist G., und das alles hat sie hervorgebracht, ehe sie Uranos, den Sternenhimmel, gebar,[4] der sie ringsum bedeckt und ein sicherer Platz ist für die Götter. Das alles brachte sie hervor aus sich allein. Dann lag sie mit dem Himmel und gebar – erst jetzt – den wirbelnden Okeanos, dann die Titanen Koios und Krios, dann Hyperion und Iapetos, Theia und R(h)ea, Themis und Mnemosyne, Phoebe und Tethys. Danach habe sie → Kronos geboren, das jüngste und schrecklichste ihrer Kinder. Sodann gebiert sie die drei gottähnlichen Kyklopen, danach die scheußlich anzusehenden drei Hekatoncheiren (die „Hundertarmigen"; zudem haben sie 50 Köpfe), deren Vater Uranos sich so schämt, dass er sie versteckt. Das ärgert die G.: Sie verfertigt eine steinerne Sichel und lässt heimtückisch den willfährigen Kronos dem Vater das Gemächte abschneiden, als er sich liebevoll auf die Mutter gelegt hat. Sein Blut wird ihr zum Samen, aus dem sie die Erinyen, die Giganten und schließlich die Melischen Nymphen gebiert. Das Gemächte wirft Kronos ins Meer. Aus ihm wird → Aphrodite erstehen. Mit der Schwester R(h)ea wird Kronos die Kinder → Hestia, → Demeter, → Hera, → Hades und → Zeus haben.

Zeus wird gegen den Vater aufbegehren und in diesem Kampf wird G. sich gegen ihn stellen. Am Ende wird Kronos unterliegen, und mit ihrer Billigung wird Zeus das Regiment übernehmen. So wird G. zur Patronin der Herrschaft der olympischen Götter[5] und dabei eigentlich eben zur Göttermutter, als die sie in die Geschichte eingeht. In diesem Sinn kann die phrygische → Kybele sich mit ihr verbinden.

G. ist der Ursprung alles Lebendigen. Umfassend als Allmutter in diesem Sinn und ältestes aller Wesen bschreibt sie der Homerische Hymnos (30), als welche man sie dann in der römischen → Tellus und der Mater Magna erkennen kann.

Schließlich soll G. zu den Menschen auch gesprochen haben: im Orakel zu Delphi, das sie sich mit → Poseidon geteilt habe, der seinen Diener Pyrkon sprechen ließ. Später habe sie die Prophezeiungen der Themis überlassen, ehe → Apollon das Amt übernahm.[6] Schäfer sollen das Orakel entdeckt haben, als sie – von den Dämpfen aus den Tiefen der Erde besessen – die Macht Apollons verkündeten.[7]

[1] Hesiod, *theog.* 116 ff. [2] ebd. 129 [3] ebd. 131 [4] ebd. 131 ff. [5] ebd. 885 f. [6] Pausanias 10.5.3 [7] ebd.

HADES, griechischer Gott der Unterwelt, lat. → Pluto, etr. Calu. Sohn von → Kronos und R(h)ea. Da man es vermied, den Gott der Unterwelt (wie später den Teufel) beim Namen zu nennen, fand man eine Reihe euphemistischer Bezeichnungen, unter denen man ihn anrief. Die Griechen nannten ihn auch Aidoneus,[1] Aides oder Aidas (griech., „unsichtbar, unsichtbar machend"), seit dem

5. Jh. v. Chr. auch Pluton, Plutos oder Pluteus, die Römer auch Dis (Pater), die Etrusker auch Aita oder Eita. Die ausweichende Namensgebung entspricht der Erscheinung des H., die völlig im Unklaren bleibt, so als habe man sich gescheut, genau hinzusehen. Sein gängiges Attribut, das Zepter, das er als König der Unterwelt trägt, ist unspezifisch. Typisch chthonische (die Unterwelt betreffende) Attribute, wie etwa Ketten oder den Hahn, vermisst man an ihm.

H. erfuhr keine kultische Verehrung, und sein Mythos ist karg.

Die Welt ist in drei Teile geteilt, und die drei Söhne des Kronos – → Zeus, → Poseidon und H. – werfen das Los. Zeus erhält den Himmel, Poseidon das Meer und H. die Unterwelt, die auch seinen Namen trägt. Nachdem er → Persephone geraubt hat, ist sie seine Gemahlin und thront neben ihm. Nach dem Orphischen Hymnos[2] zeugt er mit ihr die schrecklichen Eumeniden (griech., „die Wohlmeinenden", die den römischen Rachegöttinnen, den Erinyen entsprechen), was eigentlich ein Widerspruch in sich bzw. ein Euphemismus ist, da man fürchtete, sie (wie den Vater) durch einen negativ klingenden Namen herauszufordern.

Von den Kyklopen (s. S. 80) erhielt jeder der drei die ihnen angemessenen Insignien, die im Kampf gegen die Titanen zu Waffen werden sollten: Zeus den Blitz, Poseidon den Dreizack, H. eine Kappe, die unsichtbar macht.[3]

Die Unterwelt ist zugleich das Reich der Toten, H. also der Herrscher über das Totenreich, das „Reich der Schatten",[4] das Götter und Menschen erschaudern lässt. Die Dichter stellen sich seine Behausung schrecklich und modrig vor, als einen von einer dreifachen Mauer umgebenen Palast, um den der feurige Fluss Phlegeton tost, oder eine weite Öde voller Grauen und Angst.[5]

Begleiter des H. ist der drei- oder mehrköpfige Höllenhund Kerberos, ein wahres Ungeheuer.[6] Hesiod zählt 50 Köpfe,[7] Apollodor sieht ihn mit Drachenschwanz und vielen Schlangen, die seinen Rücken bedecken.[8] H. fungiert einerseits auch als Totenrichter,[9] andererseits rufen die Menschen ihn und Persephone als Rächer an,[10] und die Erinyen folgen dem Ruf.[11]

Im Krieg um Troja steht er vor dem Stadttor, um gefallene Krieger aus Pylos in Empfang zu nehmen. Hier zeigt er sich von einer freundlichen Seite. Anders als der sanfte Seelengeleiter Hermes (vgl. S. 118) holt er sich normalerweise mit Gewalt, wen er will (so die Persephone). Vor Troja trifft ihn ein Pfeil des Herakles an der Schulter, und H. sucht Heilung auf dem Olymp.[12] Er muss noch weitere Niederlagen einstecken. Einmal, als Herakles den Theseus aus der Unterwelt befreit, ein andermal, als er ihm auch die Alkestis entführt und mit ihr den Kerberos (→ Herakles, S. 105).

Selbst dieser schreckliche Gott zeigt gelegentlich Milde, nämlich als Demeter ihn bittet, ihr die Tochter zurückzugeben.[13] Durch eine List erreicht er allerdings, dass Persephone zu ihm zurückkehren muss: Er überredet sie, einen (oder einige) Granatapfelkerne zu essen; die Bedingung für ihre endgültige Rückkehr zu ihrer Mutter war, dass sie in der Unterwelt nichts gegessen hatte.

Eine entschieden freundliche Seite zeigt H./Pluto als Herrscher der Unterwelt, als der er für die Frucht verantwortlich ist, die aus der Erde wächst. Als der, der den Reichtum der Erde verwaltet, erhält H. den Namen Pluton (griech. *plútos*, „Reichtum") und trägt häufig ein Füllhorn im Arm. Spätere Mythografen statten diesen Gott des Reichtums sogar mit einem Lustgarten aus, in dem der Granatapfelbaum wächst, von dessen Früchten Persephone isst.[14]

---

[1] Hesiod, *theog.* 913 [2] 30,5 [3] Apollodor, *bibl.* 1.2.1; *il.* 5.844 ff.; Hesiod, *aspis* 226 f. [4] Hom. Hymn. 2, *an Demeter*, 347 u. 357 [5] Homer, *il.* 20.65; Vergil, *aen.* 6.548 ff.; Ovid, *met.* 4.436 ff. [6] Homer, *il.* 8.368; *od.* 1.623 ff. [7] Hesiod, *theog.* 310 ff. [8] Apollodor, *bibl.* 1.5.12 [9] Aischylos, *eum.* 273 ff. [10] Homer, *il.* 9.569 ff. [11] ebd.; Euripides, *iph.taur.* 286

[12] Homer, *il.* 3.395 ff.; → Ares [13] Hom. Hymn. 2, *an Demeter*, 334 ff. [14] Boccaccio, *gen.* 13.4

HEPHAISTOS, griech., lat. → Volcanus, Vulcanus. Der griechische Gott des Feuers, des Handwerks, vor allem der Schmiedekunst. Sohn der → Hera von ihr allein[1] oder auch deren und des → Zeus Sohn,[2] Gemahl der → Aphrodite.[3] Von seinen zahlreichen Kindern sind Erichthonios von → Athena und → Eros, den H. mit Aphrodite gezeugt haben soll,[4] die bekanntesten.

Der Mythos beschäftigt sich ausführlich mit H. Merkwürdiges weiß er von dessen Empfängnis und Geburt zu berichten. Angeblich hat Hera ihn in Parthenogenese zur Welt gebracht aus Zorn über Zeus, der Athena ohne Zutun der Gemahlin aus sich geboren hatte.[5] Als das Kind mit einem verkrüppelten Fuß (oder Füßen) zur Welt kommt, empfindet die Mutter dies erst recht als Demütigung angesichts der glänzenden Göttin Athena, und sie wirft das Kind hinunter ins Meer. Dort kümmern sich Thetis und ihre Schwestern um den Kleinen.[6] Die Ilias berichtet anderes (1.590 ff.): Vater Zeus habe (den schon herangewachsenen) H. hinabgeworfen aus Zorn über den Sohn, der sich ihm zur Verteidigung der Mutter entgegengestellt hatte. Damals sei H. einen ganzen Tag gestürzt, ehe er auf der Insel Lemnos landete, wo sich die Sintier seiner annahmen. Erst bei dieser unsanften Landung habe er sich seine Behinderung zugezogen. Lemnos blieb die Insel des H. Dort richtete er seine Schmiede ein.[7] Andere sagen, eine verborgene, vom Ozean umgebene Höhle sei seine Schmiede gewesen, also dort, wo ihn Thetis nach seinem Sturz vom Olymp liebevoll aufgenommen hatte.[8]

Spätere Quellen behaupten, Hera und Zeus hätten gemeinsam den Entschluss gefasst, jeder für sich ein Kind ohne den Partner zu zeugen. In dieser Version werfen sie gemeinsam das verkrüppelte Kind vom Olymp (Myth.

Vat. I 176). Hier nimmt sich Pluto/→ Hades seiner an und macht ihn zum Herrn über die Kyklopen, die dem Zeus die Blitze schmieden.

Auch von den übrigen Olympiern wird H. geächtet: Sie schließen ihn von der Göttertafel aus.[9]

Es ist verwunderlich, dass der missgestalte, ja als hässlich bezeichnete H. die schöne → Aphrodite heiratet, die es mit der ehelichen Treue dann nicht so genau nimmt (vgl. ihre Affäre mit Ares, s. S. 14). Immerhin soll H. mit ihr den → Eros gezeugt haben. Wohl vor seiner Verheiratung verfolgt er einmal lüstern → Athena, die sich jedoch seiner Umarmung entzieht. Da soll der Samen des H. auf die Erde gefallen sein, die den schlangenschwänzigen Erichthonios hervorbringt.

H. ist von langmütigem, freundlichem Wesen, und er hat die Gabe, sogar über sich selbst zu lachen.[10] Doch seine Duldsamkeit ist nicht grenzenlos. Selbst ihm sind dann Rachegelüste nicht fremd, und er entfaltet viel Fantasie und auch Witz, wenn er Rache nimmt. Den Ehebruch der Aphrodite mit Ares bestraft er, indem er die beiden auf dem Lager in einem Netz gefangensetzt, das offenkundig von höchster Kunstfertigkeit und fein wie ein Spinngewebe ist, und so die beiden der Lächerlichkeit preisgibt (vgl. Aphrodite, S. 14).[11] Auch seiner Mutter, der er die Schuld an seinem Gebrechen gibt, verzeiht er nicht, und er rächt sich, indem er sie lächerlich macht: Er schickt ihr einen goldenen Sessel, in dem sie sich unverhofft gefesselt sieht. Allen Bitten, der Mutter zu Hilfe zu kommen, widersetzt er sich, bis → Dionysos ihn trunken macht und auf den Olymp zurückführt, damit er die Mutter befreie.[12] Ein andermal schenkt er den Göttern kostbar gearbeitete Schuhe. Als Hera die ihren angezogen hat, hängt sie plötzlich (wie durch einen Zauber) in der Luft.[13]

Zurück auf dem Olymp, wird H. von den Göttern geschmäht. Aber gutmütig und ohne Groll dient er ihnen als Mundschenk.[14]

H. ist ein hervorragender Handwerker und genialer Erfinder. Der Schmied, der Zeus die Blitze und dem Aeneas Waffen,[15] dem Achill[16] Rüstung und Waffen samt einem kunstvoll gefertigten Schild arbeitet und Athena einen Helm,[17] ist auch – und vielleicht zunächst – ein subtiler Goldschmied. Er fertigt allerlei kostbares Gerät und Schmuck: Armreifen, Ketten, Spangen, Ohrgehänge,[18] auch das berühmte Halsband der Harmonia/Hermione,[19] dem er die Augen der Gorgo Medusa einsetzt und das allen, die es besitzen, Unglück bringt. Eine prachtvolle Krone schmiedet er der Ariadne zur Hochzeit mit → Bacchus.

Auch als Architekt tut er sich hervor. Er baut jedem der Götter ein Haus, ein eisernes für Mars/Ares,[20] sein eigenes Haus baut er aus Erz. Die Tür zu einem Gemach der → Hera versieht er mit einem Sicherheitsschloss.[21] Ein Wunderwerk ist der Palast, den er für Elektra errichtet, ein Kuppelbau mit reich geschmücktem Vestibül und mosaizierten Wänden.[22]

Bewundernswert sind seine Ingenieurleistungen. Dem Sonnengott schenkt er eine geflügelte Liege aus Gold, auf der Helios des Nachts zu seinem Gespann zurück nach Osten über das Meer fährt. Für seine eigene Bequemlichkeit baut er eine Art Rollstuhl[23] und goldene Dienerinnen in Menschengestalt, die sich selbsttätig bewegen, ihren Herrn stützen und dabei keuchen wie lebende Wesen. Maschinen sind auch die von H. erdachten und ausgeführten Dreifüße, die von selbst zum Versammlungsplatz der Götter laufen und dann wieder „ins Haus" zurückkehren.[24] Die Krönung seines Werks aber ist Pandora (die „Wohlausgestattete"), eine Frau aus Fleisch und Blut und dennoch ein Artefakt, das H. auf Geheiß des Zeus für Prometheus – letztlich zu dessen und aller Menschen Verderben – geschaffen hat (zur Strafe dafür, dass er den Göttern das Feuer gestohlen hat).[25]

Pandora ist von betörender Schönheit. Auch die anderen Götter tragen zum Gelingen des Werks bei. Athena

hüllt sie in ein silbernes Gewand und einen von ihr bestickten Schleier, kränzt sie mit Blütengirlanden und setzt
ihr eine von H. geschmiedete goldene Krone auf. Doch
die Götter statten sie mit allerlei Plagen für die Sterblichen aus, die in ein Gefäß (einer „Büchse") eingesperrt
sind, bis das Mädchen es öffnet und die Menschheit mit
Krankheiten, Not und Elend schlägt. Bekanntlich bleibt
einzig die Hoffnung in dem Gefäß zurück.

Nach Pindar hilft H. bei der Geburt der Athene, indem
er mit seinem erzenen Beil oder einer Axt Zeus den Schädel spaltet, dem Athena in voller Rüstung entspringt (s.
S. 41; diese Geschichte steht im Gegensatz zu jener Überlieferung, derzufolge Athena älter ist als H.: Hesiod[26]). Es
ist wohl nicht zufällig H., der bei Athenas Geburt assi-
stiert, verbindet doch beide Gottheiten die Zuständigkeit
in den handwerklichen Künsten (vgl. S. 44 f.), was nicht
nur Hand-, sondern auch Kopfarbeit fordert (s.o. die Erfindungen des H.).

Die Allegorese schenkt H./Vulkan wenig Aufmerksamkeit. Wohl schon zu Zeiten Homers und fortan steht
er für das Element Feuer. Die moralisierende Allegorese
des Mittelalters sieht in ihm den feurigen Liebhaber, das
Bild feuriger Begierde und macht ihn für vielerlei sün-
dige Versuchungen verantwortlich. Schließlich setzt sie
ihn – sicher auch aufgrund seiner Tätigkeit in der Schmiede unter der Erde – mit dem Teufel gleich. H. habe mit
seinem hässlichen Gesicht (!) die Götter verärgert und sei
deshalb von ihnen aus dem Paradies geworfen worden.[27]
Als Ehemann der Venus wird H./Vulkan zum Gemahl
böser Fleischeslust.[28]

Der äußeren Erscheinung des H. sieht man den Handwerker an: H., meist bärtig und in reiferen Jahren dargestellt, ist kräftig gebaut und muskulös. Er trägt den
kurzen gegürten Handwerkerkittel, der eine Brust freilässt, und eine eng anliegende Filzkappe (griech. *pilos*).
Er ist gezeichnet von einem Gebrechen, das entweder
angeboren ist oder das er sich beim Sturz vom Olymp

zugezogen hat (s.o., S. 84): Er ist lahm. So zeigen ihn griechische Vasenmaler in einem „Rollstuhl", einem geflügelten Wagen, fahrend, in der Neuzeit stützt er sich gelegentlich auf eine Krücke. Die Attribute des H. weisen auf seine Tätigkeit hin: Schmiedezange und Hammer, Fackel und Blasebalg, in der griechischen Antike die Doppelaxt, selten ein Zepter, das ihn als Ahnherrn der Könige von Athen kennzeichnen soll.[29] Ein Trinkhorn oder Becher erinnern an seine Rückführung auf den Olymp (s. S. 85).

[1] Apollodor, *bibl.* 1.3.5 [2] Homer, *il.* 1.575 ff.; Apollodor, ebd. [3] Homer, *od.* 8,266 ff. u.a. [4] Nonnos 5,135 ff. [5] Hesiod, *theog.* 929 ff. [6] Hom. Hymn. 3, *an den pyth. Apoll,* 319 ff. [7] Homer, *od.* 8.382 f.; s.a. Cicero, *nat.* 3.22 [8] Homer, *il.* 18.402 ff. [9] Myth. Vat. I 128.2; Myth. Vat. II 37; Boccaccio, *gen.* 12.70 [10] s. L./L., Myth., S. 327 [11] Homer, *il.* 8.280 [12] Pausanias 3.17.3 wohl auf einer älteren Quelle fußend [13] Hygin, *fab.* 166 f. [14] Homer, *il.* 15.96 ff. [15] Vergil, *aen.* 8.382 ff. [16] *il.* 18.468–615 [17] Apollodor, *bibl.* 3.14.6 [18] *il.* 18.401 [19] Apollodor, *bibl.* 3.4.2 [20] Statius, *theb.* 7,42 ff. [21] Homer, *il.* 1.607 f., 18.369 ff. u. 14.168 [22] vgl. Homer, *od.* 7.81 ff. [23] Myth. Vat. I 128.2 [24] *il.* 18.417 ff. u. 18.373 ff. [25] Hesiod, *theog.* 570–612; ders. *erga* 47–105 [26] Pindar, *ol.* 7.35 ff.; Hesiod, *theog.* 929 ff. [27] *Ovide moralisé en prose,* 2.27 u. 2.28, de Boer, S. 98 f. [28] „luxure": 1.18 ebd., S. 49; 4.8, S. 141; vgl. L./L., Myth., S. 330 f. [29] E. Simon, *Griechen,* S. 226; vgl. *il.* 18.416 u. 422

HERA, griech., lat. → Juno, etr. Uni. In der mythografischen Überlieferung ist H. die Tochter des → Kronos und der Titanin R(h)ea, Schwester von → Hades, → Hestia, → Demeter, → Poseidon und Zwillingsschwester des → Zeus, dessen Gemahlin sie auch ist. Neben ihm nimmt sie den höchsten Rang im Olymp ein. Ihre Kinder von Zeus sind → Ares, → Hephaistos (der aber auch als Sohn der H. allein gilt[1]), die Eileithyien (oder der Eileithyia, die Göttin der Geburt) und Hebe, die Personifikation ewiger Jugend.[2]

H. ist eine der ältesten (vorolympischen) Gottheiten der Griechen; ihr Kult lässt sich bis in prähistorische Zeit zurückverfolgen. Dessen Ursprung ist wahrscheinlich die Peloponnes. Von Argos aus eroberte er zunächst die griechische Inselwelt, wo auf Samos das Hauptheiligtum der H. lag, später Sizilien und Unteritalien („Großgriechenland", lat. *Magna Graecia*), wo er auf den Kult der italischen Juno traf. Mit einiger Sicherheit lässt sich sagen, dass H. die Schutzherrin der Rinder war, worauf Weihgeschenke in Gestalt von Nachbildungen von Kühen aus Terrakotta in Argos und anderswo hindeuten. Die Kuh war wohl auch das gebräuchlichste Opfertier im Kult der Göttin. Ihre eigentliche Zuständigkeit war die einer Schützerin der Frauen, was sie in die Nähe einer Mondgöttin rückt, da man seit alters die Frau unter biologischem Aspekt in Zusammenhang mit dem Mondzyklus gesehen hat. Erst später ist sie – als Gemahlin des → Zeus, die sie erst nach dessen Einwanderung der Achaiern sein kann – auch Schutzpatronin der Ehe und Wahrerin des Eherechts. Schließlich sehen wir sie ausschließlich als Gemahlin des Zeus an dessen Seite, überwiegend nicht in Harmonie, sondern in permanentem Streit (s.u.).

Im nicht besonders umfangreichen Mythos der H. treten Kindheit und Jugend in den Hintergrund. Nur so viel wissen wir: Wie alle seine neugeborenen Kinder verschlingt Vater Kronos auch H. gleich nach der Geburt, speit sie dann aber wieder aus.[3] Später brachte Mutter R(h)ea sie zu dem Meeresgötterpaar Okeanos und Thetis, das sich liebevoll des Kindes annahm.[4] Der I. Vatikanische Mythograf sieht sie an der Hand ihres Vaters durch die Welt wandern, und Kronos, anscheinend nun ein völlig Gewandelter, soll sie in die Obhut der Nymphen von Afrika gegeben haben, um dem Kind die Strapazen des Weges zu ersparen.[5]

Die Heranwachsende scheint einen eigenwilligen Charakter zu haben. Sie streift gern allein umher und meidet die Gesellschaft der übrigen Götter. Als Zeus sie erblickt, ergreift ihn sogleich Verlangen, doch er muss zu einer List greifen, um sich ihr nähern zu können. Er verwan-

delt sich in einen Kuckuck und lässt ein Unwetter aufziehen, sodass sich der vorgeblich erschreckte Vogel zu H.
flüchtet und Schutz in ihrem Gewand sucht. Da nimmt
Zeus seine wahre Gestalt an und versucht, das Mädchen
zu erobern. H. entzieht sich ihm jedoch und willigt erst
in ein Beilager ein, als er ihr die Ehe verspricht. Nicht nur
Zeus findet H. anziehend: Der schöne Endymion verliebt
sich in sie wie später auch Ixion.

Nach der „heiligen Hochzeit" sehen wir H. nur selten
noch mit ihrem Gemahl in Harmonie. Es symbolisiert das
Verhältnis der Eheleute zueinander, dass sich die beiden
im Kampf um Troja in feindlichen Lagern gegenüberste-
hen: Zeus auf Seiten der Troer, sie auf Seiten der Achaier
(der Griechen).

H. weiß ihre Reize einzusetzen, wenn sie ein Ziel ins
Auge gefasst hat. Anschaulich schildert die Ilias, wie sie
durch List die Geschicke der Griechen zu ihren Gunsten zu
lenken versteht.[6] Sie beschließt, den Gemahl außer Gefecht
zu setzen, indem sie ihn ins Ehebett lockt. Dafür macht sie
sich schön, salbt sich mit ambrosischem Öl, und Himmel
und Erde sind erfüllt von ambrosischem Duft. Kosmetik
wird da zum kosmischen Ereignis. Dann flicht sie ihr Haar,
kleidet sich in ein Gewand, das → Athena ihr gewebt hat,
schließt es mit goldenen Nadeln über der Brust, schmückt
sich mit Ohrgehängen, bedeckt den Kopf mit einem weißen Tuch und legt schöne Sandalen an. Anscheinend traut
sie ihrer Verführungskunst noch nicht, denn sie erschwin-
delt sich von → Aphrodite einen Liebeszauber in Gestalt
eines bestickten Bandes. So kommt sie zum Ziel, und Zeus
fällt in Schlaf, wie vorgesehen, denn sie hat Hypnos, den
Gott des Schlafes, bestochen. So wendet sich das Glück zugunsten der Griechen. Als Zeus sieht, was geschehen ist,
verdächtigt er sofort die Gemahlin, ist außer sich vor Zorn
und bedroht sie sogar mit Schlägen.

Das Verhältnis der beiden ist getrübt durch fortwäh-
rende Meinungsverschiedenheiten, ja Streit um ganz ele-
mentare Dinge.

Was H. letztlich zum zänkischen Eheweib werden lässt, ist die gewohnsheitsmäßige Untreue des Gatten, und ihre Mythen erzählen von tiefer Kränkung und Demütigung.

H. rächt sich, wo immer es geht, und verfolgt die Geliebten ihres Mannes und deren Kinder unnachsichtig und grausam. Sie verfolgt Leto und weiß ihre Tochter Eileithyia (s.o.) einzusetzen, damit diese die Geburt von → Apollon und → Artemis verhindere. Ihre eigene Priesterin Io, die Zeus verführt hat, verwandelt sie in eine Kuh und lässt sie von Argos bewachen (vgl. Hermes, S. 117). → Herakles, dem Sohn des Zeus und der sterblichen Alkmene, trachtet sie nach dem Leben, nachdem sie seine Geburt nicht hatte verhindern können. Schon dem Säugling schickt sie zwei riesige Schlangen, die ihn vernichten sollen. Den erwachsenen Herakles schlägt sie mit Wahnsinn, hetzt den Nemeischen Löwen auf ihn – alles allerdings vergebens. Als heimtückisch erweist sie sich, als sie sich der Semele, mit der Zeus den → Dionysos gezeugt hat, in Gestalt der alten Amme Beroë nähert und der Frau rät, sich von ihrem göttlichen Geliebten zu erbitten, er möge ihr so erscheinen, wie sich der Olympier seiner Gattin zeigte. So kommt es, dass Zeus Semele als Blitz erscheint, in dem die Frau verbrennt. Dem Dionysos selbst nimmt sie den Verstand;[7] Ino und Athamas, die sich des Dionysos angenommen hatten, verfolgt H. im Orkus, Inos Gefährtinnen verwandelt sie in Felsen und Vögel.[8]

Auch Artemis, die Tochter der Leto und des Zeus, bekommt den Zorn der Göttermutter zu spüren: Als sie es wagt, ihre Kraft mit der der H. zu messen, nennt die sie eine schamlose Hündin, nimmt ihr den Bogen von der Schulter und schlägt ihn ihr um die Ohren.[9] Überlegen lächelt sie, als Artemis die Pfeile aus dem Köcher verliert und weinend das Weite sucht. Es ist nicht nur Rache für die Untreue des Gemahls und an der Frucht seines Beilagers mit Leto, was da hervorbricht: Es ist die Strafe für

Respektlosigkeit (Hybris), die auch andere erfahren müssen, wie der König von Iolkos, Pelias, der sich erdreistet hat, am Altar der H. seine Schwiegermutter Sidera zu ermorden. Er stirbt grausam durch die Hand seiner eigenen, mit Wahnsinn geschlagenen Töchter. Weil sich Antigone, die Tocher des Laomedon, Königs von Troja, mit der Göttin gemessen und für schöner erklärt hat, verwandelt H. sie in einen Storch.

Kränkung treibt H. im Kampf um Troja dazu, Partei für die Griechen gegen die Troer zu ergreifen, deren Spross Paris ihr den Schönheitspreis vorenthalten hatte (vgl. S. 15).

Schmach erduldet sie, als Zeus sie für ihre Verfolgung des Herakles damit bestraft, dass er sie mit zwei Ambossen an den Füßen an den Himmel hängt.[10]

Als letzte Konsequenz der Entzweiung erscheint ihr Entschluss, ein Kind ohne die Mitwirkung des Mannes in die Welt zu setzen. Nachdem Zeus in Parthenogenese → Athena geboren hat, beschließt H., ein Gleiches zu tun, und gebiert aus sich allein → Hephaistos. Da das Kind jedoch einen Geburtsfehler hat – einen verkrüppelten Fuß[11] – erweist sich H. nun als recht herzlose Mutter: Sie wirft es kurzerhand vom hohen Olymp ins Meer. Dass ihr eigenes Kind ein Krüppel ist, ist wiederum eine Demütigung eingedenk der herrlichen Tochter des Zeus, der Athena. → Hephaistos wird sich später rächen, indem er die Mutter an den von ihm gefertigten goldenen Thron kettet und lächerlich macht.

Bei allen Zwistigkeiten haben H. und Zeus auch gemeinsame Kinder: keinen Geringeren als → Ares, den mächtigen Kriegsgott, der nun allerdings wie ein Symbol des Verhältnisses der beiden Ehegatten zueinander erscheinen mag, ferner Hebe, die den Göttern den Nektar einschenkt, bevor Zeus sie durch Ganymed ersetzt, und die Geburtsgöttin Eileithyia (oder die Eileithyien).

Über der Zänkischen, Rachsüchtigen gerät allzu leicht die Bedeutung der H. als Weltenherrscherin in Vergessenheit: Sie lenkt den Weg der Sonne, sie befiehlt den Stürmen, und der Olymp bebt, wenn sie erzürnt durch Hektors, des Troers, anmaßende Rede sich in ihrem Thron herumwirft.[12] Unversehens greift sie in die kosmische Ordnung des Sternenhimmels ein: Der Mythos erzählt, sie habe den kleinen Merkur/Hermes gesäugt und ihn, als sie ihn, den Sohn der Maia, erkannt hatte, sich von der Brust gerissen; dabei sei ein Strahl der Milch an den Himmel gespritzt und habe die Milchstraße gebildet.[13] Nach einer anderen Version hat sie den kleinen Herakles gestillt, der habe den Mund zu voll genommen und den Überschuss an Milch hinausgeprustet.[14]

Über H.s Äußeres wissen wir nur, dass sie „schön" ist, bei Weitem die schönste unter den unsterblichen Göttinnen wird der Homerische Hymnos sagen,[15] ein Urteil, das Paris offenbar nicht teilt (vgl. S. 15). Genaueres über ihre äußere Erscheinung ist nur von ihren Augen überliefert: Große Augen habe sie, hören wir wiederum im Homerischen Hymnos.[16] Homer nennt sie die „Rinderäugige"/Kuhäugige.[17] Einige Mythografen heben ihre weißen Ellbogen hervor, Homer nennt sie auch die „Weißarmige". Sie ist stimmgewaltig, ihre Stimme ist laut wie die des Stentor,[18] was uns unwillkürlich an die Stimmgewalt mancher italienischer Frauen denken lässt.

In der Bildkunst sehen wir H. auf goldenem Thron. Zum Zeichen ihrer Würde trägt sie Zepter und Diadem oder Krone. Sie reist in einem prächtigen Wagen mit ehernen Rädern, der von Pferden, später von Pfauen gezogen wird. Der Pfau, der ihr traditionell (z.B. auf Samos) heilig ist, zählt seit der Spätantike neben Zepter und Krone auch zu ihren Attributen und ist sowohl Ausdruck ihrer Wachsamkeit als auch, mit seinem prachtvollen Federkleid, angemessener Schmuck der obersten Göttin.

Begleiterin der H. ist Iris, die Botin zwischen Himmel und Erde, die auf dem Regenbogen wie auf einer Brücke zur Erde gleitet, die aber auch den Regenbogen verkörpert.

Die historische Bedeutung der H. bewegt sich letztlich zwischen zwei Polen: der prä- und frühhistorischen Autorität einer eigenständigen Gottheit und der eifersüchtigen Ehefrau des obersten Olympiers im schriftlich überlieferten Mythos. Hauptsächlich mit dieser beschäftigt sich die nachantike Allegorese durch die Vermittlung des lateinischen Mittelalters, in dem „H." zu „Juno" wird.

Die Allegorese deutet die Göttin im Wesentlichen entweder im physikalischen oder im moralischen Sinn. Im ersteren wird sie mit den verschiedensten Begründungen mit der Luft gleichgesetzt,[19] während Zeus das Feuer symbolisiert. Auch der Streit zwischen den Eheleuten H. und Zeus wird physikalisch gedeutet: Ein Wolkenbruch zeige an, dass das Verhältnis der Elemente zueinander aus dem Gleichgewicht geraten ist.[20] Häufig steht H. in der Allegorese auch für das Element Erde.[21] Die moralische Auslegung sieht in H. vor allem die Schützerin der Ehe. Merkwürdig, dass sie in der Emblematik der Renaissance auch für die gute Ehe stehen kann und so die mythische Tradition ignoriert (s.o.).

Ausnahmsweise heißt es, H. sei eine glücklich verheiratete reiche Königin und Urheberin der ehelichen Rechte gewesen.[22]

[1] Apollodor, *bibl.* 1.3.5 [2] Homer, *od.* 11.603. Hesiod, *theog.* 922 [3] Hesiod, *theog.* 466 ff. [4] Homer, *il.* 14.201 ff. [5] Myth. Vat. I 215 [6] Homer, *il.* 14.166–185 [7] Athenaios 10.440d; vgl. Lukian, *dial. deor.* 18 [8] Ovid, *met.* 4.543 ff. [9] Homer, *il.* 21.489 ff. [10] Apollodor, *bibl.* 1.3.5 [11] oder Füße: Hom. Hymn. 3, *an den pythischen Apoll,* 317 [12] Helios; Homer, *il.* 18.239; ebd. 14.254 u. 15.26; ebd. 8.198 f. [13] Martianus Capella 1.34 [14] Hygin, *astron.* 2.43 [15] Hom. Hymn. 5, *an Aphrodite,* 41 [16] Hom. Hymn. 3, *an den Pythischen Apoll,* 332, 365, 409 [17] Homer, *il.* 14.159 u. 263 [18] ebd. 5.487 ff. [19] Platon, *krat.* 404c; Macrobius, *sat.* 1.17.54 u.a. [20] Eusebius, *praep. evang.* 86c [21] Boccaccio, *gen.* 9.1; Eusebius, *praep. evang.* 86d [22] bei Christine de Pizan, 59, Zimmermann, S. 233 f.

HERAKLES, griech. Heros, der später vergöttlicht wurde, lat. → Hercules, etr. Herkle; Herkules. Sohn des → Zeus und der Alkmene, einer Sterblichen, Gemahlin des Amphitryon, des Herrschers von Tiryns. Den Namen leitet Diodor[1] von → Hera und *kléos* (griech. *Ruhm*) her mit der Erklärung, Hera habe H. zu Ruhm verholfen, indem sie dem Kind zwei riesige Schlangen geschickt habe, die es töten sollten. Stattdessen brachte das Kind die Schlangen um (s.u.).

Sein Mythos ist so umfang- und facettenreich, dass sich allein darin seine Popularität zu erkennen gibt. Fantasievoll erzählen die Mythografen schon von seiner Zeugung. Zeus begehrt Alkmene, eine Nachfahrin des Perseus, Urenkelin von Zeus und Danaë. Als Amphitryon in Kriegsangelegenheiten abwesend ist, nutzt Zeus die Gelegenheit. Da Alkmene aber nicht nur schön, sondern auch tugendhaft ist, überlistet er sie und nähert sich ihr in Gestalt ihres Gemahls. Um einer Nacht die Dauer von drei Nächten zu geben,[2] veranlasst Zeus den Sonnengott, für diese Zeit nicht am Himmel zu erscheinen. So zeugt er den H. – Kaum hat sich Zeus entfernt, kehrt Amphitryon zurück, liegt ebenfalls mit Alkmene und wird Vater des Iphikles. Diese Geschichte bringt die unschuldige Alkmene in größte Bedrängnis: Die Rache der → Hera wird nicht aufhören, sie und das Kind zu verfolgen. Aber auch Amphitryon sieht Anlass zu Misstrauen.[3]

Alkmene wird also zwei Kinder zur Welt bringen: den Zeus-Sohn H. und den um eine Nacht jüngeren sterblichen Iphikles. Schon hier greift Hera ein, indem sie mit Hilfe der Eileithyien (Eileithyia, der Göttin der Geburt), die Entbindung hinauszögert und gleichzeitig die Geburt des Eurystheus, des zukünftigen Königs von Mykene, zur Unzeit beschleunigt. Ebendieser wird später dem H. als dessen Dienstherr das Leben schwer machen.[4]

Alkmene, der die Absicht der Hera nicht verborgen bleibt, will ihr Kind schützen und setzt es aus. Dafür wählt sie einen Ort, an dem zufällig → Athena und die

ahnungslose Hera daherkommen. Athena bewegt Hera
dazu, den Säugling an die Brust zu legen, doch der bereitet ihr solche Schmerzen, dass sie das Kind von sich
stößt. Athena gibt es daraufhin der Mutter zurück.[5] Eine
andere Version berichtet, → Juppiter habe das Kind der
schlafenden → Juno an die Brust gelegt, doch die habe
es von sich gestoßen, als sie den Bastard erkannte. Die
Milch sei dann an den Himmel gespritzt und bilde seitdem die Milchstraße.[6]

Als H. acht Monate alt ist, schickt Hera zwei riesige
Schlangen an sein Bettchen, die ihn beseitigen sollen.[7]
Doch das Kind ist so kräftig, dass es ohne Mühe die
beiden Ungeheuer erdrosselt. Es wird auch berichtet,
Amphitryon habe die Schlangen geschickt, um heraus-
zufinden, welches der beiden Kinder der Sohn des Zeus
ist. Als Iphikles flieht, während H. die beiden Schlangen
packt, hat er Klarheit.[8]

Über die Kindheit des H. berichten die Quellen ausführlich. Alkmene legt offenbar großen Wert darauf, das
Kind nicht zu verweichlichen.[9] Sie sorgt für eine har-
te Lagerstatt, über die ein Löwenfell gebreitet ist, andererseits für reichliche und reichhaltige Nahrung: Schon
zum Frühstück gibt es Braten, und von einem großen
Laib dorischen Brotes ist die Rede. Um seine Erziehung
kümmern sich die kompetentesten Lehrer, wie es einem
Prinzen zusteht. Der Ziehvater Amphitryon lehrt ihn
das Fahren mit dem Kampfwagen und das Führen eines
Schiffs, Autolykos unterweist ihn im Ringkampf, Eurytos
(unter anderen) im Bogenschießen (Diodor, 4.14.3, behauptet gar, → Apollon sei darin sein Lehrer gewesen).
Von Kastor (→ Dioskuren) lernt H. Hauen und Stechen
mit Schwert und Lanze und das Führen einer Truppe so-
wie das Einschätzen des heranrückenden Feindes. Dann
statten ihn die Götter mit brauchbarem Gerät aus, wie
Apollodor berichtet.[10] Von → Hermes bekommt er ein
Schwert, von Apollon Bogen und Pfeile; einen goldenen
Brustpanzer hat er von → Hephaistos, der ihm auch ei-

nen Kettenpanzer und eine Keule schenkt, → von Athena ein Gewand (einen Peplos). Eine Keule aus Olivenholz soll sich H. auch selbst geschnitzt haben.[11] → Poseidon versorgt ihn mit Pferden.[12]

Theokrit berichtet von der musischen Erziehung des jungen Heros.[13] Linos, der „schlaflose Wächter", unterrichtet ihn im Lesen und Schreiben, Eumolpos, Sohn des Dichters und Sängers Philammon, im Singen und Lyraspiel. Nach Apollodor kommt es zu einem dramatischen Zwischenfall: Hier ist Linos der Musiklehrer. H. zeigt sich nicht gerade gelehrig, und als der Lehrer ihm einige strafende Hiebe versetzt, erschlägt der Schüler den Lehrer mit der Lyra.[14] (Es ist offenkundig ein weiter Weg bis zum „Tugendhelden", als der sich H. am Ende bewähren wird.) Er wird zwar vom Vorwurf des Mordes freigesprochen, weil sich der Beschuldigte nur gegen eine unberechtigte Strafe gewehrt habe, doch Amphitryon befürchtet Wiederholungstaten und schickt den Jungen auf das Land zu den Viehherden. Dieser Aufenthalt bekommt H. auf jeden Fall in einer Hinsicht: Er nimmt zu an Stärke und Größe (er soll jetzt vier Ellen gemessen haben: etwa 2 m bis 2,10 m), und schließlich ist er treffsicher auch mit Bogen und Speer.

Als König Thespios den Achtzehnjährigen zu Hilfe holt, weil ein Löwe seine und des Amphitryon Herden dezimiert, bewährt sich H. auch als Liebhaber. Bei dieser Gelegenheit wünscht sich der König von H. ein Kind mit jeder seiner 50 Töchter,[15] und H. hat keine Mühe, diesen Wunsch zu erfüllen. 50 Nächte liegt er mit den Mädchen, und alle (bis auf eine, die Priesterin werden will) werden einen Knaben zur Welt bringen. Schließlich erlegt er auch den Löwen, nimmt sich dessen Fell und macht den Kopf mit dem weit aufgesperrten Maul sich zum Helm.[16] Diese Ausrüstung ist fortan sein Kennzeichen, die Keule (s.o.) seine Waffe und sein Attribut.

Die von Amphitryon verordnete Kur auf dem Land hat bei dem Burschen offenkundig keine nachhaltige Wirkung. Schon auf dem Heimweg wird er rückfällig. Als ihm Herolde des Minyerkönigs Erginos begegnen, die in Theben einen fälligen Tribut abholen sollen, gerät er mit ihnen in Streit und schneidet ihnen Nasen, Ohren und Hände ab, hängt sie ihnen an einer Schnur um den Hals und schickt die so Verstümmelten zu ihrem König mit dem Spott, da habe er seinen Tribut.[17] Das ist ein massiver Verstoß gegen den Grundsatz der Unantastbarkeit von Herolden, der nicht ohne Reaktion bleibt. Erginos bricht auf zum Rachefeldzug gegen Theben, doch H., auf dessen Seite → Athena steht, die ihn mit Waffen versorgt, tötet ihn. Aber Hera sorgt dafür, dass er einer Strafe für seine Untat nicht entkommt: H. heiratet Megara, die Tochter Kreons, des Königs von Theben, mit der er mehrere Söhne hat. Nun greift Hera ein. Sie schlägt den Frevler mit Wahnsinn, in dem er seine eigene Familie attackiert: Nach Apollodor[18] wirft er seine und zwei der Kinder seines Bruders Iphikles (der die zweite Tochter Kreons geheiratet hat) ins Feuer. Als H. wieder zu sich gekommen ist, beschließt er, die Tat zu sühnen, indem er in die Verbannung geht, oder er geht einer Weisung des Delphischen Apollon folgend nach Tiryns, um dort dem König Eurystheus, den Hera von Anbeginn zum seinem Rivalen bestimmt hat (s.o.), für zwölf Jahre zu dienen. Zum Lohn für diesen Dienst wird ihm Unsterblichkeit zuteil werden.

Nach einer weiteren von vielen anderen Versionen hat Eurystheus bereits nach der Misshandlung der Herolde dem H. Arbeiten auferlegt, der aber habe sich darum nicht gekümmert. Diodor sagt andererseits, das Schicksal des H. sei bereits vor seiner Geburt von Zeus und Hera beschlossen gewesen.[19] Einigkeit scheint darüber zu herrschen, dass H. durch zahlreiche Taten („Arbeiten", „Mühen") Unsterblichkeit erwerben würde. Es handelt sich um eine Vielzahl an Taten. Vergil nennt gar die Zahl 1000,[20] die allerdings sicher nicht wörtlich zu nehmen ist. Die bedeutendsten und wohl schwierigsten sind die 12 Aufgaben (*Dodekathlos*), die König Eurystheus von Mykene, dem Ansinnen der Hera folgend, dem H. stellt. Von ihnen berichten viele Mythografen, unter anderem Apollodor,[21] der sie in folgender Sequenz sieht: 1. der Löwe von Nemea, 2. die lernäische Hydra, 3. die kerynitische Hindin, 4. der erymanthische Eber, 5. die Ställe des Augias, 6. die stymphalischen Vögel, 7. der kretische Stier, 8. die Mähren des Diomedes, 9. der Gürtel der Hippolyte, 10. die Herden des Geryon, 11. die Äpfel der Hesperiden, 12. der Höllenhund Kerberos. Die ersten sechs der Taten ereignen sich auf dem Peloponnes, die Taten von 7 bis 12 sind gleichsam Expeditionen in alle vier Himmelsrichtungen, bis ans Ende der Welt (Arbeit 11) und in die Unterwelt (Arbeit 12).

Jede der Arbeiten fordert spezifische Fähigkeiten heraus. Allem Anschein nach ist dieser H. bereits von differenzierterem Wesen als der jähzornige Heranwachsende (s.o.). Er legt nicht nur enorme Muskelkraft an den Tag, sondern erweist sich auch als bemerkenswert erfinderisch. Seine Erfolge sind allerdings nicht denkbar ohne die Mitwirkung der Athena, die ihren Schützling gegen die Verfolgungswut der Hera erfolgreich verteidigt.

Die folgende Schilderung des Dodekathlos orientiert sich im Wesentlichen an Apollodor.[22] Es fällt auf, dass die Aufgaben von Mal zu Mal komplexer und von immer zahlreicheren Nebenarbeiten begleitet werden.

1. Eurystheus verlangt, H. solle den Löwen von Nemea, ein gewaltiges Untier, erlegen. Während des Kampfes zerbricht sogar die Keule des H., aber schließlich tötet er den Löwen und schleppt ihn nach Mykene. Bei diesem Anblick befällt den König eine solche Furcht, dass er dem Helden befiehlt, seine Beute zukünftig vor den Toren der Stadt abzulegen!

2. Die nächste Aufgabe ist das Erlegen der riesigen Hydra von Lerna, eines giftigen Ungeheuers, welches das Land verwüstet, das Vieh tötet und von dessen vie-

len Köpfen einer unsterblich ist. H. nähert sich ihm auf seinem von Iolaos gelenkten Wagen. Mit Feuerpfeilen bringt er die Hydra auf, doch die windet sich um seinen Fuß. H. schlägt mit seiner Keule zu und zerschmettert die Köpfe des Ungeheuers. Doch aus jedem zerschlagenen wachsen gleich mehrere neue Köpfe nach. Eine riesige Krabbe, die H. in den Fuß beißt, erschlägt er. Doch die Hydra besiegt er erst, als ihm Iolaos zu Hilfe kommt und mit brennendem Holz die Wunden ausbrennt, aus denen die Köpfe nachwachsen. Nun gelingt es H. auch, den unsterblichen Kopf abzuschlagen. Dann schlitzt er den toten Körper auf und taucht seine Pfeile in die hochgiftige Galle. Die so präparierten Pfeile werden künftig für jeden getroffenen Gegner tödlich sein. – Aber Eurystheus will diese Tat nicht gelten lassen, weil H. die Hilfe des Iolaos in Anspruch genommen hat.

3. Die dritte Aufgabe, die H. für seinen Dienstherrn zu bewältigen hat, ist, die kerynitische Hindin lebendig herbeizuschaffen – eine heikle Mission, denn das Tier, das ein goldenes Geweih hat, ist der → Artemis heilig. Ein ganzes Jahr verfolgt H. die Hindin, bis sie erschöpft ist. Es heißt auch, er habe sie mit einem Netz gefangen oder im Schlaf überwältigt. Diodor[23] betont, H. habe das kraft bloßer Geistesgaben getan. Als er sie auf seinen Schultern davonträgt, begegnen ihm ausgerechnet Apollon und Artemis, aber es gelingt ihm, den Zorn der Göttin zu besänftigen.

4. Auch die vierte Aufgabe, nämlich den erymanthischen Eber zu erlegen, erledigt H. durch eine List. Der Eber ist ein gewaltiges Untier, das den (schneebedeckten) Berg Erymanthos verwüstet. H. jagt das Tier, bis es erschöpft ist und im tiefen Schnee feststeckt. Er nimmt es auf seine Schultern und trägt es nach Mykene. Beim Anblick des riesigen Tieres flüchtet sich Eurystheus in einen Vorratskrug.[24]

5. Die von Mist überquellenden Viehställe (oder der Stall) des Augeias/Augias sind der ganzen Umgebung, die dadurch von Krankheiten befallen ist, ein Ärgernis. H. soll sie in einem einzigen Tag säubern. Auch bei dieser fünften Arbeit erweist sich seine Erfindungskraft. Er bietet Augeias seine Arbeit an gegen einen Lohn in Gestalt eines Zehntels der Herde. Der willigt ein, H. leitet zwei Flüsse durch die Ställe und säubert sie auf diese Weise ohne erniedrigende eigene Arbeit.[25] Weil H. gegen Lohn gearbeitet hat, will Eurystheus diese Leistung wieder nicht anerkennen (vgl. die 2. Arbeit).

6. Auf der Insel des → Mars vernichten Vögel, die im See bei Stymphalos leben und vielleicht Ziehkinder des Gottes sind, die Ernte und fressen sogar Menschen. Sie sind so zahlreich, dass sie mit ihren Federn und ihrem Kot Menschen und Tiere töten, Äcker und Saat bedecken.[25] Die sechste Tat fordert wiederum den Einfallsreichtum des H. heraus. Doch auch Athena tritt nun in Aktion: Sie übergibt ihrem Schützling bronzene, von Hephaistos gefertigte Kastagnetten. Damit vollführt H. einen solchen Lärm, dass er die Vögel, die im Wald vor Wölfen Zuflucht gesucht haben, aufscheucht und sie mit seinem Bogen erlegt.

7. Bei der nächsten Aufgabe kann H. überraschend eine Verschnaufpause einlegen. Er soll Eurystheus den Kretischen Stier bringen, wobei sich die Mythografen uneins sind, ob es sich bei dem Tier um den Stier handelt, der Europa entführte, um den Minotauros oder um jenen wilden Stier, den → Poseidon einst dem König Minos schickte, weil der König dem Gott nicht geopfert hatte. H. bittet Minos um Hilfe, der aber schenkt ihm das Tier, H. bringt es dem Eurystheus und lässt es dann frei. Merkwürdigerweise lässt der König die Tat gelten, ist sie doch die einzige, zu der H. selbst nichts beigetragen hat.

8. Als Nächstes soll H. die menschenfressenden Rosse des Mars-Sohnes Diomedes, Königs der Bistonen in Thrakien, nach Mykene bringen. Die Aufgabe erledigt er ohne sonderliche Schwierigkeiten. Er segelt mit einigen Freiwilligen nach Thrakien, überwältigt die Stallburschen und treibt die Pferde ans Meer. Seinen Günstling oder Geliebten Abderos lässt er als Wächter zurück, während er weiterzieht und in einem Kampf gegen die Bistonen den Diomedes tötet. Währenddessen aber schleifen die Pferde den Abderos zu Tode. H. begräbt den Geliebten und gründet neben dem Grab die Stadt Abdera. Nach Philostrat (*imag.* 2,25) erschlägt H. die Rosse, die Abderos getötet haben, mit seiner Keule. Nach anderen soll Eurystheus die Tiere der Hera geweiht oder aber sie freigelassen haben. Schließlich sollen sie auf den Olymp gekommen sein, wo sie von wilden Tieren getötet wurden.

9. Admete, die Tochter des Eurystheus, wünscht sich den Gürtel der Amazonenkönigin Hippolyte. Diesen Gürtel, der ihr gleichsam eine Art Hoheitszeichen ist, hat Hippolyte von ihrem Vater → Ares. H. macht sich mit einem Schiff voller Gefährten auf den Weg nach Themiskyra, wo ihn die Königin empfängt. Als H. sein Anliegen vorgebracht hat, verspricht sie ihm den Gürtel. Jetzt greift hinterlistig Hera ein, indem sie in Gestalt einer Amazone das Gerücht verbreitet, H. und seine Leute hätten vor, die Königin zu entführen. Als die aufgebrachten Amazonen zu Pferd gegen das Schiff anstürmen und es zum Kampf kommt, erschlägt H. Hippolyte, nimmt ihr den Gürtel und segelt davon. Anders referiert Diodor die Ereignisse:[27] Hippolyte verweigert die Herausgabe des Gürtels, und es kommt zum Kampf zwischen H., seinen Gefährten und den Amazonen, von denen nur wenige lebend davonkommen, unter ihnen Antiope, die H. dem Theseus gibt, und die für ihren männlichen Mut berühmte Melanippe, gegen die H. den Gürtel eintauscht. – Apollodor berichtet noch von weiteren Abenteuern auf

dem Hin- wie auf dem Rückweg. Unterwegs nach Hause erschießt H. den Tunichtgut Sarpedon, einen Sohn des → Poseidon.

10. Als Nächstes soll H. die weithin berühmten Herden des Geryon holen. Es ist unklar, wo Geryon zu finden ist, jedenfalls legt H. eine weite Reise zurück und kommt endlich bis Libyen. Nach Diodor[28] dagegen wird er den Geryon in Iberien (auf der Iberischen Halbinsel) finden. Der ist dort einer der drei mächtigen Söhne des Königs Chrysaor und verspricht ein harter Gegner zu sein. H. sammelt Truppen und Waffen und bricht auf. Sein Ziel ist Erytheia, der Weg dorthin sollte voller Hindernisse sein. Zunächst leidet H. unter Helios, dem Sonnengott, der seine Strahlen wie Pfeile hinabschickt, und H. droht einen seiner eigenen Pfeile auf ihn abzuschießen. Helios gebietet ihm Einhalt, aber zum Zeichen seiner Bewunderung schenkt er ihm eine goldene Schale, in der H. nun über das Meer nach Erytheia fährt. Dort wird er von einem zweiköpfigen Wachhund empfangen, den er samt einem Wächter mit seiner Keule erschlägt. Geryon, alarmiert von Menoites, dem Hirten des → Hades, H. treibe seine Herde davon, eilt herbei und lässt sich auf einen Kampf ein. Er stirbt durch einen Pfeil des H., der nun die Rinder in sein Schiff lädt und die Heimfahrt antritt. Zunächst landet er auf dem spanischen Festland, gibt dort dem Helios seine Schale zurück und fährt weiter ostwärts (sein Ziel ist Mykene). Seine kostbare Beute, die Rinderherde, weckt allenthalben Begierde. In Ligurien wollen ihm Ialebion und Derkynos, zwei böse Söhne des Poseidon, die Herde stehlen. H. tötet sie, aber nun haben es die kriegerischen Einwohner Liguriens auf die Rinder abgesehen. H. wehrt sie mit seinen Pfeilen ab, als die aber verschossen sind, kommt ihm Zeus mit einem Regen von Steinen zu Hilfe, der die Schlacht entscheidet. (Es heißt, die steinige Plaine de la Crau zwischen Arles und Marseille habe da ihren Ursprung![29])

Von weiteren Hindernissen, die sich dem H. auf der Heimfahrt entgegenstellen, ist das folgenschwerste die Begegnung mit dem räuberischen Cacus auf dem Aventin. Der stiehlt dem H. einige Rinder[30] und bezahlt dafür mit dem Leben. Mit einem Keulenschlag erledigt H. das feuerspeiende Ungeheuer. Hiermit tritt er als → Hercules in die römische Geschichte ein.

11. Nun soll H. die Äpfel der Hesperiden holen. Es handelt sich um jene goldenen Äpfel, die → Gaia samt Zweigen dem Zeus nach seiner Hochzeit mit Hera geschenkt hatte. Hera ließ sie im Garten der Götter nahe dem Berg Atlas einpflanzen und setzte zunächst die Töchter des Atlas als Wächterinnen ein. Da die aber von den Äpfeln naschten, bestimmte Hera den Ladon,[31] einen mächtigen Drachen, zum Wächter. Doch die Lokalisierung und der Weg zum Garten der Hesperiden sind Aufgaben für sich. Mühsam muss sich H. gleichsam durchfragen, um nach Irrungen endlich den rechten Weg zu finden. Am Ende ist er im Besitz der Äpfel und bringt sie dem Eurystheus.

Unterschiedlich sind die Berichte darüber, wie H. das bewerkstelligt. Entweder er nimmt dem Atlas das Himmelsgewölbe ab und lässt ihn die Äpfel holen, oder er erschlägt den Wächter und pflückt die Äpfel selbst. Wieder hat er auf Hin- und Rückweg zahlreiche Nebenarbeiten zu bewältigen. Auf seinem Weg nach Libyen trifft er auf Antaios, einen Sohn des Poseidon, der wie alle Kinder des Meeresgottes ein Unhold ist. Er pflegt Fremde zum Ringkampf herauszufordern und sie zu töten. Seine ungeheure Kraft bezieht er aus der Mutter Erde. H. nimmt die Herausforderung an, hebt den Gegner auf, sodass der den Kontakt zur Erde verliert, und tötet ihn.[32] Daraufhin versuchen die Pygmäen, die Brüder des Antaios, H. im Schlaf zu töten.[33] – Wiederum ein Sohn des Poseidon ist es, der H. zu schaffen macht: In Ägypten verbreitet Busiris Angst und Schrecken. Er pflegt jedes Jahr dem Zeus einen Fremden zu opfern, da sein Land seit neun

Jahren unter einer Dürre leidet. Er fesselt H., doch der befreit sich und tötet Busiris samt dessen Sohn Amphidamas. H. reist weiter und findet den an den Kaukasus geschmiedeten Prometheus, von dessen Leber ein Adler frisst. Er erschießt den Adler und befreit Prometheus, der ihm dann rät, dem Atlas die Himmelkugel abzunehmen (s.o.).

12. Die letzte der Aufgaben führt H. in den → Hades, wo er den dreiköpfigen Wachhund Kerberos an sich bringen soll. Dieses Ungeheuer hat auf dem Rücken Schlangenköpfe und eine Schlange (oder einen Drachen) als Schwanz. In Lakonien, wo der Eingang zur Unterwelt liegt, steigt H. hinab. Sein Anblick ist so furchterregend, dass die Seelen die Flucht ergreifen. Nun gelingt es ihm, den Theseus zu befreien. Es bekommt ihm schlecht, dass er als Nächstes ein Tier aus der Herde des Hades schlachtet, um mit dessen Blut die Seelen zu beleben. Der Wächter der Herde fordert ihn zum Ringkampf heraus, bricht ihm einige Rippen und lässt ihn nur frei, weil → Persephone ein Wort für ihn einlegt. Hades ist bereit, den Kerberos herauszugeben unter der Voraussetzung, dass H. das Tier besiegt. Der schlägt seine Arme um den Kopf des Ungeheuers und presst ihn so lange, bis der Gegner aufgibt. Nachdem er das Untier dem Eurystheus vorgeführt hat, bringt er es dem Hades zurück.

Andere Mythografen führen weitere Arbeiten und zum Teil erheblich mehr an. Die wichtigsten (auch in der Bildkunst am häufigsten dargestellten) sind: Der Kampf mit den Kentauren, der Kampf mit Kyknos, die Errichtung der „Säulen des Atlas": Auf dem Weg zu den Gärten der Hesperiden am Ende der Welt errichtet H. je eine Säule in Europa und eine in Afrika (an der Meerenge von Gibraltar). Ferner die Errettung der Hesione, Tochter des troischen Königs Laomedon. Dieser hatte Apollon und → Poseidon verärgert, weil er wortbrüchig geworden war. Zur Strafe schickte Poseidon ein Meeresungeheuer, das Hesione nun bedroht. H. erschlägt es,[34] oder die Troer bauen mit Hilfe der Pallas → Athena eine Mauer, in deren Schutz der Held entkommen kann.[35] Nach Lykophron (31 ff.) verschluckt das Ungeheuer den H., der ihm da drinnen (wo es so heiß ist, dass er sein Haar verliert) die Leber metzelt. Als Nächstes befreit er Alkestis, die für Admet, ihren geliebten Mann, gestorben war, aus dem Hades.[36]

Es folgt der Kampf mit dem Flussgott Acheloos und schließlich die Apotheose des H., an deren Stelle der Libellus den Kampf mit dem Ungeheuer Cacus als siebte Arbeit nennt.[37]

Noch wird H. einen weiten Weg bis zum „Tugendhelden" zurücklegen müssen: Kaum hat er den Sühnedienst für den Mord an Megara und ihren Kindern abgeleistet, begeht er einen weiteren Mord: Er tötet den jungen Iphitos, den Sohn des Königs Eurytos von Euboia. Weshalb und auf welche Weise, wird unterschiedlich referiert. Nach Homer sucht Iphitos seine abhanden gekommenen Rosse und Maultierfohlen, findet sie und kommt zu H. Der tötet den Gast, um sich die Tiere anzueignen. Oder aber Autolykos stiehlt Iphitos die Rinderherde, und Eurytos verdächtigt den H. Da lädt Iphitos den H., den er für unschuldig hält, ein, mit ihm das Vieh zu suchen. Der willigt ein, doch als Iphitos dann bei ihm zu Gast ist, stößt der Gastgeber im Wahn ihn von der Stadtmauer.[38]

H. hat Schwierigkeiten, jemand zu finden, der ihn vom Mord reinigt. Schließlich tut das Deiphobos. Wegen einer schweren Krankheit wendet H. sich nach Delphi, um das Orakel zu befragen. Doch die Pythia verweigert sich ihm aus Furcht, er könnte den Tempel plündern. So nimmt H. den Dreifuß an sich, um sein eigenes Orakel zu errichten. Da bringt er Apollon, den Herrn des Orakels, gegen sich auf, und es kommt zum Streit, den Zeus zu schlichten versteht. Als H. weiterhin an seiner Krankheit leidet, rät ihm Apollon, sich als Sklave verkaufen zu lassen und den Erlös den Söhnen des Eurytos zu zahlen. Als Sühne dient H. nun für drei Jahre (oder für ein Jahr) der Omphale.[39]

Während dieser Zeit trifft er auf die beiden Kerkopen, die räuberischen Enkel des Okeanos. Als die versuchen, H., der unterwegs eingenickt ist, zu berauben, überwältigt der sie, hängt sie kopfüber an eine Stange, die er schultert und davonträgt. Als sich die Burschen über das von der Sonne gebräunte Gesäß des H. lustig machen, lässt der, der offenbar auch über sich selbst lachen kann, sie frei.[40]

Spätere Autoren malen sich eine erotische Beziehung zwischen dem Sklaven und seiner Herrin (Omphale) aus. Amüsiert sieht Seneca die beiden Kleider und Handwerkszeug tauschen.[41] Den H. sieht er mit gelocktem Haar, goldgelben Schuhen, smaragdenen Ringen an den Fingern, die den Spinnrocken halten und den Faden spinnen. Omphale dagegen wirft sich die Löwenhaut um. Zu einer Verwechslungskomödie besonderer Art gerät die Geschichte bei Ovid (*fasti* 303 ff.). Hier wechseln die beiden in einer Grotte Kleider und Lagerstatt. So kommt es, dass der verliebte → Faunus an H. gerät, der ihn mit einem Fußtritt aus der Höhle befördert.

Viele weitere Taten folgen. Schließlich möchte H. Deianeira, die Tochter des Oineus, heiraten. Seinen Nebenbuhler, den Flussgott Acheloos, der Stiergestalt angenommen hat, besiegt er im Ringkampf und bricht ihm ein Horn ab, das Nymphen dann mit Blumen und Früchten füllen. Nach Hygin schenkt er das Horn den Hesperiden, die es mit Früchten füllen und „Füllhorn" nennen.[42]

Erneut wird H. – diesmal ungewollt – zum Totschläger. Bei einem Gelage des Oineus tötet er dessen Sohn Eunomos, als der ihm versehentlich Wasser über die Hände gegossen hat. Ein Knöchelstüber genügt dafür. So wird H. zum Opfer seiner eigenen Muskelkraft. Obgleich es sich dabei um einen Unfall handelt, besteht er selbst darauf, für die Tat zu sühnen, und bricht zu diesem Zweck mit Deianeira nach Keyx in Trachis auf. Sie kommen an den Fluss Evenos, wo der Kentaur Nessos als Fährmann tätig ist. Es ist unklar, weshalb H. zunächst den Fluss allein durchquert. Jedenfalls versucht Nessos indes, Deianeira zu vergewaltigen. Das bemerkt H., schießt einen seiner im Gift der Hydra getränkten Pfeile ab und trifft Nessos ins Herz. Der Sterbende rät Deianeira, seinen auf den Boden gefallenen Samen mit seinem Blut zu vermischen und dieses Gemisch als Liebeszauber aufzubewahren. Deianeira soll bald Anlass sehen, von dem Zauber Gebrauch zu machen:

H. hat nicht vergessen, dass König Eurytos sich weigerte, ihm die Tochter Iole zur Frau zu geben (weil er fürchtete, sie werde das gleiche Schicksal haben wie Megara). Nun zieht H. mit einem ganzen Heer gegen ihn zu Felde, tötet den König und seine Söhne und nimmt Iole gefangen.[43] Dann baut er dem Zeus einen Altar und bereitet ein Opfer vor. Er schickt einen Boten, er möge ihm ein Festgewand bringen. Eifersüchtig auf Iole besinnt sich Deianeira auf den „Liebeszauber" des Nessos. Sie tränkt ein Hemd mit dem (in Wahrheit tödlichen) Blutgemisch des Nessos und übergibt es dem Boten. Als das Gift zu wirken beginnt und H. die Haut zerstört, reißt er sich das Hemd vom Leib und mit diesem die Haut und das Fleisch. In seinen Schmerzen errichtet er sich selbst einen Scheiterhaufen, den der Hirte Poias, dem H. zuvor seinen Bogen übergeben hat, entzündet. Im Feuer soll sich eine Wolke unter H. geschoben und ihn in den Himmel getragen haben. Nach Diodor (4.38.1 ff.) errichtet H. auf Weisung des Apollon einen Scheiterhaufen in Oité. Bogen und Pfeile gibt er dem vorbeikommenden Philoktet und heißt ihn den Scheiterhaufen entzünden, den gleichzeitig ein Blitz zerstört. Danach war von H. keine Spur mehr zu finden. Daraus schloss man, dass er in den Himmel aufgestiegen sei (vgl. die Himmelfahrt Christi!). Dort erlangt der Heros Unsterblichkeit, versöhnt sich mit Hera und heiratet deren Tochter Hebe. Deianeira erhängte sich schon vor dem Tod des H., oder sie tötete sich mit dem Schwert.[44]

Der Lebenslauf des H. bietet reichlich Stoff für vielerlei Auslegung. Dem kritischen Blick mag ein „Tugendheld" H. nicht unbedingt standhalten. Bis an sein Ende übt er Gewalt und erschlägt seine Widersacher. Er ist zwar nicht ohne Reue, immer bereit, seine Taten zu sühnen, erlegt sich selbst sogar Strafe auf, aber nach jeder Reinigung wird er rückfällig. So übt er Böses und Gutes im Wechsel, mit den guten Taten sühnt er die bösen: den Totschlag an seiner Familie durch die zwölf Arbeiten („Taten", „Mühen") für Eurystheus, den an Iphitos durch seine Sklavendienste bei Omphale. Die unbeabsichtigte Tötung des Eunomos, die dessen Vater als Unfall anerkennt, will H. dennoch sühnen und geht zu diesem Zweck nach Trachis, wo ihn selbst der (tragische) Tod ereilt. Die Nachricht bei Diodor (4.9.5), Hera und Zeus hätten bereits vor der Geburt des H. dessen Schicksal beschlossen, befreit ihn im Grunde von jeder Schuld (was ganz dem Wesen der griechischen Tragödie entspricht). Auch die Mythografen scheinen von Anbeginn bemüht, den Helden zu entlasten: Im Wahn habe er Megara und die Kinder getötet, im Wahn auch habe er den Iphitos von der Mauer gestoßen. Zahlreiche gute Taten möchten eine Entschuldigung freilich rechtfertigen. H., der Bezwinger vieler Ungeheuer, der Sieger über Plagen der Menschheit, wird schließlich im Bild des H. *Victor* als Sieger des Guten über das Böse schlechthin gefeiert. Schon unmittelbar nach seinem Tod folgt der ewige Lohn: die Vergöttlichung (s.o.).

Die Exegeten sehen den Sterblichen zwischen diesen beiden Polen guter und böser Taten. Philostrat[45] beschreibt ihn als Zweifler zwischen Laster und Tugend und veranschaulicht diese durch zwei weibliche Gestalten: das reich geschmückte Laster im Purpurgewand und die verhärmte Tugend, barfuß und ärmlich gekleidet. Die Frauen zerren an seinem Gewand, und jede versucht, ihn auf ihre Seite zu ziehen. Dieser „H. am Scheideweg" (griech. H. Prodikos, lat. Hercules Prodicius), also der H., der noch vor der Entscheidung steht, sollte vor allem die Künstler der Renaissance beschäftigen. Petrarca und

Coluccio Salutati[46] haben das Thema für die Literatur wiederentdeckt. Letztlich entscheidet sich H. für den mühsamen Weg der Tugend. Diese Allegorie ist so dominant, dass es christlichen Exegeten nicht schwerfällt, in H. eine Präfiguration Christi zu sehen. Unter vielen anderen Parallelen setzt man seinen Abstieg in den Hades gleich mit dem Abstieg Christi in die Vorhölle. Pierre de Ronsard (1525–1585) sieht in seinem Hymnus „L'Hercule chrétien" nicht weniger als 18 solcher Parallelen. – In der Typologie zwischen Altem und Neuem Testament findet H. seinen Platz neben Simson, der wie er einen Löwen (als Symbol für das Böse) getötet hat. So findet man den H. auch im Bildprogramm christlicher Kirchen.

Die Bildkunst zeigt H. als muskulösen Mann mit kurzgelocktem Haupt- und Barthaar in reiferen Jahren. Die Mühsal ist ihm häufig ins Gesicht geschrieben. Der sitzende H., der sich von seinen Mühen ausruht, der „Dulder", ist sogar zu einem eigenen Typus geworden.

Das Fell des (Nemeischen) Löwen trägt H. als Schutz des Rückens, die Pfoten des Tieres vor der Brust geknotet, den Kopf mit dem aufgerissenen Maul als Helm. Auch der Silberpappelkranz, den er manchmal im Haar trägt, hat seinen Ursprung im Mythos: Der Baum wuchs angeblich am Acheron, und H. soll sich nach seinem Abstieg in die Unterwelt mit dessen Laub bekränzt haben.[47] Seine Attribute sind die Keule, die er sich in Nemea aus Olivenholz geschnitzt hat, und der besondere Bogen, den er wie die Pfeile, die er im Köcher trägt, von Apollon hat.

[1] 4.10.1 [2] Diodor 4.9.2 [3] Apollodor, *bibl.* 2.4.8; Hygin, *fab.* 29.3 f.; zur Vorgeschichte der Geburt des H.: Diodor 4.9.2; Hesiod, *aspis* 7 f., 14 ff., 37 ff., 42 ff. [4] Homer, *il.* 19,103 ff., Apollodor, *bibl.* 2.4.11 ff. [5] Diodor 4.9.6 [6] Hygin, *astron.* 2.43 [7] Apollodor, *bibl.* 2.4.8 [8] Theokrit 24, u.a. [9] ebd. 24,134 [10] *bibl.* 2,4,11 [11] Theokrit 25,206 ff. [12] Diodor 4.14.3 [13] 24.105 ff. [14] Apollodor, *bibl.* 2.4.9 [15] Pausanias 9.27.5 [16] Apollodor, *bibl.* 2.4.9 f. [17] ebd. 2.4.11 [18] ebd. 2.4.12; Diodor 4.10.6 u. 4.9.5 [19] ebd. 4.10.6 u. 4.9.5 [20] Vergil, *aen.* 8.291 f. [21] Apollodor, *bibl.* 2.5.1-12 [22] ebd. [23] 4.13.1 [24] Diodor 4.12.1 f.; hier steht auch, H. habe den Eber

in einem Ringkampf besiegt [25] ebd. 4.13.2; Pausanias 8.22.4; Servius, *aen.* 8.300 [26] Diodor 4.13.3 [27] ders. 4.16.1 ff. [28] Diodor, 4.17.1 ff. [29] ders. 4.17.1 ff. [30] Diodor 4.21 ff.; Ovid, *fasti* 1.548; Vergil, *aen.* 8.208 [31] Apollonios Rhodios 4.1396 [32] Diodor 4.17.4; Quintus Smyrnaeus 6.285 ff. u. a. [33] Philostrat, *imag.* 2.22 [34] Diodor 4.42.6; Valerius Flaccus 2.527 ff. [35] Homer, *il.* 20.145 ff. [36] Apollodor, *bibl.* 1.9.15 [37] *libellus* XXII, ed. Liebeschütz, S. 126 [38] Homer, *od.* 21.14 ff. u. 21.23 ff. [39] Apollodor, *bibl.* 2.6.4; Sophokles, *trach.* 252 f. [40] Gyraldi, *synt.* 19, S. 456 [41] Seneca, *hipp.* 317 ff.; ders. *herc. fur.* 464 ff. [42] Apollodor, *bibl.* 2.7.5; Ovid, *met.* 9.87; Hygin, *fab.* 31.7 [43] Apollodor, *bibl.* 2.7.7 [44] Apollodor, *bibl.* 2.7.7; Sophokles, *trach.* 930 f. [45] Philostrat, *vita Apoll.* 6,10 [46] Coluccio Salutati, *De laboribus Herculis* [47] vgl. Vergil, *georg.* 2.66

HERCULES, lat., etr. Hercle. Römischer Gott, der dem griechischen → Herakles entspricht, dessen Mythos – mit wenigen Ausnahmen – Rom aber erst spät übernimmt. Von jenem unterscheidet er sich grundlegend. Vor allem ist er nicht wie Herakles Sohn eines Gottes und einer Sterblichen und als solcher ein Heros: die altrömische Religion kennt keine Heroen. So ist er in der römischen Religion zunächst nur in seinem Kult präsent.

Es heißt, der aus Arkadien stammende König Evander habe den Kult des H. in Rom eingerichtet, als der mit der Rinderherde des Geryon vorbeizog und das Ungeheuer Cacus auf dem Palatin erlegt hatte. Hier knüpft der römische Kult an den Mythos des Herakles an und ist zugleich bemüht, diese Episode mit der Geschichte Roms zu verknüpfen und ihr damit das Gewicht der Historie zu geben. Auch im übrigen Italien war der Kult des H. schon in archaischer Zeit weit verbreitet. – Wohl nicht zufällig lag seine älteste Kultstätte, die Ara Maxima, auf dem römischen Forum Boarium, dem Rindermarkt am Tiberhafen. Er traf hier auf den von phönikischen Händlern begründeten Kult des Gottes Melkart, der später mit H. gleichgesetzt wurde. Dass dieser hier zum Handel in Beziehung stand, zeigt sich schon darin, dass dem H. der Ara Maxima der Zehnte des Gewinns zustand.

Häufige Beinamen des H. sind lat. Victor („der Sieger", „der Siegreiche") und Invictus („der Unbesiegte"). Vielleicht als solchen riefen ihn die Reisenden als Schutzgott an. H. zählte auch zu den Hausgöttern.

Der H. *Victor* ist kultisch mit → Diana verbunden, mit der er im Jahr 399 v. Chr. bei der ersten Götterbewirtung (lectisternium) auch ein Sofa teilte. In einer weiteren Konstellation sieht man ihn in Gemeinschaft mit → Minerva auf dem Forum Boarium, und zwar in enger Nachbarschaft zu einem Heiligtum der → Fortuna und der → Mater Matuta. Es handelt sich hier zwar um eine reine Kultgemeinschaft, jedoch müssen schon in spätarchaischer Zeit einzelne Episoden des Heraklesmythos zumindest in Etrurien bekannt gewesen sein, wie die Großterrakotten vom Firstbalken des der Minerva geweihten Heiligtums von Veji-Portonaccio zeigen (erbaut gegen 500 v. Chr.): Apollon gebietet H., der die Hindin seiner Schwester → Artemis gefangen hat, um sie Eurystheus zu bringen, Einhalt (das ist die – nach Apollodor – dritte Arbeit des Herakles, s.o.). In Rom und Latium sind die beiden aus einem anderen Grund Kontrahenten. Hier stehen sich zwei Orakelgötter gegenüber: Apollo, der in Rom durch die sibyllinischen Bücher weissagte, und H., der in Latium Losorakel gab.

Antike Herrscher, wie Kaiser Commodus oder Mithridates VI., ließen sich im Habitus und mit den Attributen des H. darstellen. Viele Dynastien nahmen ihn als ihren Stammvater in Anspruch. In der Antike war es das makedonische Herrscherhaus; Alexander d. Gr. ließ sich auf Münzen als jugendlicher Herakles darstellen. Die römischen Kaiser Constantius und Maximian nannte man die „Herculii". In der Neuzeit sind es vor allem die Dynastie der Habsburger und die französischen Könige, die H. zu ihrem Stammvater erklären.

Erscheinungsform und Attribute des römischen H. entsprechen denen des Herakles.

Eine besondere Ausprägung des Kulturbringers H. ist der Hercules Gallicus, vermutlich eine auf Lukian[1] fußende literarische Erfindung, die seit der Renaissance in Frankreich besonders populär war. Lukian gibt eine Beschreibung dieses H., die geradezu das Gegenbild des üblichen H.-Bildes liefert. Hier ist er alt und kahlköpfig, runzelig und sonnenverbrannt. Zu erkennen gibt er sich nur durch seine Ausrüstung: Löwenhaut, Keule, Köcher und Bogen. Eine merkwürdige Besonderheit sind jedoch feine Ketten aus Gold und Bernstein, die von seiner Zunge ausgehen und zu den Ohren einer Menge von Leuten führen, die, so an ihn gebunden, ihm willig folgen. Das Ganze ist eine Metapher für die Macht der Rede. Die physische Kraft des mythischen H. hat sich in die Kraft der Rede verwandelt – eigentlich die Domäne des → Hermes (vgl. S. 118). Ronsard stellt den gallischen H. als Kulturbringer dem griechischen Haudrauf gegenüber.[2]

Der gallische H. stellt sich als Repräsentant einer Kultur (der französischen!) dar, die auch heute noch einen bemerkenswerten Sinn für die Macht der Sprache hat.[3]

[1] Lukian, *her.* 1 ff. [2] Ronsard, „Hylas" in Poèmes, 7e livre, 1569 [3] vgl. L./L., *Myth.*, S. 431

HERKULES → Hercules

HERMES, griech., lat. → Mercurius, etr. Hermu. Einer der Zwölfgötter, Sohn des → Zeus und der Nymphe Maia vom Berg Kyllene in Arkadien. Er ist der Bote der Götter und vor allem Herold seines Vaters. Er steht also ganz in den Diensten anderer, obwohl die Taten des erstaunlich selbstständigen Neugeborenen einen ganz anderen Weg anzukünden scheinen (s.u.). H. ist zudem Geleiter der Menschen im Leben wie im Tod.

H. hat seinen kultischen Ursprung in einem Idol, das auch sein Namensgeber ist: der Herme, einem monolithischen, auf einem Steinhaufen (griech. *hermaion*) errichteten Pfeiler (ursprünglich aus Holz, später aus Stein), an dem nur Kopf und ein erigierter Phallus ausgearbeitet sind. Anstelle der Arme fand sich oft ein Querbalken, der mit einem Manteltuch drapiert war.

Ihrer Funktion nach ist die Herme ein Grenz-, Weg- und Grabstein. Aus ihrer Position an Wegkreuzungen (als „Wegweiser") erklärt sich sicher die gelegentliche Zwei-, manchmal auch Viergesichtigkeit (vgl. → Janus).

Der H. des Mythos ist zunächst ganz der Hirtenwelt verbunden. Er selbst ist Hirte, Wächter und Mehrer der Herden und wird von den arkadischen Hirten auch als Fruchtbarkeitsgott verehrt. Durch alle Zeiten dominant ist jedoch seine Funktion als Herold, die seinem ureigenen Wesen als Mittler angemessen ist. Als Überbringer einer Botschaft ist er nicht nur flink mit dem Körper, sondern auch mit der Zunge und gilt deshalb in der Allegorese auch als Verkörperung der Rhetorik, als Patron der Rede.[1]

So wie H., der Hüter der Tore und Wege dem Wanderer sicheres Geleit gibt, so geleitet er (als H. *chthonios)* auch die Toten in die Unterwelt und erweist sich hier als Vermittler zwischen Lebenden und Toten.

In welcher Funktion auch immer, H. ist im Grunde ein freundliches Wesen. Den Göttern ist er hilfreich, wenn sie in Not sind. So befreit er → Ares aus einem bronzenen Gefäß, in dem ihn zwei Riesen gefangen gehalten haben,[2] durch die Tarnkappe des → Hades unsichtbar, kämpft er an der Seite der Götter gegen die anmaßenden Giganten und tötet Hippolytos (s. S. 178).

Dabei ist er auch – im Dienste anderer! – zu grausamen Taten fähig (s.u. den „Argostöter"). Wohl aber zeigen ihn die Mythen von seiner Geburt an als einen pfiffigen, schalkhaften Burschen. Der Homerische Hymnos[3] schildert seine frühe Kindheitsgeschichte, die sich liest wie eine Geschichte der menschlichen Zivilisation.

Die Mutter Maia legt den Neugeborenen in einen Worfelkorb, wie er gebraucht wird, um die Getreidespelzen vom gedroschenen Korn zu trennen. Heimlich verlässt das Kind seine Wiege und stiehlt sich davon. Eine Schild- kröte kreuzt seinen Weg, und H. hat sofort eine Idee, wie man ihren Panzer verwenden könnte: Er erfindet die Lyra und weiß sie auch sogleich zu spielen. Aus Schafdärmen dreht er die (sieben) Saiten, Ochsenhaut dient als Schall- decke. Zum Klang des Instruments besingt er keck die Liebschaft seiner Eltern, Maias freundliches Heim und dessen reiche Ausstattung mit Dreifüßen und Kesseln, und die Mägde der Mutter. Noch während des Spiels bekommt er Appetit auf Fleisch. Er versteckt die Lyra in seiner Wiege und macht sich, wieder unbemerkt, auf die Suche. Bei den Bergen von Pieria stößt er auf die Herden der Götter. Er sondert 50 Rinder aus der Herde seines Halbbruders → Apollon ab und treibt sie davon. Einen langen Weg legt er zurück, wobei er bedacht darauf ist, keine Spuren zu hinterlassen. Er zieht den Tieren Schuhe über die Hufe, flicht sich selbst Sandalen aus Tamarisken- und Myrtenzweigen, und lässt die Herde rückwärts lau- fen, um mögliche Verfolger in die Irre zu führen. Einer beobachtet ihn dabei: Battos. Der gelobt, nichts zu verra- ten, allerdings gegen ein Schweigegeld. H. kehrt zurück in anderer Gestalt, um Battos auf die Probe zu stellen. Er besticht den Mann, der ihn daraufhin verrät. Jetzt sehen wir H. zum ersten Mal als den Gott, der über Zauber ver- fügt: Er berührt Battos mit seinem Stab und verwandelt ihn in Stein.[4]

H. wendet sich wieder der gestohlenen Herde zu und schlachtet zwei der Rinder. Um das Fleisch zu ga- ren, bedarf es einer Feuerstelle. Der Winzling schneidet Stöcke aus Olivenholz zurecht, reibt sie aneinander und erfindet so eine Methode, Feuer zu machen. Nun teilt er das beste Fleisch der geschlachteten Rinder in zwölf Teile – einen für jeden olympischen Gott, einschließlich seiner selbst, isst aber nichts davon, obwohl der Duft des gerösteten Fleisches ihm in die Nase steigt. Wir wissen, dass den Göttern im Kult das Fleisch zwar geopfert wird, dessen Genuss ihnen aber verwehrt ist. Schließlich vernichtet H. alle Spuren seines Treibens (einer einzigen Nacht!) und kehrt heim. „Wie ein Lufthauch im Herbst" schlüpft er durch das Schlüsselloch (da erscheint er ein zweites Mal wie ein „Zauberer") und legt sich in die Wiege.[5] Die Mutter hat ihn bemerkt und macht ihm Vorwürfe. Auch Apollon ist ihm auf die Schliche gekommen; er hat von Battos einen Wink bekommen (oder das Omen eines langflügeligen Vogels habe ihm den Weg gewiesen[6]). Er eilt zu Maias Höhle, wo der Säugling in seinem Bettchen liegt, die Unschuld selbst. Es kommt zu einer Auseinandersetzung: Apollon droht dem Kleinen und prophezeit ihm eine Zukunft in der Unterwelt als Anführer der Säuglinge. Während dieser Strafpredigt pfeift H. gelangweilt vor sich hin, schließlich nimmt Apollon, um seiner Rede Nachdruck zu verleihen, ihn aus der Wiege, lässt ihn jedoch sofort wieder fallen, als der Kleine niest und rülpst. Andere Autoren schmücken diese Geschichte mit offenkundigem Vergnügen noch weiter aus.[7]

Der Homerische Hymnos[8] fährt fort: Zeus wird zum Schiedsrichter bestellt, Apollon appelliert an die Gerechtigkeit des Vaters. H., die Windeln in der Hand, spielt das unschuldige Opfer. Zeus versucht zu schlichten, drängt auf eine Einigung. Die Kontrahenten stehen vor der Rinderherde des Apollon, der fesselt den kleinen Bruder mit zwei Weidenruten, um seine Kraft zu binden. Doch die Zweige lösen sich von selbst wieder, fallen zu Boden, beginnen zu wachsen und sich zu einem Zaun zu verflechten, der die Herde umgibt. Solcher Zauber beeindruckt Apollon, und als H. zur Lyra greift und ein Lied von den Göttern und vom Ursprung der Welt singt, erschließt sich dem großen Apollon, welche Macht dieses Kind darstellt. Bemerkenswert, dass die Musik dies zuwege bringt. Apoll tauscht schließlich seine Rinder gegen die Lyra, dem Bruder gibt er zudem einen goldenen Hirtenstab. H. fordert von Apollon dazu noch die Gabe der Weissagung.

Der traut dem Bruder nicht (er fürchtet um seinen Bogen und die Lyra), und der muss versprechen, ihm nie mehr etwas zu stehlen. Apollon gelobt dafür, dem Bruder in aller Zukunft Freund und Gefährte zu sein.

Der Ruf des H. als Dieb ist also in seiner frühesten Kindheit angelegt. Schon als Säugling bestiehlt er den → Poseidon und nimmt ihm den Dreizack, dem Ares das Schwert, Hephaistos die Feuerzange, selbst Zeus das Zepter. Als → Aphrodite ihn auf dem Arm hält, entwendet er ihr den Gürtel, und, so vermutet Apollon, er hätte Zeus auch den Donnerkeil entwendet, wäre der ihm nicht zu heiß und zu schwer gewesen.[9] Fingerfertigkeit beweist der Kleine also nicht nur beim Bau der Lyra. Darüber hinaus bestaunt der musikkundige (!) Apollon seine Musikalität und Redegewandtheit.

Das Bild des Diebes will nach unserem Verständnis nicht so recht zu einem olympischen Gott passen. Viehdiebstahl war jedoch in Hirtenkulturen uralter Brauch und ist es auf Kreta – als Mutbeweis – bis auf den heutigen Tag.

Der erwachsene H. ist in unermüdlichem Einsatz als Bote und Vollstrecker göttlichen Willens. Eine berühmte Tat führt er im Auftrag des Zeus aus. Der hat sich in Io verliebt, die eifersüchtige → Hera verwandelt sie in eine Kuh und setzt den hundertäugigen Argos als Wächter ein. Zeus schickt H., den Wächter auszuschalten, und der führt den Auftrag in einer Weise aus, die ihn als Künstler der Täuschung zu erkennen gibt. Den allessehenden (griech. *panoptes*) Argos verzaubert er durch das Spiel seiner Syrinx, die wie die Lyra seine Erfindung ist, und spielt ihn in den Schlaf. H. enthauptet den Schlafenden und führt seitdem den ruhmreichen Beinamen „Argostöter". Später übergibt er Perseus eine Sichel, mit der der Held der schrecklichen Gorgo Medusa, deren Blick und Anblick versteinert, das Schlangenhaupt abschlagen wird (vgl. auch → Juno, → Athene). Friedlicher Art ist sein Einsatz als Geleiter der drei Göttinnen → Hera, → Athene und → Artemis zu dem folgenschweren Wettstreit, in dem der troische Prinz Paris den Richter spielen und der Schönsten den Apfel reichen wird (vgl. S. 15).

Von seiner sanften Seite zeigt sich der Gott, als er im Auftrag des Zeus in der Gestalt eines schönen Jünglings den greisen König Priamos von Troja aufsucht, der den von Achill erschlagenen Hektor, den Sohn des Priamos, herausgeben soll.

Auch den Toten ist er ein behutsamer Geleiter. Am schönsten bringt diesen Gedanken die reliefierte Grabstele eines attischen Bildhauers zum Ausdruck: Orpheus nimmt Abschied von Eurydike: H. fasst die Frau sanft bei der Hand und mahnt zum Aufbruch in die Unterwelt (München, Glyptothek).

H. nutzt seine Zauberkräfte zu eigenem wie zum Nutzen anderer. Der Neugeborene schlüpft durch ein Schlüsselloch (s.o.), er beeindruckt Apoll, als seine Fesseln aus Weidenruten abfallen, zu wachsen beginnen und sich zu einem Zaun verflechten (s.o.), dem Odysseus schenkt er die Zauberpflanze Moly als Waffe gegen die Zauberin Kirke/Circe, die die Gefährten des Odysseus in Schweine verwandelt hat.[10] Sein Stab fungiert also auch als Zauberstab, mit dem „er die Augen der Menschen bezaubert,/ Welche er will, und mit dem er auch wieder die Schlafenden weckt".[11]

Nicht zuletzt bewährt sich H. als Kulturbringer. Im Auftrag des Zeus stattet er die Menschen mit dem Sinn für Recht (griech. *dike*) und Toleranz (griech. *aidos*) aus, um ein friedliches Gemeinwesen in den Städten zu ermöglichen.[12] Er soll den Menschen gezeigt haben, wie man Erdhöhlen als Wohnungen nutzen kann,[13] er habe den Dingen ihre Namen gegeben, die Umgangssprache weiterentwickelt und aus dem Flugbild der Kraniche Buchstaben erfunden.[14] Seine Wortgewandtheit hat ihm den Namen H. *Logios* eingetragen. Er soll als Erster die geordnete Bewegung der Gestirne und Harmonie und Charakter der Töne beobachtet haben.[15] Auch die Erfindung der Palaestra (heute „Fitnessstudio"!) und der Leibesübungen wird ihm zugeschrieben.

Der Ruf des H. als Dieb und Schwindler bleibt bestehen, und er wird ein Wesensmerkmal des römischen → Merkur sein.

Dem rastlosen H., der sich bewegt wie durch Zauber und in Windeseile, entspricht seine Gestalt: Er ist zwar muskulös, aber nicht athletisch gebaut. Wir würden ihn heute „windschlüpfig" nennen. Zweifelsfrei zu identifizieren ist er dank seiner Attribute: der geflügelten, goldenen Sandalen, der Flügelkappe und des von zwei Schlangen umwundenen Heroldsstabs (griech. *Kerykéion*, lat. *Caduceus*).

H., der Hirte (vor allem des Kleinviehs), trägt häufig einen Widder auf dem Arm oder auf den Schultern (das Bild des „Guten Hirten"!). Für den Viehdieb H. fanden archaische Vasenmaler die Formel des Flüchtenden, der, einen gestohlenen Widder auf den Schultern, sich nach möglichen Verfolgern umdreht.

Die Nachantike sieht bis heute in H. durchwegs den Götterboten, der mit Flügelschuhen (oder geflügelten Sandalen) und Flügelhut oder -helm durch die Lüfte eilt, den schlangenumwundenen Heroldsstab in der erhobenen Hand, wie ihn eine allbekannte Statuette des Giambologna bis heute vielleicht am treffendsten veranschaulicht (16. Jh., Florenz, Bargello).

[1] Platon, *krat.* 407e ff. [2] Homer, *od.* 11.305 ff.; Apollodor, *bibl.* 1.7.4; Boccaccio, *gen.* 10.47; Claudian, *stil.* [3] Hom. Hymn. 4, *an H.* [4] s. a. Ovid, *met.* 2.685 ff. [5] Hom. Hymn. 4, *an H.,* 145 ff. [6] ebd., 211 ff. [7] Apollodor, *bibl.* 3.10.2; Diodor 1.16.1; Boccaccio, *gen.* 2.12 [8] Hom. Hymn. 4, *an H.,* 312; 333 ff.; 408 ff. [9] Lukian, *dial. deor.* 7 [11] [10] Homer, *od.* 244 f. [11] Homer, *il.* 24.340 f. [12] Platon, *prot.* 322c f. [13] Aesop, ed. B.E. Perry, Babrius und Phaedrus 1984, S. 441, Nr. 102 [14] Hygin, *fab.* 277; Diodor 1.16.1 [15] Diodor, ebd.

HESTIA, griech., lat. Vesta. Das griechische Wort *hestía* bedeutet so viel wie Herd, im übertragenen Sinn meint es das Haus, die Wohnung; den Altar, das Heiligtum; den Mittelpunkt. Schon daraus ist der hohe Rang der Göttin ersichtlich. Sie zählte zu den Zwölfgöttern, von denen sie die Einzige ist, die uns nicht als Person entgegentritt und keinen eigenen Mythos besitzt. Der erzählt nur so viel, dass sie eine Tochter des → Kronos war und dass sie → Apollon und → Poseidon, die sie heiraten wollten, abwies und jungfräulich blieb.

Für die Griechen bezeichnete H. sowohl den Herd als auch die Göttin, während die römische Vesta ausschließlich das Numen repräsentiert, dessen Gestalt seinem Wesen nach uns verborgen bleibt. Fassbar wird Vesta nur durch ihren Kult und mit ihm in ihren Priesterinnen – den Vestalinnen –, die jungfräulich sind wie die Göttin selbst. Sie hatten das Feuer, das nie ausgehen durfte, zu hüten und einmal im Jahr (am 1. März, dem alten Neujahrstag; vgl. → Janus) zu erneuern.

Bemerkenswert ist, dass sich der Herd und das heilige Feuer der Vesta im Haus befinden (nicht unter freiem Himmel), also in einem abgegrenzten Bezirk. Damit könnte man die Behauptung begründen, dass Vesta vielleicht die ihrem Wesen nach „römischste" aller Gottheiten ist.

Auf jeden Fall obliegen ihrer Zuständigkeit die elementarsten Dinge des menschlichen Daseins, die auch die Grundlagen jeglicher Zivilisation bilden. Dazu gehören außer dem Feuer das Wasser, das im Kult der Vesta eine besondere Rolle spielt, das Getreide und das Salz.[1]

Damit rückt sie in die Nähe anderer Gottheiten, vor allem der → Demeter/Ceres, aber auch mit der Erde (*terra/tellus*) wird Vesta gleichgesetzt.[2]

Späte Mythografen sehen in ihr sogar → Juno, die sie in physikalischer Deutung mit der Luft gleichsetzen (das Feuer bedarf der Luft, um zu brennen!).[3] Kultisch verbunden ist Vesta dem → Janus in seiner Funktion als Wächter der Schwelle des Hauses, vor allem aber dem Lar *familiaris* (→ Lar) und dem → Portunus.

Die bis in alle Einzelheiten geregelte kultische Verwaltung der durch Vesta garantierten Gewährleistung einer Grundversorgung des privaten und öffentlichen Lebens, der *res publica*, mit den wesentlichen Dingen gipfelt in der Erlangung von Salus, der Personifikation des privaten und des Gemeinwohls. Schließlich ergänzt Flora (mit dem Füllhorn) die Zweiheit Vesta–Salus zur Trias, die vor dem Vesta-Heiligtum auf dem Forum ihren Platz hatte.

Ungeachtet ihres abstrakten Wesens versuchen die bildenden Künstler auf den wenigen erhaltenen antiken Darstellungen der Göttin Gestalt zu geben. Meist sieht man sie in langärmeligem, langem Gewand, auf dem Kopf einen Schleier, der manchmal nur den Hinterkopf bedeckt (vgl. → Demeter), in einer Hand eine Fackel, gelegentlich auch ein Zepter, in der anderen eine Opferschale. Manchmal ist sie thronend wiedergegeben. Ihre Attribute sind ferner Esel und Schlange (→ Asklepios). Als Göttin der Müller und Bäcker wird sie durch Ähren und Brot gekennzeichnet. Da Merkur (→ Hermes) für den Getreidehandel zuständig war, findet auch er sich in der Gesellschaft der Vesta.

[1] E. Simon, *Römer*, S. 230 [2] Ovid, *fasti* 6.267 ff. [3] Martian 2.168 u. a.

JANUS, etr. Culsans. Eine der ältesten Gottheiten Roms.[1] Er hat keine griechische Entsprechung.[2] Sein ursprüngliches Wesen ist unbekannt. Man hat an seinem Alter und an anderen Motiven durch die Zeiten in ihm eine ursprüngliche gewichtige Autorität erkannt und dieser eine entsprechende Bedeutung abzulesen versucht. Eine grundlegende Richtung dabei hat sicher die Tatsache gespielt, dass das Wort *ianus* lexikalisch einen bedeckten Gang, einen Durchgang, eine Torhalle, das Wort *ianua* die

Haustür, einen Eingang, einen Zugang bezeichnet. Dem entspricht die kühne Etymologie des Namens J. bei Cicero: „weil der Name von *eundo* abgeleitet ist, woher die Namen *iani* für Durchgänge und *ianuae* für die Eingänge weltlicher Gebäude kommt".[3]

Die Ableitung geschieht sicher über das Gerundiv von (*eundo* zu *ire*: einer, der gehen muss/soll), das sich leicht zu *i-anus* → *e-undo* fügt. Jedenfalls verweist das *ire* auf Bewegung, die zum Wesen eines Übergangs gehört (→ Terminus).

Entsprechend gilt J. heute – gestützt auf vor allem literarische Quellen, speziell Ovid[4] – als Numen des Übergangs, der Entscheidung (Ent-Scheidung) und darin einbeschlossen jeden Anfangs: So ist er präsent an Stellen des Übergangs im Raum wie in Momenten des Übergangs in der Zeit, eines Übergangs, der doch immer ein Anfang ist, der ein Ende hinter sich lässt.

Zu einem Übergang gehört eine Grenze (→ Terminus). Es scheint, dass eine Vorstellung von Grenze ein besonderer Aspekt der göttlichen Weltordnung und damit ein wesentliches Anliegen römischer Religiosität ist. Eine Grenze trennt immer ein Diesseits von einem Jenseits (ein Hier vom Dort), die miteinander verbunden sind nach einer Ordnung von Übergängen, wie das konkret anschaulich wird in Toren und Türen von Stadt Haus, öffentlich und privat (in dieser Abfolge bei Cicero).[5] Dass Remus diese Ordnung missachtete und über die in der *limitatio* rituell mit einem bronzenen Pflug gezogene geheiligte Grenze (den *sulcus primigenius*) der künftigen Stadt hinwegsprang, war eben in diesem Sinn augenscheinlich auch ein todeswürdiges Vergehen.

Diese besondere Zuständigkeit des J. gehört wohl eng in eine – im Gegensatz zur griechischen – ursprünglich bäuerlich-agrarische und damit landbezogene Welt (→ Terminus), in welchem Sinn auch das Lateinische in seinem Vokabular einen bäuerlich-handwerklichen Ursprung zeigt wie das Griechische die Seefahrt (mit ihren

offenen Horizonten). Symptomatisch (für eine besondere
Bedeutung der Grenze) sind wohl auch die Feldmesser,
denen seit frühester Zeit das Abstecken von Tempelgebie-
ten, Lagern, Städten, Flurgrenzen und Ackerverteilungen
obliegt. Eine kultische Seite des Verfahrens lag ursprünglich unter der Autorität von Auguren, deren Anliegen
das Einholen von Zeichen göttlicher Zustimmung für
eine Entscheidung gewesen sein soll. Das Priesterkolle-
gium ist nach Cicero[6] eine Einrichtung des Romulus oder
nach Livius[7] – wie auch der Kult des J. – eine Einrichtung
des Numa.

In der bildenden Kunst nimmt J. (vielleicht zunächst
in seiner etruskischen Erscheinung) menschliche Gestalt
an.[8] Er ist bärtig, vielleicht ein eher alter Mann.[9] Ein Stab
und ein Schlüssel sind seine Attribute, die beide den Gott
als Wächter ausweisen können.

Die vermutete Zuständigkeit des Gottes wird anschaulich in der bildlichen Metapher des Doppelgesichtigen
(*bifrons* auch *biformis*: *fasti* 1.89), der gleichzeitig in entgegengesetzte Richtungen blickt, somit „dazwischen" steht
und gleichsam eine Tür personifiziert, die doch zugleich
hinaus und einwärts – oder im Gegensinn – blickt.[10] So
nennt J. bei Ovid sich den „Türhüter",[11] der Ausgang und
Eingang beobachtet. In dieser Funktion erweist das Numen – aber wohl erst in einer späten Ausdeutung – sich
auch mit kosmischer Zuständigkeit als Hüter der Him-
melstore,[12] der gleichzeitig ostwärts blickt und westwärts,
auf den Weg der Sonne also. Damit zeigt J. seine Stellung
in der Zeit zwischen einem Vorher und Nachher, einem
Vergangenen und Künftigen. Das Jahr beginnt mit der
Wintersonnenwende, wenn die alte Sonne zu ihrem Ende
kommt und die neue beginnt: „Phoebus und das Jahr beginnen gleichzeitig."[13] (Die Einführung des „Januar" im
Jahre 153 v. Chr. in den Jahresanfang war im Zusammenhang mit einem Aufstand in Spanien politisch-militärisch
motiviert.) Man hat in der Doppelgesichtigkeit des Gottes
wohl auch den Gegensatz von Gut und Böse sehen kön-

nen. Eine moderne Deutung halte den Kopf gar für ein „Symbol der Zweideutigkeit".[14]

Was aber besagt die Doppelgesichtigkeit des J. im eigentlichen Sinn? Auch Hermes-Mercur wird oft doppelgesichtig gesehen, und man hat gemeint, sein Bild in J. zu erkennen. Doppelgesichtig erscheint häufig die Tugend Prudentia. Hermes-Mercur steht als Bote auf der Schwelle als Mittler zwischen zwei Protagonisten. Sein Anliegen ist, Unterschiedliches zum Ausgleich zu bringen. Die Prudentia will umsichtig ein Neues mit Bekanntem zum Ausgleich bringen. J. hat mit dem Draußen und Drinnen, mit dem Vergangenen und Künftigen, einen Gegensatz vor sich, der eben nicht nach Einheit strebt, sondern als solcher eine Bedingung ist. Ein Gegensatz ist zweiteilig und setzt somit eine Grenze wesentlich voraus. Hier soll das, was von dem einem in das andere wechselt, sich auch im Wechsel erhalten. Das ist die Botschaft von *fasti* 1.114, wo die beiden Gesichter des J. zeigen, wie sich in dem, was ist, unverändert erhält, was war: *„ante quod est in me postque videtur idem."* Das ist doch wohl das eigentliche Wesen eines Übergangs, in dem, was ist, sich erhält, was war. In diesem Sinn ist J. gerichtet, und mit dem Ortswechsel gehört Bewegung zu ihm. Nach ebd. 1.100 spricht er den Dichter mit der *os prior* an, dem vorderen Mund. Das „Vorne" gibt die Richtung der Bewegung an (→ Terminus).

Es bleibt, dass J. schließt und öffnet, und das tut er mit Urteil. Hier gilt, was er in *fasti* 1.101 f. dem Dichter sagt: „Finde heraus, was du willst, und dann hör auf mich." In diesem Sinn steht er am Anfang jeden Unternehmens, ist also zuständig für jeglichen Anfang, dem ein Ende vorausgeht.

Hier erwirbt J. das Attribut Schlüssel, der doch zunächst schließt, ehe er öffnet. Wie der Durchgang (das Tor) die Grenze voraussetzt, so setzt das Öffnen den Verschluss voraus. Das gibt der Tür eine Autorität: Sie bezeichnet die Grenze, deren Überschreiten möglich ist, aber der Entscheidung bedarf, welche im wörtlichen Sinne die Trennung/Scheidung aufhebt. In diesem Sinn verkörpert J. den Wächter, der den Übergang gewährt oder verwehrt. In diesem Sinn auch zeigt der doppelgesichtige J. sich eigentlich als Numen der Umsicht.

Der Blick in den offiziellen Kult des J. bemerkt zuerst den Tempel (J. *Geminus*) auf dem Forum, das er in Richtung auf das Argiletum mit dem Quirinal verband. Er barg in sich ein riesiges (etwa 2.20 m) Bronzebild des Gottes in Gestalt des Doppelgesichtigen mit einem bronzenen Schlüssel. Der ursprünglich wohl hölzerne Bau wurde von Augustus in einen bronzenen Schrein umgestaltet. Es war geostet und stellte sich als Durchgang vor, der zwei Tore miteinander verbindet. Ein Bild (eine Münze des Nero) lässt vermuten, dass das Kultbild seitlich des Durchganges stand. Seine Ausrichtung dazu ist unbekannt.

Der Tempel dient offenbar ausschließlich dem Gegensatz von Krieg und Frieden. Numa soll bestimmt haben, der Torbogen solle nur zu Friedenszeiten geschlossen werden.[15] Daraus folgt, dass er dann im Kriege geöffnet ist. Diese Regel galt – vielleicht auch aus politischem Kalkül – noch zur Kaiserzeit. Die Frage nach ihrem Sinn ist unterschiedlich beantwortet worden. Nach Vergil hält man den Krieg unter Verschluss,[16] nach anderen hält man den Frieden fest.[17]

Sicher dabei ist, dass der Schritt aus dem Frieden in den Krieg führt und im Ablauf der Zeiten der Schritt aus dem Krieg in den Frieden führt. Zwischen Frieden und Krieg liegt eine Grenze. Also ist der Tempel (ist die „Tür") geschlossen. Wer den Frieden will, findet dazu offene Türen. Hierzu *fasti* 1.121 ff.: „Wenn ich aus friedvollen Häusern Frieden zu schicken beschließe,/ dann wandert er unverwandt durch die Straßen./ Die ganze Welt wird von todbringendem Blut durchtränkt sein,/wenn nicht strenge Grenzen (*sacrae*) den Krieg (die Kriege) im Zaum (*condita*) halten." Und in *fasti* 1.253 sagt J.: „mit Krieg hatte ich nichts zu tun, ich achtete auf (den) Frieden und auf die Türen,/ Und dieses" sagte er, wobei er den Schlüssel zeigte, „war meine Waffe." Und in 1.277 (ebd.): „Aber warum verbirgst du (dich) im Frieden und öffnest (den Tempel) im Krieg? Antwort (ebd. 1.279): „Mein unversperrtes Tor steht weit offen, sodass wenn / die Leute in den Krieg ziehen, auch der Rückweg offen ist. (n.b.: der Weg zurück entspricht der Entscheidung für den Frieden)/ Ich verschließe das Tor in Friedenszeit, sodass der Frieden nicht davongehen kann ...""

So stellt J. sich als Kulturbringer vor, dessen erstes Anliegen der Frieden ist und dem – nach Ovid – alleine das Recht zusteht, eine Tür zu schließen oder zu öffnen.[18] Darum ist der Schlüssel sein angemessenes Attribut. Was man aufschließt, muss zuvor geschlossen sein. In diesem Sinn steht als ältestes Kultmal für das Numen J. auch der hölzerne Riegel (J. *Curiatius* oder als J. *Tigillum*), der sich zwischen den Wänden zweier Häuser spannte, und das Attribut Schlüssel erhält so seinen eigentlichen Sinn. Zur Seite stand ein Altar für den J. *Curiatius*, ihm gegenüber am anderen Ende ein Altar der → Juno *Sororia*.

Der Stab ist wohl das Attribut des Wächters. Der *Libellus* XIV wird – mit deutlich biblischem Bezug – berichten, mit dem Stab könne er Wasser aus dem Fels schlagen[19] (s. aber auch unten!).

J. ist bärtig, also ein reifer Mann. Ovid scheint ihn eher alt, mit herabhängendem Bart, zu sehen.[20] Der etruskische Culsans ist wohl ein junger bartloser Mann. Es ist möglich, dass das Bild in Cortona ihn in einer Schrittstellung zeigt.

Das Numen J. hat keinen Mythos. Soweit er Person geworden ist, sah man in ihm einen Eingeborener oder einen Exilanten, der aus Thessalien nach Rom kam, wo ihn König Cames empfängt und mit ihm die Herrschaft teilt. Andererseits soll seine Frau Camese (oder Camasene) geheißen haben, mit der er den Sohn Tiber gehabt haben soll. Man hat in ihm den frühen König, der auf

dem Janiculus residiert, gesehen, der den aus Griechenland geflohenen Saturn aufnahm, welcher auf dem Mons
Capitolinus (heute Campidoglio) Residenz nahm. Diese
Nachrichten zeigen einen Mann, dem die Autorität des
doppelgesichtigen Numens fehlt. Die Weise, in der er die
Römer gegen die Sabiner rettet, indem er heiße Quellen
springen lässt (vgl. oben den Hinweis auf den *Libellus*),
veranschaulicht wohl göttliche Macht schlechthin, vielleicht aber auch eben den Wächter.

[1] vgl. Macrobius, *sat.* 1.9.14 [2] Ovid, *fasti* 1.90 [3] Cicero, *nat.* 2.67,
XXVII: „... *quod ab eundo nomen est ductum, ex quo transitiones per-
viae iani foresque in liminibus profanarum aedium ianuae nominan-
tur...*" [4] Ovid, *fasti* 1 [5] Cicero, *nat.* 2.67.27 [6] Cicero, *rep.* 2.16 [7] Livius
1.18.5 [8] vgl. Ovid, *fasti* 1.112 [9] vgl. ebd. 1.259 [10] ebd. 1.135 f. [11] *ianitor*:
ebd. 1.138 [12] ebd. 1.139 f. [13] ebd. 1.139 f. [14] vgl. E. Simon, *LIMC*, p.
618 [15] Varro, *ling. lat.* 5.165 [16] Vergil, *aen.* 1.293 ff. [17] Ovid, *fasti* 1.281;
Horaz, *epist* 2.1.255 [18] „*et ius vertendi cardinis omne meum est*" (*fasti* 1.119 f.) [19] *Libellus* XIV, ed. Liebeschütz 1926, S. 122 [20] Ovid, *fasti*
1.259

JUNO, lat., etr. Uni. Italische Entsprechung der → Hera.
Der Name wird zumeist abgeleitet von *iuvenis* (lat.,
„jung") oder *iuvenca* (lat., „junge Frau", „mannbares
Weib"). Dieser Etymologie wollen je die Beinamen der J.
entsprechen, die sie in Verbindung bringen mit der Ehe-
schließung, mit dem Geschlechtsleben der Frau, mit dem
Gebären. In der J. *Pronuba* erkennen wir die Brautfüh-
rerin.[1] Die J. *Domiduca* (auch *Domuduca*) führt die Braut
zum Haus des Bräutigams,[2] die J. *Cinxia* ist dabei, wenn
der Mann der Braut in der Hochzeitsnacht den Gürtel
löst. Die J. *Flu[vi]onia* (von *fluere*, lat., „fließen") hält mit
der Empfängnis die Montasblutung an.[3]
   Von besonderer Bedeutung ist J. *Lucina*. So heißt sie,
weil sie die Kinder ans Licht bringt. So leitet man ihren
Namen ab von *lux* (lat., „Licht"). Seltener und nur auf einen ihr heiligen Ort bezogen leitet man den Namen ab

von *lucus* (lat., „Hain"). Schwangere durften zum Gebet nur mit gelöstem Haar[4] oder gar nur im offenen (ungegürteten) Gewand vor sie treten.[5] Ovid (ebd.): Eine Schwangere wird um sanfte Entbindungen beten, nur nachdem sie ihr Haar geöffnet hat: *„siqua tamen gravida est, resoluto crine precetur/ut solvat partus molliter illa suos."* Vor dem Tage, da man dem Kind den Vornamen gab (Mädchen am 8., Knaben am 9.), dem *dies lustricus*, war – seit Zeiten der Mittleren Republik – der *Lucina* im Hause ein „Wöchnerinnenbett" bereitet.

Weil sie das „Volk" vermehre, nenne man die Göttin auch J. *Populonia*.[6]

Derart kundig qualifiziert die Göttin sich selbst zur Ehe. Sie ist Gemahlin des → Juppiter. Eine solche eheliche Verbindung unter Göttern ist römischer Religiosität eigentlich fremd. Sie hat ihren historischen Ursprung wohl in italischen und etruskischen Überlieferungen, die womöglich schon früh an die griechische Hera anschließen und damit vor allem Züge von deren Mythos in die J. einbringen.

Genuin römisch ist die J. *Moneta*. Sie hatte auf der *arx* (lat., „Burg") einen Tempel, der einem Gelöbnis des L. Furius Camillus entsprach und den man 344 errichtete.[7] Das Epitheton *moneta* ist abgeleitet von *monere* (lat., „mahnen, erinnern"). Was diese „Mahnung" ursprünglich beinhaltete, ist unbekannt, doch erzählt Livius dieses: Kurz vor der Einnahme Roms durch die Gallier habe es ein Erdbeben gegeben, und aus dem Tempel der J. habe sich mahnend eine Stimme vernehmen lassen, man solle sich ihrer (der Göttin) sorgfältig annehmen. Als dann das Kapitol durch das warnende Geschrei der der J. heiligen Gänse der Zerstörung entging, habe man die Göttin eingedenk ihrer Mahnung als J. *Moneta* verehrt.[8] Die unkörperliche, nur akustische Präsenz der Göttin entspricht ganz römischer Religiosität (vgl. → Faunus, → Silvanus). Als bloße Ortsangabe, weil der Tempel unweit der römischen Münze stand, wird man den Namen kaum deuten dürfen. Andererseits hat man einen „Geldmangel" Roms in den Kämpfen gegen Tarent (nach 350 v. Chr.) erwähnt.[9] Auch bezieht man das Epitheton auf die Bedeutung „Erinnerung" (ebd.; vgl. oben zu *monere*).

Die in historischer Zeit bedeutendste Manifestation der Göttin war J. *Regina* (die „Königin" J.). Mit Juppiter und → Minerva bildet sie hier die „Kapitolinische Trias". Die Verbindung mit Juppiter entspricht dem Beisammen von Zeus und Hera, dem man hier wohl durch etruskische Vermittlung begegnet. Als J. *Sororia* gesellt sich die Göttin der → Mater Matuta zu, als welche sie einen Altar am *Tigillum Sororium* des → Janus *Curiatius* hatte.[10] Hier sollen ihr pubertierende Mädchen angelegen sein (*sororiare*, lat., „das Schwellen der Brüste").

Vielleicht machte die Vielzahl ihrer vitalen Zuständigkeiten, dass J. auch zur Stadtgöttin wurde.[11] In diesem Sinn fällt auf, dass man nach der Eroberung der Stadt die Stadtgöttin von Karthago als *Caelestis* offiziell nach Rom übertrug und sie mit J. gleichsetzte.[12]

Allgemein im Jahresablauf sind der J. die Monatsanfänge heilig, was zu einer Beziehung der Göttin zum → Janus *Junonius* geführt haben mag.[13] Wegen einer möglichen Beziehung zwischen Mondzyklus und weiblicher Fruchtbarkeit will man in der J. auch eine Mondgöttin sehen.

Veranschaulicht hat man die J. mit einer Lanze und mit einem Schild (J. *Sospita*, lat., die „Retterin").[14] Sie trägt ein Ziegenfell, dessen Kopf ihr als Helm dient. Schuhe mit hochgebogenen Spitzen („Schnabelschuhe") zeigen offenbar etruskischen Stil. Eine Frau mit Fackel und einem Säugling auf dem Arm deutet man als J. *Lucina*.

Das Bild der J. in Mittelalter und Neuzeit ist wesentlich bestimmt durch die „*Aeneis*" Vergils und die „*Metamorphosen*" des Ovid. Bei Ovid findet sich die populäre Geschichte von J. (Hera) und Argus, den Merkur auf Geheiß der Göttin tötet. Ovid erzählt auch, wie J. die vielen Augen des Getöteten sammelt und dem Pfau an die Schwanzfedern heftet.[15] So kommt es, dass man die J.

gelegentlich zur Allegorie des Gesichts macht (als einem der fünf Sinne). Zur Allegorie der Luft wird J. leicht, weil Juppiter (Zeus) sie zur Strafe für ihre Feindseligkeit gegen Herakles in der Luft „aufhängt". Dazu mag passen, dass Aeolus ihr einmal den Befehl über die Winde überlässt, wie Vergil berichtet.[16] Ein frühchristliches Urteil über J. findet sich bei Augustin,[17] der mit Hinweis auf die *Aeneis* feststellt, dass die Römer sich Schutzgöttern, ausdrücklich auch J., anvertrauten, die doch in Troja versagten.[18]

Das christliche Mittelalter sieht in der J. auch eine Verkörperung der *Memoria* (der „Erinnerung"), wohl mit dem Blick auf die J. *Moneta*.[19]

Unter anderem als Sinnbild der *Vita activa* erscheint sie in der Allegorese des Barock. Im Sinn des Parisurteils gehören dazu die → Minerva als *Vita contemplativa* und → Venus als *Vita sensualis*. Ein Sinnbild von Reichtum und Macht ist die Göttin mit den Insignien Krone, Zepter, kostbarem Gewand und Schmuck und zeigt sie so als J. *Regina* und J. *Moneta* zugleich. Hier ist sie vollständig zur „Hera" geworden. Der Pfau ist ihr Begleittier und verkörpert Wachsamkeit wie auch die wachsame Gans (s.o.). Der prächtige Pfau und die Krone sind seit der Renaissance die üblichen Attribute der J.

[1] Vergil, *aen.* 4.166 [2] Martianus Capella 2.159, Myth. Vat. III 4.3 [3] Festus P. 63 M, Lindsay, p. 55: „*cingillo*"; ders. P. 92 M, Lindsay, S. 82 [4] Ovid, *fasti* 3.257 f. [5] Servius, *aen.* 4.518 [6] Myth. Vat. III 4.3 [7] s. Ovid, *fasti* 183 f. [8] Livius 7.28.4 ff.; 5.47 [9] Kl. Pauly 3, Sp. 1410 [10] Festus P. 297 M., Lindsay, S. 380 f. u. 399 ff. [11] Kl. Pauly 2, Sp. 1364 [12] Servius, *aen.* 12.841 [13] Kl. Pauly 2, Sp. 1565 [14] vgl. Cicero, *nat.* 1.82; vgl. E. Simon, *Römer*, S. 99, Abb. 124 [15] 1.624 ff. u. 1.722 f. [16] Vergil, *aen.* 1.76 ff. [17] Augustin, *civ.* 1.3 [18] ders. 1.67 f. u. 282; 2,319 ff. [19] vgl. L./L., Myth., S. 499 ff.

JUP(P)ITER, lat., Jovis, Di(e)spiter. Uralter italischer Himmelsgott, der, wie auch sein Name, dem griechischen → Zeus entspricht. Der Name (auf „dieu", „leuchtender, göttlich verehrter Himmel und leuchtender Tag" zurück-gehend[1]) meint den Gott des himmlischen Lichts, den Himmelsgott. Die Bezeichnung „pater" (lat., „Vater") für bedeutende männliche Gottheiten ist im römischen Kult üblich (vgl. Liber pater, S. 48), so wie weibliche Gottheiten mit „mater" (lat., „Mutter") angeredet werden. Ist Zeus der „Göttervater", Vater vieler Götter und Göttinnen im biologischen Verständnis, hat J. den Rang des obersten Gottes in einem hierarchischen System, in dem es keine verwandschaftlichen Beziehungen gibt. Die altrömische Religion kannte weder Götterehen noch Eltern und Kinder unter den Göttern.

Die dem Himmelsgott angemessene Stätte der Vereh-rung waren Berge. Wie Zeus auf dem Olymp wohnte, so wurde J. im römischen Staatskult in einem Tempel auf dem Kapitolinischen Hügel verehrt. Als Himmelsgott ist J. auch für das Wetter zuständig, schickt Regen, Blitz (J. *Fulgur*) und Donner (J. *Tonans*). Als Wettergott war dem J. der Ackerbau, insbesondere der Weinbau angelegen (J. *Liber*; vgl. Liber, → Bacchus).

Als oberster Staatsgott war J. auch für das Kriegsglück zuständig (lat. J. *Victor*; J. *Invictus*, der Unbesiegte). In his-torischer Zeit wurde dieser Haupt- und Staatsgott Roms als „J. Optimus Maximus" verehrt. Das alte Kultbild des J. in diesem Tempel, der zur Zeit der Königsherrschaft (wohl 507 v. Chr.) geweiht wurde, gilt als erste Darstel-lung eines Gottes in Menschengestalt im stadtrömischen Kult. Da die Römer keine einschlägige bildnerische Tra-dition besaßen, waren es wohl etruskische Künstler, die dieses Kultbild schufen. Später wurden griechische Bild-hauer beschäftigt.

Einig ist sich die Wissenschaft darin, dass J. nie ein Gott der Vegetation gewesen ist, in dem sich das Leben in Gestalt von Geburt, Tod und Wiedergeburt manifes-tiert. Insofern unterscheidet sich der römische J. nicht nur vom griechischen Zeus, sondern auch vom etruskischen Tinia.

J. hat keinen eigenen Mythos. Er ist reine Kultgottheit bis in hellenistische Zeit, als er die Mythen des Zeus übernimmt.

Unter dem philosophischen Einfluss der Stoa (entstanden um 350 v. Chr.) wandelt sich J. zum Allgott, der sich in allen Teilen der Natur manifestiert.[2] Diesen einen Gott, der Himmel, Erde und alle Dinge geschaffen hat, ruft man unter verschiedenen Namen an: unter „Juppiter" („Jovis"), wenn man den Äther, unter „Juno", wenn man die Luft meint, und unter „Diana", wenn die Erde gemeint ist. Die einzelnen Götter sind gleichsam Gliedmaßen, die den verschiedenen Zuständigkeiten des J. angepasst sind. Daraus resultiert die Tradition der physikalischen Deutung, die in J. den Aether = Feuer, in → Juno die Luft, in → Neptun das Wasser und in Pluto die Erde sieht. Als Vater der vier Elemente gilt → Saturn. In der Konsequenz dieser Vorstellungen ist J. im Sinn Heraklits gleichbedeutend mit „Sonne", das beseelende Lebensfeuer alles Lebendigen.[3] Die positiven Eigenschaften gehen auch in den Planetengott J. ein: Anders als Apollon (s. S. 26) ist er wohlwollend, heilsam, maßvoll.[4]

Erst aus der Sicht der frühen Christen wandelt sich sein Bild. Mit Logik und Spott versuchen sie den heidnischen Allgott zu demontieren, der dem Schöpfergott des Alten und Neuen Testaments nur allzu ähnlich ist. So zieht Tertullian einen kritischen Vergleich zwischen Christus, Gottes Sohn, und den Olympiern.[5] Der Vater Christi treibe keinen Inzest und vergewaltige nicht die Tochter eines anderen, er verberge sich nicht hinter Schuppen (eine Anspielung auf die Verwandlungsformen des J./ Zeus als Schlange oder Drache), Hörnern (sc. des Widders des J. Ammon) oder Federn (des Adlers), er verwandle sich nicht in einen Goldregen wie jener, um der Danaë beizuwohnen. Die mittelalterlichen Mythografen übernehmen die negative moralische Bewertung des Gottes. Vor allem nehmen sie Anstoß an dem zügellosen, unersättlichen Liebhaber. Unzucht und Blutschande wirft ihm

Isidor vor.[6] Ganz anders der Fulgentius Metaforalis, der J. geradezu zum Bild des Wohlwollens, der *benivolencia*, zum christlichen Tugendhelden macht und ihn mit *caritas*, der christlichen Nächstenliebe, gleichsetzt.[7] J. trage bei den Dichtern eine goldene Tunika, und wie das Gold die Vollendung aller Metalle sei, so sei die *caritas* die Vollendung aller Tugenden.

Die Emblematik der Renaissance entfaltet ein breites Spektrum von Deutungen, die jedoch im Mythos des J./Zeus bereits angelegt sind. Sie sieht in dem Gott zum einen den (gerechten) Verteiler von Gutem und Schlechtem,[8] zum anderen – im Gegenteil – den parteiischen Richter, dann wieder den wohltätigen Fürsten (den Herrscher „von Gottes Gnaden"!).[9]

Das Bild des J. entspricht dem des griechischen Zeus. Wir sehen ihn als reifen Mann mit fülligem Haupt- und Barthaar, als einen meist von einem Adler begleiteten, thronenden Herrscher mit Zepter in der einen, dem Blitzbündel in der anderen Hand.

[1] Kl. Pauly 3, Sp.1 [2] vgl. z.B. Seneca, *nat. quaest.* 2.45 [3] Fulgentius, *myth.* 1.3.629 f., Helm 1970, S. 18 f.; Myth Vat. III 3.1 [4] Macrobius, *comm.* 1.19 [5] Tertullian, *apol.* 21.7 f. [6] Isidor, *etym.* 8.11.34 [7] Fulgentius Metaforalis 3, Liebeschütz 1926, S. 78 ff. [8] Guillaume de Perrière 1539, Nr. 57; H./S. Sp. 1719 f.; vgl. Homer, *il.* 24.527 ff. [9] Picinello 3.16.77 u. 3.16.78

KRONOS, Chronos, griech.; lat. → Saturnus. Sohn des Uranos (des Himmels, lat. *Coelus*) und der Ge/→ Gaia[1] (der Mutter Erde; lat. *Terra* oder → Tellus), der jüngste der Titanen, Bruder von Okeanos und Thetys, Hyperion, Themis und R(h)ea, auch der Mnemosyne (griech., „Erinnerung"), die jedoch eine reine Abstraktion ist. Auch die Hekatoncheiren und Kyklopen sind Kinder der Ge/ Gaia und des K. Von seiner Gemahlin R(h)ea (lat. Ops), die auch seine Schwester ist, hat K. viele Kinder: → Hestia, → Hera, → Demeter, → Hades, → Poseidon und → Zeus.[2] K. war der letzte vorolympische Himmelsherrscher.[3] Sicher nicht nur durch den bloßen Gleichklang des Wortes wird K. schließlich auch als Chronos (griech., „Zeit"), Gott der Zeit, verstanden.[4]

K. wird in der Regel als düsterer Greis dargestellt. Die ältesten erhaltenen Darstellungen zeigen ihn mit vollem Haupt- und Barthaar gleich dem Typus des Zeus oder Poseidon. Erst im 1. Jh. v. Chr. sieht man ihn mit dem charakteristischen, den Hinterkopf bedeckenden Mantel. Seine Attribute sind eine Sichel, die im Mittelalter auch zur Sense wird, und eine Schlange, die sich in den Schwanz beißt und sicher zum Chronos gehört, der immer häufiger das Bild des K. bestimmt. In der Neuzeit ist Chronos auch geflügelt wie in antiken Darstellungen des *Kairos*, der Personifikation des flüchtigen Augenblicks, und des *Aion* in der Bedeutung von „Ewigkeit". Diese Attribute gehen offenbar leicht in das Bild des K. ein wie auch das Stundenglas und die Sense, die als neuzeitliche Beigaben den Attributen des Todes entliehen sind.

Der Mythos des K. ist übersichtlich. Uranos hält seine Kinder in der Erde gefangen. Um nicht noch mehr Kinder mit ihm zu haben, die das Schicksal ihrer Geschwister teilen würden, stiftet R(h)ea K., den kühnsten und listigsten der Titanen, an, den Vater zu kastrieren (vgl. → Gaia).[5] Das tut K. mit einer Sichel, wirft das abgeschnittene Glied ins Meer und befreit seine Geschwister aus dem Tartaros. Aus dem Schaum, der es umspült, entsteht die Göttin → Aphrodite, die „Schaumgeborene". K. wird von seinen befreiten Geschwistern zum neuen Herrscher erhoben, der schickt sie jedoch bald zurück in den Tartaros.[6] Wie dem Uranus, so geht es auch K. um die Macht. Einer Weissagung der Themis zufolge werde eines seiner Kinder ihn entmachten.[7] Um dem vorzubeugen, verschlingt er seine Kinder gleich nach ihrer Geburt. Diesem Schicksal entgeht allein Zeus dank der List seiner Mutter. R(h)ea bringt das Neugeborene in Sicherheit, wickelt einen Stein in Windeln und übergibt ihn dem Vater, der ihn ahnungslos verschlingt.[8] Die anderen Kinder soll K. später wieder ausgespien haben. Als Zeus herangewachsen ist, erleidet K. dasselbe Schicksal wie sein Vater: Der Sohn schneidet ihm das Gemächte ab und wirft es ins Meer. Erst jetzt (also eine Generation später) soll Aphrodite dem Meer entstiegen sein.[9] Macrobius berichtet auch, Zeus habe den Vater dann gefesselt. Über dessen weiteres Schicksal berichten die antiken Quellen unterschiedlich. Homer[10] sieht ihn im Tartaros, der Unterwelt, noch weit unter dem → Hades, nach Hesiod[11] residiert er auf der Insel der Seligen als Herr der gestorbenen Helden, schließlich sagt der Mythographus Vaticanus I (215), der entthronte K. sei rastlos durch die Welt gewandert. Nun zeigt sich der Gott unerwartet von einer ganz anderen Seite. Er ist auf Wanderschaft, die (wohl noch kleine) Juno (!) an der Hand. Er lässt sie in Afrika in der Obhut von Nymphen, um ihr die Strapazen der Reise zu ersparen.

Dieses positive Bild des K. lässt sich gut mit einer alten Tradition verbinden: Hesiod sagt, unter der Herrschaft des K. lebten die Menschen sorgenfrei in einem Goldenen Zeitalter.[12] Es scheint dieser K. zu sein, der sich in römischer Zeit mit → Saturnus verbindet und als Kulturbringer bewährt. Dennoch ist es eher der düstere K., der unter dem Namen des Saturn bis in die Neuzeit überlebt hat. Eine andere Tradition greift die Gleichsetzung von K. mit Chronos auf, der auch in der Nachantike häufig die Zeit personifiziert.

[1] Hesiod, *theog.* 137f [2] ders., ebd. 453 ff. [3] Macrobius, *sat.* 1.7.13 [4] Plutarch, *is. et os.* 32; ders. *quaest. rom.* 112.266E. f. [5] Hesiod, *theog.* 154 ff., 175 u. 180; Apollodor, *bibl.* 1.1.4 [6] Hesiod, *erga* 111 [7] vgl. Servius, *aen.* 3.104 [8] Hesiod, *theog.* 453 ff. [9] Fulgentius, *myth.* 1.2; Myth. Vat. I 102 u. III 1.7; Macrobius, *comm.* 1.2.11; Tzetzes zu Lykophron 762. [10] *il.* 8.479 ff. [11] Hesiod, *erga* 169 ff. [12] ders., ebd. 111 ff.

KYBELE, als méter theón („Göttermutter"[1]) im griech. Pantheon, lat. Mater Magna, eigentlich: Mater deum Magna Idaea, „Große Mutter der Götter vom Ida". In Italien auch „Cybebe". Göttin, deren uralten Kult man im kleinasiatisch-anatolischen Phrygien auf dem Berge Ida feierte.

In ihrem ursprünglichen Wesen ist K. eine Berg- und Erdgöttin, nach Ausweis ihrer Attribute Herrin der Tiere und Spenderin von weiblicher Fruchtbarkeit. Auch Ärztin und Heilerin war sie. Der Göttin beigesellt war Attis, ein junger Mann, in den die Frau sich verliebte. Der Mythos erzählt, er habe ihr die Keuschheit versprochen, das Versprechen aber nicht gehalten. Da habe sie ihn so rasend gemacht, dass er sich entmannte und starb. Das sei unter einer Fichte geschehen. Auch heißt es, er habe sich in den Baum verwandelt.[2] Nach Pausanias ließ Zeus ihn von einem Eber töten.[3]

K. stiftet ein Trauerfest für den Geliebten, das nach einem bestimmten Ritus abläuft. Ihre Priester und Begleiter, die griechisch Galloi, lateinisch Galli, griechisch aber nach den Begleitern der R(h)ea auch „Korybanten" heißen, ziehen, den Gründungsritus nachvollziehend, in die Berge und suchen den Attis. Finden sie sein Bild, geben sie sich hemmungsloser Wildheit hin, bringen sich blutige Wunden bei und entmannen sich gar. Schon im Altertum hat man in dem Fest ein Bild für das alljährliche Absterben und Wiedererstehen der Vegetation gesehen.[4]

Attis ist das Urbild der Galloi und ihres blutigen kultischen Dienstes für K. als Eunuchen in lärmender Ekstase bei Musik und Tanz zu Flöten, Becken, Rasseln und Pauken.[5] Man hat beobachtet, dass der Aspekt von Erneuerung und Wiedergeburt im Ritus den K.-Attis-Kult in hellenistischer Zeit sich in eine Mysterienreligion wandeln lässt.

Dieser Kult ist offenbar ungemein populär und verbreitet sich weithin durch die Jahrhunderte über die gesamte antike Welt, auch nach Griechenland, vor allem aber und aus besonderem Anlass nach Rom und Italien.

Die römisch-lateinische Literatur spiegelt deutlich Präsenz und Bedeutung der K. wieder.

Auf Weisung der „Sibyllinischen Bücher" führte man die Göttin als Mater Magna 205/204 v. Chr. aus Pergamon nach Rom ein. Es scheint, dass diese Weisung einem aktuellen dringlichen politisch-militärischen Anliegen entspricht: Dem Verlauf des 2. Punischen Krieges. Der tiefere Grund für die Weisung nach Phrygien ist sicher der kleinasiatische Ursprung Roms in der Person des Stammvaters Aeneas und seiner troischen Herkunft.

Als sinnliches Zeichen ihrer Ankunft in Rom galt ein schwarzer Meteorstein aus dem phrygischen Pessinus, den man zunächst im Tempel der Victoria, endlich in ihrem eigenen Tempel auf dem Palatium (Palatin) erst 191 v. Chr. aufstellte. Ihr orgiastischer Kult ist römischer Strenge zutiefst fremd und unterliegt zunächst strenger Regelung. Man weiht ihr (sicher gemäß dem Anlass zu ihrer Berufung) einen Staatskult, den die Nobilität ausübt. Der gewöhnliche Bürger ist davon ausgeschlossen. Erst in der Kaiserzeit mildert sich der Vorbehalt, und der Kult findet seinen ursprünglichen ekstatisch-orgiastischen Ausdruck schließlich in nun auch prunkvollen Frühlingsfesten (den *ludi megalenses/Megalesia*), in denen die Mater Magna sich deutlich als K. vorstellt. Aufschlussreich in diesem Sinn ist die Klage eines Gallus bei Catull: „Ferne von meinem Haus, o Herrin / bleibe mit deinem Wahn:/Andere schlage mit wilder Verzückung/ andere mit Raserei".[6]

Im Sinne des Synkretismus hat man K./Mater Magna in der griechischen → Demeter, der Göttin der Fruchtbarkeit und des Wachstums, auch in der R(h)ea, Mutter des Zeus, und in der römischen Ops, Göttin der Saaten und Ernten, erkannt. Wohl über den Bezug zur R(h)ea kommt es, dass man die Galli nach deren Dienern häufig „Korybanten" nennt (s.o.).

Den Rang der Göttin veranschaulicht auch, dass römische Kaiserinnen sich mit ihr vergleichen ließen.[7]

Wohl die Vorstellung von Tod und Auferstehung im Kult der K./ Mater Magna scheint dem Verständnis der frühen Christen zugänglich gewesen zu sein. Auch hat man von Impulsen auf die frühchristliche Marienverehrung gesprochen.[8]

Julian Apostata (4. Jh. n. Chr.) widmet in seiner neuplatonisch (Plotin) fundierten Religion der „Göttermutter" K. einen Hymnos.[9]

Die Bildkunst zeigt die K. zumeist auf einem von Löwen gezogenen Wagen. Sie hat auf dem Haupt eine Mauerkrone und ist von Galli umgeben. Schon die anatolische K. trug die Mauerkrone, saß aber auf einem Löwen-Thron.

Nachantike Deutung hat die „Erdgöttin" K. auch als ein Bild der Erde (lat. *terra*) verstanden. Man las *„Cybele"* als *„quasi Cubele"* und fand damit einen Bezug auf den Kubus, den schon Platon in seiner Elementenlehre auf die Erde (*Terra/Tellus*) bezogen hat.[10] Diese Gleichsetzung bringt unter Beibehaltung der alten eine eigene Ikonografie hervor, über die sich – mit Hinweis auf Varro – Augustin äußert.[11] Isidor[12] nennt die Attribute und deutet sie so: Ein Schlüssel besage, die Erde werde im Winter verschlossen, damit im Frühling die Feldfrucht sprieße – ein Tympanon bezeichne das Erdenrund – der Wagen zeige, dass die Erde in der Luft hänge – dass die Erde rund ist und sich drehe, zeigen die Räder – die Löwen bezeugten, dass nichts so wild sei, dass die Erde es nicht zähmen kann – die Mauerkrone wird zum Bild für die Vielzahl der Städte auf dem Erdenrund – während alles sich bewegt, bleibt die Erde am Platz, das zeigen die leeren Stühle – die schwertbewaffneten Korybanten veranschaulichen, dass jedermann seinen Boden (*terra* = „Terrain") verteidigen soll. Hähne (*galli*) sollen mit der (pickenden?) Betriebsamkeit des Geflügels anzeigen, dass einer, der den Boden zur Frucht bestellt, zu seinem Erfolg gleicherweise tätig sein muss.

[1] Herodot 4.76 [2] Ovid, *fasti*, 4.223 f. u. ders. *met*. 10.104 [3] Pausanias 7.17.5 [4] vgl. Kl. Pauly 1, Sp.725 f. [5] Athenaios 4.6.36a [6] Catull, *carm*. 63: *attis*, 93 ff., Übersetzung Carl Fischer [7] s. Kl. Pauly 3, Sp. 389 [8] Kl. Pauly 3, ebd. [9] Julian Apostata, Hymn. 5, ed. W.C. Wright, Bd.1, S. 442 ff. [10] Platon, *tim*. 21 = 55d–e; vgl. Myth. Vat. III 2.3 [11] Augustin, *civ*. 24 [12] Isidor, *etym*. 8.11.62 ff.

LAR, röm. Schutzgott, in der Mehrzahl „Lares"/Laren, allgegenwärtige, aber im einzelnen ortsgebundene Helfer und Schützer. Der L. hat keine griechische Entsprechung und besitzt keine Mythen. Die Bedeutung des Namens, ein Eigen- und kein Gattungsname, gilt bis heute als ungeklärt (s.u.). Jede Familie konnte ihren eigenen L. haben (L. *Familiaris*), aber auch jedes Geschlecht, jeder Kaiser konnte seinen Einzel-L., aber auch mehrere Laren haben. Die treten häufig zu zweit auf, bisweilen werden sie sogar als Zwillinge bezeichnet – vielleicht eingedenk der beiden → Castores, die ebenfalls Schutzgötter waren. → Merkur als Vater der Laren-Zwillinge gilt als eine Erfindung Ovids.[1] E. Simon möchte in der Zweizahl nur einen „reduzierten Plural" sehen.[2] Dem Einzel-L. stand also eine unbezifferte Vielzahl an Laren gegenüber.

Die Laren unterscheiden sich wesentlich von den Penaten, die eine eigene Gattung von Schutzgottheiten darstellen: Jeder beliebige Gott kann die Funktion eines Penaten übernehmen, doch ein L. ist eine eigenständige Gottheit. Laren sind zwar allgegenwärtig, jeder einzelne bleibt jedoch an seinen Ort gebunden. Sie sind die Wächter der Grundstücksgrenzen, stehen an Wegen und Wegkreuzungen und werden in Privathäusern und Kapellen („Lararien") verehrt. Sie sind vorwiegend freundliche Helfer und Schutzgottheiten, nur an den Dreiwegen zeigen sie auch eine unheimliche Seite (ähnlich der dreigestaltigen → Diana/Hekate, vgl. S. 59 f.).

Der Larenkult reicht weit in die Zeit vor der italischen Einwanderung auf die Apenninen-Halbinsel zurück. Vermutlich fanden die Italiker die Vorläufer der Laren dort vor, wohl auch ihren Namen: „Lases" (sic!); so werden sie im ältesten bekannten römischen Kultlied genannt, einem Chorgesang vermutlich des 5. Jhs. v. Chr.

Die Laren lieben Spiel und Tanz und erinnern mit Letzterem an die rituellen (Waffen)tänze der griechischen Korybanten (auf Kreta: Kureten), der Gefährten der → Kybele. Ihre Neigung zum Tanz teilen sie auch mit → Mars (vgl. den „tänzelnden Mars", S. 144), zu dem sie im römischen Kult schon früh in enge Beziehung treten. Zwei weitere Wesenszüge sind Laren und Mars gemein: die Treue und die Wachsamkeit, die im Attribut eines Hundes anschaulich werden, der das Begleittier beider sein kann.

Seit dem 3. Jh. v. Chr. könnte der Kult der Laren mit einem Kult des Aeneas, des Stammvaters der Römer, verbunden gewesen sein. Der Sage nach war der Troer Aineias/Aeneas nach Lavinium geflohen. Dort hatte er als gutes Omen eine riesige weiße Sau mit dreißig weißen Ferkeln unter einer Eiche liegend gefunden. Zur Zeit des Romulus gab es ein Schweineorakel, zu dessen Gedenken in Rom der Kult der *Lares grundules* (lat., „die Grunzenden"!) eingerichtet wurde.

In der römischen Kaiserzeit war der Larenkult dem Kaiser Augustus besonders angelegen. Sein Genius wurde zusammen mit seinen Laren (*Lares Augusti*) verehrt.

Die Laren erscheinen als bartlose Jünglinge, manchmal geradezu knabenhaft, bekleidet mit kurzer gegürteter Tunika und wadenhohen Stiefeln. Sie bewegen sich tänzelnd, halten in der einen, erhobenen Hand ein Trinkhorn, in der anderen einen Eimer für Wein oder eine henkellose (Opfer)schale. Auch Füllhorn und Doppelfüllhorn gehören zu ihren Attributen, manchmal der Speer. Ihr Begleittier ist der Hund, die ihnen zugeordnete Pflanze der Lorbeer, ihre Opfertiere sind der Widder und das Schwein.

---

[1] Ovid, *fasti* 2.611 ff. [2] E. Simon, *Römer*, S. 119

LIBER → Bacchus

MARS, röm. Kriegsgott, auch Mamars, Mavors (auf Latium beschränkt), Marspiter (*Mars pater*), Gradivus (vielleicht von lat. *gradi* im Sinne von „der Ausziehende", „zu Feld Ziehende"); etr. Laran. Wird in der Regel mit dem griechischen → Ares gleichgesetzt. Sohn der → Juno, die ihn durch das Riechen an einer Blüte empfangen haben soll.[1] Die Mutter-Sohn-Verbindung ist jedoch eine späte Interpretation, denn die altrömische Religion kennt im Unterschied zur griechischen keine Götterehen und Götterkinder. – Das Doppelfest des M. und der Juno *Lucina*, der Geburtsgöttin (s. S. 127 f.), wurde an den Kalenden des März (des alten Jahresbeginns), des Monats des M., gefeiert.

Der Name erscheint erstmals um das Jahr 500 v. Chr. und zwar in seiner Reduplikation: „Mamars".

Der altitalische Gott hat gleicherweise negative wie positive Seiten, er ist Krieger und Schützer des Ackerbaus zugleich. Es scheint, dass für den schrecklichen, blutigen Teil des Kriegshandwerks die Göttin Bellona zuständig war. M. soll sich auch auf magische Praktiken verstanden haben[3] – ein Relikt aus uralter Zeit.

Unter den spärlichen Mythen des M. ist der von seiner Beziehung zu der Vestalin R(h)ea Silvia (→ Hestia) der gewichtigste, denn er stellt den Gründungsmythos der Stadt Rom dar. Es heißt, M. habe die Frau entweder im Schlaf vergewaltigt oder sie verführt, als sie im heiligen Hain Wasser für das Opfer holen wollte. R(h)ea Silvia war von ihrem Onkel, dem Usurpator und tyrannischen König von Alba Longa, gezwungen worden, Vestalin zu werden, weil er verhindern wollte, dass ihre Nachkommen ihm die Herrschaft streitig machten. Als Amulius ihre Schwangerschaft entdeckte, ließ er sie einkerkern, und als die Zwillinge geboren waren, ließ er sie in einem Korb entweder am Tiberufer am Fuß des Palatin oder auf dem Fluss aussetzen. Nach letzterer Version landete der Korb sicher am Ufer im Schatten eines Feigenbaums. Eine Wölfin (der Wolf ist dem M. heilig, s.u.) fand die Kinder, säugte und rettete sie vor dem Hungertod. Ein Specht half der Wölfin, sie zu ernähren. Daher ist auch der Specht dem M. heilig. Faustulus, der Oberhirte des Amulius, fand die Kinder, nahm sie zu sich nach Hause und übergab sie seiner Frau Acca Larentia, die sie großzog. Der Sage nach gründete Romulus dann Rom (am 21. April 772, 754 oder 752 v. Chr.) und tötete seinen Bruder, als der gewagt hatte, über die gerade errichtete Stadtmauer zu springen (vgl. → Janus).[4]

Die Verbindung des M. mit Venus, wenn sie auch im griechischen Mythos wurzelt (vgl. S. 170), nimmt im römischen Kult eher den Charakter einer Allegorie an. Das Liebesverhältnis der beiden wird in Gestalt der *Concordia* (lat., „Eintracht") zum guten Einvernehmen zwischen dem Kriegsgott und der Göttin der Liebe und damit zum Ausgleich zwischen den beiden Gegensätzen. In der Kaiserzeit ließen sich vornehme römische Ehepaare in Gestalt von Venus und M. darstellen. Das julische Geschlecht (Julius Caesar!) betrachtete M. als seinen Stammvater und benannte sich nach Julus/Askanios, dem Sohn des Aeneas/Aineias und Enkel der → Aphrodite/Venus.

M. hat zwei entgegengesetzte Erscheinungsformen: Die eine zeigt ihn als Kriegsgott, dessen Tempel seinen Platz außerhalb der Stadt hat, die andere als Patron des Friedens, der den Namen → Quirinus trägt.[5]

Für das frühe Rom hatte M. besondere Bedeutung, was schon daraus hervorgeht, dass er in einer Trias zusammen mit → Juppiter und Quirinus verehrt wurde. Historisch erklärt sich diese Dreiheit wohl aus dem kultischen Zusammenschluss der römischen Gemeinde vom Palatin mit der sabinischen vom Quirinal. Da Quirinus jedoch einen Aspekt des Kriegsgotts selbst darstellt (s. S. 163) und von der Zeit der Mittleren Republik an mit dem M.-Sohn

Romulus identifiziert wurde, existierte M. in dieser Trias doppelt.

Augustus machte M. mit dem Beinamen *Ultor* (lat., „Rächer") zu seinem Hauptgott. Die verlorene Kultstatue vom Forum des Augustus stellte ihn, wie drei erhaltene Repliken zeigen, bärtig und in reiferen Jahren dar (mit korinthischem Helm und Brustpanzer), also im Gegensatz zur Erscheinungsform des M. (s.u.). Das Attribut des rächenden M. ist das Schwert.

Anders als der griechische Planetengott → Ares ist der römische Planetengott M. ausschließlich negativ gestimmt. Er ist ein missgünstiger Stern, verantwortlich für „hitziges Ungestüm"[6] und „Zorn".[7] Bei unserer Geburt erhalten wir den Geist von Sol, von Luna den Leib, von M. das Blut, von → Merkur den Verstand.[8] In der Ehe (den *nuptiae*, der Hochzeit, dem Beischlaf) wohnen die Planetengötter den einzelnen Körperteilen bei: Juppiter dem Kopf, Venus den Augen, Juno den Armen, Neptun der Brust, M. dem Herzen.[9]

Die rötliche Farbe des Sterns wird in römischer Zeit auf seinen Charakter hin gedeutet. Sie symbolisiere das feurige Wesen des Gottes und das Blut, das im Krieg vergossen wird, für das Feuer stehe seine Sphäre.[10]

Das christliche Mittelalter sieht, sicher u.a. auf dem Verständnis Vergils in der *Aeneis* fußend, in M. überwiegend den schrecklichen, abstoßenden Kriegsgott. Augustin erklärt, wenn M. der Krieg sei, dann könne er kein Gott sein.[11]

Der Ehebruch des M. (eigentlich Ares) mit Venus (Aphrodite; s. S. 14) hat christlichen Interpreten reichlich Stoff zur Kritik geliefert. Für den *Ovide moralisé en prose*[12] steht Vulkan für das zerstörerische Feuer, in dem die Verliebten schmoren und aus dem durch die verwerfliche Verbindung von M. und Venus (der Wollust) letztlich Aufruhr und Krieg entstehen.

Das Bild des M. ähnelt dem des Ares, entwickelt aber durchaus seine Besonderheiten. M. ist von muskulöser

Gestalt, meist bartlos, trägt Helm und Schild, häufig einen (typisch römischen) Muskelpanzer, erscheint oft aber
auch mit nacktem Oberkörper oder ist gar völlig nackt.
Der tanzende M. (s.u.) ist in der Regel nackt und trägt
eine auffallende gedrehte Schärpe um den Leib.

Das wichtigste Attribut des M. ist (wie das des Ares)
die Lanze: Der Lanzenschwinger M. ist zu einem festen
Typus in der Bildkunst geworden, ebenso wie der
tanzende/„tänzelnde" M. Das erinnert an den Bericht
des Kolluthus[13] zur Ausbildung des Ares, von dem sein
Lehrer Priapos verlangte, er müsse zuerst ein vollende-
ter Tänzer sein, bevor er ihn das Fechten lehrte. Dem
M. diente eine Tanzpriesterschaft, die Salier (lat. *salii*;
→ Quirinus).[14] Man hat den Tanz des M. auch als ritu-
ellen Kriegstanz gedeutet. Da der tanzende M. oft eine
Trophäe trägt, könnte man in diesen Fällen auch an einen
Siegestanz denken.

Das Schwert wird nach der Schlacht von Philippi (42.
v. Chr.) zum Hauptattribut des M. *Ultor* (s.o.). Das Pferd
ist dem M. schon seit dem 2. Jahrtausend v. Chr. heilig. Es
charakterisiert die kriegerische Seite des Gottes, während
die Ziege seiner friedfertigen zuzuordnen ist. Auch Wolf,
Stier und Specht sind ihm heilig.

Seine Opfertiere im römischen Kult sind Kalb und
Stier, Lamm und Widder, Ferkel bzw. Schwein. In der
Nachantike sind auch Fuchs und Löwen Begleittiere des
A.

Römische Standartentiere des Kriegsgotts sind bis ins
frühe 1. Jh. v. Chr. Wolf, Pferd und Eber, die dann vom
Adler des Juppiter, der nun oberster Kriegsherr ist, abgelöst werden.

Die Bildkunst der Neuzeit erfindet neue Attribute,
die stets auf die Brutalität des Kriegsgottes abzielen: der
Dreschflegel, die Peitsche, in der Barockzeit kommen
Trommel, Feuerwaffen und Pulverhorn hinzu.

¹Ovid, *fasti* 3, 167–392 ²ebd. 5.255 ff. ³Cato maior, *de agr.* 141
⁴vgl. Vorwort; Livius 1.3.10–1.16.8; Plutarch, *Rom.* ⁵Servius, *aen.*
6,860 u. 1,292; vgl. auch → Janus ⁶*animositatis ardor*; Macrobius,
comm. 1.12.14 ⁷*iracundia*; ebd. 1.19.19 ⁸Servius, *aen.* 11.51; Myth.
Vat. III.9.7 ⁹Myth. Vat. II 206 ¹⁰Macrobius, *comm.* 2; 1.19; 1.11.18
¹¹*civ.* 7.14 ¹²Ovide moralisé 4.8, ed. de Boer, S. 141 ¹³Colluthus
36–39, ed. Mair 1928, S. 544 ¹⁴vgl. Festus, P. 328 M., Lindsay,
S. 438.27 ff.

MATER MAGNA → Kybele

MATER MATUTA, auch nur Matuta, altitalische Göttin,
deren Präsenz wohl in die matriarchale Welt der Bronze-
zeit zurückreicht. Man gibt ihr heute auch den Rang einer
„Urmutter". Die Phöniker setzten sie mit ihrer Astarte
gleich. Das Epitheton „Matuta" versteht Lukrez[1] als das
Morgenlicht, das die Aurora bringt. Andere halten Matuta für Aurora selbst. Das Wort soll allgemein einen
„guten", einen „gelegenen" Zeitpunkt signalisieren. In
diesem Sinn sei M.M. eine, die etwas „gut bzw. zu guter
Zeit getan hat".[2] Diese Zuständigkeit für einen rechten
Moment im Ablauf der Zeit, der Zeit zumal, da der Tag
das Licht erblickt, fügt sich leicht in die Vorstellung von
der Muttergöttin. Im Kontext des griechisch-römischen
Synkretismus geht M.M. (wohl im 3. Jh. v. Chr.) eine Verbindung mit der griechischen Ino-Leukothea, Schwester
der Semele, ein und wird mit ihr gleichgesetzt. Ino hatte
mit ihrer Fürsorge für den Säugling → Dionysos sich den
Zorn der Hera zugezogen und mit einem selbstmörde-
rischen Sprung in das Meer bei den Nereiden Zuflucht
gefunden. Mit ihr wird mütterliche Fürsorglichkeit an
der M.M. sichtbar. Ovid beschreibt die Ankunft der Ino
durch die Tibermündung in Italien. Mit ihr ist der Sohn
Melikertes/Palaimon, der nun → Portunus heißen wird.
Ovid erzählt, dass der Zorn der Hera/Juno die Ino auch

hier verfolgt und dass → Hercules ihr gegen die „lateinischen Bacchae" zur Hilfe kommt.[3]

Anlass für den Bericht Ovids sind die Matralia, der uralte Stiftungstag der Göttin am 11. Juni,[4] das von *matronae univirae*, also einmal verheirateten Frauen, begangen wird und von dem Sklavinnen ausgeschlossen sind.[5] Das Gebet stellt die Kinder der Schwestern den eigenen voran.[6] Die Mütter erinnern dabei wohl an Hera/Juno und den „Bastard" Dionysos. Das Gebet vorzüglich für die Kinder der anderen mag an den von der Hand der Mutter umgekommenen Sohn der Ino, Melikertes, und die Fürsorge der Ino für den Sohn der Schwester, also Dionysos, erinnern. Die Vorstellung von den Kindern der Schwester(n) resultiert aber vielleicht aus einer falschen Übersetzung (schon bei Ovid!) der Formulierung *pueris sororiis* in der (altlateinischen) Gebetsformel. Der Ausdruck meint vielleicht pubertierende Mädchen, wie sich aus Festus schließen lässt.[7]

Es scheint, dass die Vorstellung der M.M als Meeresgöttin ebenso zu ihrer griechischen Abkunft gehört wie die entsprechende Zuständigkeit des Sohnes → Portunus.

Auch archäologische Funde lassen darauf schließen, dass die Muttergöttin zugleich aphrodisische Zuständigkeiten besaß.[8]

Die räumliche und zeitliche Nachbarschaft eines Tempels der M.M. mit einem Tempel der → Fortuna auf dem Forum Boarium (die Tempel teilen denselben Stiftungstag) hat eine Wesensverwandschaft der beiden Numina vermuten lassen.[9]

---

[1]Lukrez, *rer. nat.* 6.656 f. [2]s. Kl. Pauly 3, Sp. 1088 [3]Ovid, *fasti* 6, 500 f. u. 505 ff. [4]Festus, P.125 M., Lindsay, S. 113.2 [5]Ovid, *fasti* 551 ff. [6]Plutarch, *cam.* 5; Ovid, *fasti* 559 ff. [7]Festus, P.297 M., Lindsay, S. 380.25 ff. u. 381.2 ff. [8]vgl. Kl. Pauly 3, Sp.1088 [9]s. Ovid, *fasti*, 6.475

MATUTA → Mater Matuta

MERCURIUS, lat., etr. Turms. Römischer Gott des Handels
und Patron der Kaufleute. Diese Zuständigkeiten sind von
Anbeginn in seinem Namen präsent: M. hängt etymologisch mit lat. *merx* zusammen („Ware"). Der dritte Vatikanische Mythograf (9.3) spricht von M. als einem, der
sich um Waren kümmert (*merces curans*). In romanischen
Sprachen lebt er fort im Namen für den Mittwoch (*mer-
coledì* im Italienischen, *mercredì* im Französischen). „Bo-
tengänge und Gewinn" sind seine Zuständigkeiten.[1] Im
römischen Kult steht er in enger Beziehung zu → Ceres,
der Göttin der Ackerfrucht. So wie sie für Wachsen, Reifen und Ernte des Korns zuständig ist, sorgt er für den
Verkauf, den Handel des Getreides. Wie Livius berichtet,
stand die Einführung seines Kults in Rom im Zusammenhang mit dem Bau des Tempels für Ceres, Liber (→ Bacchus) und Libera.[2]

Eine umfassende Kompetenz des Viehdiebs → Hermes
sehen wir in dem diebischen M., der sich bemerkenswert
mühelos neben den Patron der Kaufleute stellt. Die Bildkunst hat für diesen M. eine knappe Formel gefunden:
Der Gott verbirgt seine Hand (mit dem Diebesgut) hinter
dem Rücken.

In einem ganz anderen Licht erscheint jener M., der
wohl in der Tradition des Hermes *Logios* (griech., „be-
redt", „gelehrt", → Hermes, S. 118), dem Patron der
Redner, im Kontext der literarischen Überlieferung den
Sieben Freien Künsten verbunden ist, jenem bis weit in
die Nachantike fortbestehenden umfassenden System
antiker Wissenschaft.[3] So kommt es, dass noch Künstler
und Wissenschaftler der Neuzeit in M. ihren Schutzpat-
ron sehen.

Der Planetengott M. spiegelt das Wesen des wand-
lungsfähigen, schwer zu fassenden Gottes. Je nachdem,
in welcher Gesellschaft er sich findet, verändert er sein

Wesen. So übernimmt er die Eigenschaften (sogar das Geschlecht) seiner Begleiter. In der Konstellation mit Juppiter und Venus wird er „gut" (von feucht-warmer Natur), mit Mars und Saturn „böse" (von kalt-trockener Natur). Dadurch dass er mit männlichen und weiblichen Gestirnsgottheiten zusammengeht, wird er zum Zwitter.[4]

Das Bild des M. entspricht weitgehend dem des → Hermes, dessen Mythen er in hellenistischer Zeit auch übernimmt. Charakteristisch jedoch für den Gott des Handels ist (wohl seit der Einführung der Geldwährung in Rom im 4. Jh. v. Chr.) das Marsupium, der Geldbeutel, den er in der Hand (meist der rechten) hält und der in der Regel aus dem Balg eines Kleintiers gefertigt ist (die vier abgebundenen Beine sind noch gut zu erkennnen), seltener eine Opferschale. In der anderen Hand hat er den von Hermes übernommenen Stab, den Cadúceus, um den sich gegenläufig zwei Schlangen winden.

Begleitende Tiere des M. sind der Widder oder der Ziegenbock, auch Eber und Hahn, die M. als Opfertiere dienen.

[1] Plautus, *amph.*, Prolog, 11 f. [2] Livius, 2.27.4 ff. [3] vgl. Martianus Capella, *nupt.* [4] Hermaphroditen; vgl. Servius, *aen.* 4.239 u. 10.272; Myth. Vat. III 9.5

MERKUR → Mercurius

MINERVA, röm. Göttin des Handwerks, der Künste und Wissenschaften, der Weisheit; mit der griechischen → Athena gleichgesetzt. Schutzgöttin der Frauen und Mütter. Mit → Juppiter und → Juno bildete sie in Rom eine Kultgemeinschaft („Kapitolinische Trias").

In prähistorischer Zeit entsprach auf der Apenninen-Halbinsel die kriegerische Göttin Nerio der → Athena *Promachos* bzw. Pallas Athena, der Schutzherrin des kretisch-mykenischen Kriegeradels. Ihr Kultpartner war der Kriegsgott → Mars. Allerdings muss Nerio, die vielleicht schon früh „Minerva" hieß, bereits in archaischer Zeit von (der inzwischen zur Patronin des Handwerks gewandelten) Athena vereinnahmt worden sein. Im Gegensatz zu dieser stand die genuin römische Kriegsgöttin Bellona, die die rohe Kriegsgewalt verkörperte und keinen eigenen Mythos besaß.

Dass Athena in Italien ursprünglich nicht heimisch war, geht schon daraus hervor, dass sie keinen eigenen Priester („Flamen") hatte wie die italischen, dem Ackerbau verbundenen Gottheiten → Ceres, Pomona oder → Flora.

Die Sage, derzufolge Aineias/Aeneas das Palladion, das Kultbild der Athena, von Troja nach Lavinium brachte, entspricht der historischen „Einbürgerung" der Athena auf der Apenninen-Halbinsel.

In den Städten Mittelitaliens war bereits die italische M. Patronin des Handwerks, so wie Athena in den griechischen Stadtstaaten eine vergleichbare Bedeutung hatte. Bei Ovid[1] lesen wir: Spinnerinnen und Weber, Färber, Walker, Schuhmacher, Zimmerleute, Ärzte, Toreuten (Metallkünstler), Maler, Bildhauer, Dichter – kurz Vertreter aller Fertigkeiten riefen M. als Patronin an.

In der Stadt Rom erhielt sie erst spät ihren eigenen Kult und ihren eigenen Priester. Auf dem Aventin stand ihr Hauptheiligtum, dessen Stiftungstag am 19. März gefeiert wurde. Dieser Tag war der Beginn der sog. *Quinquatrus maiores*, ein (in historischer Zeit) fünftägiges Fest, das unter dem Patronat der M. von den Handwerkern gefeiert wurde. Im kaiserzeitlichen Rom waren die Quinquatrus (die usprünglich einem dem Mars geweihten Festzyklus im März angehörten) Feiertag der Lehrer und wurden bis ins 4. Jh. n. Chr. als Schulfest begangen.

Da M./→ Athena mit dem Schiffsbau verbunden ist, steht sie dem → Neptun nahe, mit dem sie bei der Götterbewirtung (dem *lectisternium*) 219 v. Chr. ein Speisesofa teilte. Als dem Meer nahestehenden Numen ist ihr als Attribut gelegenlich eine Ente beigegeben.

Die endgültige Verschmelzung von Athena und M., die auch die Mythen der Griechin übernimmt, erfolgt in der Zeit des späten Hellenismus, als die westgriechischen Gründungen allmählich unter die Herrschaft Roms gerieten.

Im Laufe der Jahrhunderte hat Athena/M. ihre archaisch-kriegerische Seite weitgehend abgelegt und sich zur friedfertigen Patronin der Künste und Wissenschaften gewandelt. Die dieser Göttin angemessenen Attribute sind Ölzweig und Eule. Es ist im Wesentlichen diese M., die in der Nachantike unter dem römischen Namen, aber mit den Mythen und in der bildlichen Erscheinungsweise der griechischen Athena fortlebt.

Christliche Auslegung findet an der Göttin des Handwerks und der Künste nichts auszusetzen, wohl aber an der „angeblich" jungfräulichen. So liest man bei Tertullian, Erichthonios sei die Frucht der Lust seiner Eltern (Athenes/M. und Hephaistos/Vulkan) gewesen.[2]

In der Allegorese des Humanismus tritt M. (eindeutig Athena!) auf als Sinnbild der Stärke und Patronin der Künste und Wissenschaften. Besondere Aufmerksamkeit findet auch hier die keusche M. als Gegenspielerin der ausschweifenden Venus.[3]

[1]Ovid, *fasti*, 3.815 ff. [2]Tertullian, *spect.* 9.1 [3]vgl. Homer, *il.* 5.420 ff. u. 21.424 f.

NEPTUNUS, lat., etr. Nethunus, Nethuns; Neptun. Er gleicht zwar in seiner sinnlichen Erscheinung dem griechischen → Poseidon, ist seinem Wesen nach jedoch ein anderer. Nicht der schreckliche Gott ist er, der die Winde entfesselt, sondern der Mäßigende, der sie bändigt. Das berühmte „Quos ego!" („Denen werde ich!"), mit dem er zu Beginn der *Aeneis* des Vergil die Winde in ihre Schranken weist,[1] charakterisiert ihn so als dem Poseidon geradezu entgegengesetzt. Auch N. ist ein mächtiger, aber kein schrecklicher Gott und seinem Wesen nach freundlich. So ist er auch nicht der Gott der Erdbeben, die die Römer der Göttin → Tellus zuschreiben und der sie opfern, um sie mild zu stimmen. Schon aus der Frühzeit Roms haben wir Nachrichten über das fröhliche Fest des Gottes, die Neptunalia, die man im Hochsommer feierte.

Anders als Poseidon hat N. keine Kinder (solche werden ihm erst in der Spätzeit zugeschrieben, wie Messapus und Halesus, den Gründer von Falerii), wie es in altrömischer Zeit auch keine Götterehen gibt.

N. wird uns weniger durch Mythen als durch seinen Kult fassbar. Was er dennoch an Mythen aufweist, übernimmt er vom griechischen Poseidon.

Im römischen Kult spaltet sich die Einheit des griechischen Gottes auf in viele Facetten, die seinen vielfältigen Funktionen entsprechen. Das Element auch des N. ist das Wasser, das Meer wie die Binnengewässer, seine Eigenart jedoch zeigt er in verschiedenen Zuständigkeiten. Er ist vor allem für die wichtige Salzgewinnung aus Meerwasser zuständig. Diese Eigenschaft bindet ihn an → Fortuna, die seit der Königszeit den Transport des Salzes von den Salinen vor der Tibermündung ins Landesinnere überwachte, und an → Portunus, den Gott der Häfen. Die Zuständigkeit für die Salzgewinnung stellt ihm auch Salacia als Kultpartnerin an die Seite.

Auf dem ersten Göttermahl (lat. *lectisternium*) in Rom (399 v. Chr.) nimmt er mit → Merkur ein Speisesofa ein. Was die beiden Götter verbindet, ist nach heutiger Meinung der Handel. Bei den späteren Göttermahlen trat an die Stelle Merkurs → Minerva, der in Latium der Seehandel angelegen war.

In der Kaiserzeit Roms, in der der Kaiser grundsätzlich in den Stand eines Gottes erhoben werden kann (durch „Apotheose" wird er zum *Divus*), identifiziert sich der Kaiser mitunter mit Neptunus, wie etwa Octavian. Kai-

ser Sextus sah sich als Sohn des Gottes. In enger Nachbarschaft zu → Mars sehen wir N. auf dem Ager Tarqui-
niorum, auf dem die Neptunalia gefeiert wurden. Dort
teilten sich die beiden einen gemeinsamen Altar.

Unter den Tieren ist beiden das Pferd angelegen (s.
Mars, S. 144).

Die frühen Christen haben offenbar Mühe, Anstößiges
an N. zu finden. Minucius Felix kritisiert seine „meergrü-
nen Augen" als entehrend,[2] und Augustin spottet, Moses
habe keinen N. gebraucht, um das Meer zu durchschrei-
ten.[3]

[1] Vergil, *aen.* 1.13 [2] Micnucius Felix, *oct.* 23.5 [3] Augustin, *civ.* 4.34

PAN, griech., lat. Pana, → Faunus. Arkadischer Gott der
Berge, Schafe und Schafhirten, vielleicht überhaupt der
Hirten und auch Jäger; ursprünglich wohl ein Fruchtbarkeitsgott. Unter vielen verschiedenen Elternpaaren werden → Hermes und Dryope,[1] auch → Zeus und Hybris
genannt.[2] Als Sohn von Zeus und Kallisto soll er einen
Zwillingsbruder, Arkas, gehabt haben, Heros und Epo-
nym von Arkadien.[3]

P. ist der einzige griechische Gott, der teilweise Tier-
gestalt hat: Bocksfüße und Ziegenhörner, Ziegenbart und
-nase, spitze Ohren und einen kurzen buschigen Schwanz.
Er kam schon mit Ziegenbeinen und -hörnern und bärtig zur Welt und erschreckte damit seine Amme derart,
dass sie das Weite suchte.[4] Doch Vater Hermes, der sich
Dryope in Bocksgestalt genähert hatte und von dem P.
seine Gestalt hat, umsorgte das seltsame Kind liebevoll,
wickelte es in das Fell von Berghasen und brachte es zum
Olymp, um es den Göttern vorzuführen. Weil das Kind
alle (griech. *pantes*) in Entzücken versetzte, erhielt es den
Namen „P."

Attribute des P. sind ein Hirtenstab mit Krümme oder
ein Hasenwurfholz (griech. *lagóbolon*) als Waffe des Jägers

auf Kleinwild, manchmal eine Peitsche; ferner die Syrinx, die Hirten- oder Panflöte, als deren Erfinder er gilt (s.u.). Im Haar trägt er häufig einen Efeu- oder Fichtenkranz. Um seine Schultern liegt ein Pardel- oder Hirschfell. Eine Sichel in der Rechten zeigt ihn als Wächter der Gärten und Weinberge.

Der Gott gehört in den Kreis triebhafter Kräfte, wie sie von → Dionysos oder der → Kybele/Magna Mater verkörpert werden, deren Gefährte er auch gewesen sein soll.[6] Allein sein Anblick scheint die Menschen – wie schon seine Amme – in Angst und – „panischen" – Schrecken versetzt zu haben. Doch P. beeindruckt auch akustisch. Im Kampf der Götter gegen die Titanen lässt er auf Meermuscheln blasen, deren Laut die Titanen in die Flucht schlägt.[7] Im Kampf der Phoker gegen die Gallier vor Delphi macht er, dass die Gallier in völliger Verwirrung aufeinander einschlagen.[8]

P. ist lüstern. Zwölf Söhne von ungenannten Müttern soll er gehabt haben. Wenn er nicht Tiere jagt, stellt er den Nymphen nach und erweist sich auch da als Jäger. Am bekanntesten ist die Geschichte von P. und Syrinx. Nach einer Version hat P. einen Wettkampf mit Cupido (→ Eros) verloren. Zur Strafe sorgt der Liebesgott dafür, dass er sich in die Nymphe verliebt. P. stellt ihr nach, das Mädchen flieht, und die Nymphen am Fluss Ladon verwandeln es hilfreich in Schilfrohr.[9] Die Halme, die sich im Wind aneinanderreiben, bewegen P. so, dass er sieben ungleich lange Schilfrohre aneinanderbindet und so die Hirtenflöte erfindet, die nach der Nymphe den Namen Syrinx erhält. P. spielt selbst das Instrument: zum ersten Mal in den nomischen Bergen in Arkadien (an einem Platz, der später „Melpeia" genannt wurde: griech. *melpo* = „singen", „spielen", „tanzen"[10]). Am liebsten musiziert er des Abends nach der Jagd. Dann kommen die Nymphen und tanzen und singen zu seinem Spiel.[11] Auch die Bauern lauschen, wo immer sein Spiel erklingt,[12] vor allem in Arkadien meinen die Leute, seine Flöte zu hören.[13] Gelegentlich heißt es, er musiziere gemeinsam mit → Dionysos.[14] In der Mittagszeit hält P., müde von der Jagd, sein Schläfchen. Das nutzen die Nymphen und treiben mit ihm ihren Scherz, indem sie dem Schlummernden die Hände auf dem Rücken binden.[15]

Luna/Selene (→ Diana) verführt er mit einem wunderschönen weißen wollenen Vlies.[16] Dass er sich auch in die Wald- und Quellnymphe Echo verliebt, soll ein Werk der → Venus sein aus Rache dafür, dass P. den Achill zum Schönsten erklärt hatte.[17]

P. ist so töricht, sich auf einen Wettstreit im Musizieren mit → Apollon einzulassen. Er verliert, doch anders als mit Marsyas, der für seine Hybris mit seiner Schindung bezahlen muss, verfährt der Sieger mit ihm großzügig.[18] Diese Geschichte illustriert das Wohlwollen, das P. von Anbeginn bei den Göttern genoss (s. seine Geburt und seine Aufnahme bei den Olympiern).

Historisch spät bekommt P. kosmische Bedeutung. Macrobius berichtet, „einige" hätten ihn unter dem Namen „Inuus" für ein Bild der Sonne gehalten.[19] In Arkadien habe man in ihm nicht bloß den Herrn der Wälder gesehen, sondern auch den Herrscher über alle Substanz des Stofflichen.

Wohl über seinen Namen („Pan") wird er schließlich zum Allgott.[20] Seine Hörner sollen sowohl die Sonnenstrahlen als auch die „Hörner" (Sichel) des Mondes veranschaulichen, die gefleckte Hirschhaut sei ein Bild des gestirnten Himmels. – Artemidor[21] setzt ihn mit dem Albtraum (lat. *incubus*) gleich und vertritt damit die Tradition, die in P. den Ephialtes sieht („der auf die Brust des Feindes oder des Schlafenden springt";[22] → Faunus).

Befremdlich ist die Geschichte vom Tod des P., die Plutarch erzählt.[23] Zur Zeit des Tiberius sollte ein ägyptischer Seefahrer (Thamos) auf dem Weg nach Rom während einer Windstille eine Stimme vom Land her gehört haben, er solle, wenn er nach Palodes kommt, verkünden, der große P. sei tot. Das Schiff erbebt und wird wie von unsichtbarer Hand nach Palodes gelenkt. Thamos ruft die Botschaft hinüber zum Land, und es erhebt sich ein großes Wehklagen „wie von einer großen Menge Menschen".

[1] Hom. Hymn. 19, *an P.*, 33 [2] Apollodor, *bibl.* 1.5.1 [3] Apollodor, *bibl.* 3.8 f.; Pausanias 8.1–5 [5] Homer. Hymn. ebd. 32 ff. [6] Pindar, *frg.* 95.63, Sandys, S. 564 f.; vgl. ders. *pyth.* 3.76–79 [7] Eratosthenes, *katast.* 27 [8] Pausanias 10.23.5 [9] Ovid, *met.* 1.689–712 [10] Pausanias, 8.38.11 [11] Hom. Hymn. 19, *an P.*, 2 ff. [12] Lukrez, *rer. nat.* 4.586 ff. [13] Pausanias, 8.36.8 [14] Lukian, *dial. deor.* 22.2 [15] vgl. Theokrit 1.15–18; Philostrat, *imag.* 2.11.10 ff. [16] Vergil, *georg.* 3.391-393; Macrobius, *sat.* 5.22.9 [17] Hederich, Sp. 971 [18] Ovid, *met.* 11.146 ff.; Lykophron 1401 [19] Macrobius, *sat.* 1.22.2 [20] Isidor, *etym.* 8.11.81 [21] 2.37 [22] s. Kl. Pauly 2, Sp. 297 [23] Plutarch, *de def. or.* 17.419Bf.

PERSEPHONE, griech., Tochter von → Demeter und → Zeus, lat. Proserpina, etr. Phersipna. Gemahlin des → Hades, Göttin der Unterwelt. Ihr Mythos ist arm an Ereignissen, ihre Erscheinung vergleichsweise insignifikant.

Die bekannteste Geschichte ist ihre Entführung durch Hades, den Gott der Unterwelt. Als P. mit Athena und Artemis in der Gesellschaft von Nymphen spielt und Blumen pflückt, erscheint er plötzlich und entführt das Mädchen.[1] Ovid schildert, wie Proserpina in einem Hain spielt und Veilchen und weiße Lilien pflückt, als plötzlich Pluto/Hades, dessen Herz ein Pfeil des Amor (→ Eros) getroffen hat, in seinem von schwarzen Rossen gezogenen Wagen auftaucht und das heftig sich wehrende Mädchen raubt.[2] Verzweifelt macht sich → Demeter auf die Suche nach der Tochter. In den eleusischen Mysterien werden Mutter und Tochter schließlich wieder vereint, und sie steigen gemeinsam auf zum Olymp, wo ihnen das ewige Leben winkt. Der Seelengeleiter → Hermes führt P. aus der Unterwelt.

Wir begegnen hier einem von vielen gleichnishaften Mythen um Tod und Auferstehung, ähnlich dem ewigen

Kreislauf von Abstieg in die Unterwelt und Wiederkehr des Adonis (→ Venus).

Als Herrscherin der Unterwelt scheint sie sich ihr freundliches Wesen zu bewahren. Unter anderem soll sie Admet die Gemahlin Alkestis zurückgegeben haben.[3] Mit → Aphrodite allerdings gerät sie in Streit um den schönen Adonis.

In der griechischen Kunst gleicht P. ihrer Mutter häufig bis in die Einzelheiten und erscheint wie deren verjüngte Inkarnation. So heißt sie griechisch auch schlicht *Kore* (griech., „Mädchen"). Eine solche Duplizität ist gerade der frühgriechischen Zeit recht geläufig. Im Fall der P. scheint sie eine besondere Bedeutung zu haben: P. soll das einzige Kind der Demeter gewesen sein und ihr besonders verbunden.[4] – Im Allgemeinen wird P. denn auch als junge Frau dargestellt. Als Göttin der Unterwelt und Gemahlin des Hades sieht man sie häufig mit Krone und Zepter neben ihm thronen, auch von einem Hahn begleitet, der die Unterwelt symbolisiert.

[1] Hom. Hymn. 2, *an Demeter*, 424, u.a. [2] Ovid, *met.* 5.385; vgl. Claudian, *proserp.* [3] Appolodor, *bibl.* 1.19.15 [4] Appollonios Rhodios 3.847

PLUTO → Hades

POMONA → Vertumnus

PORTUNUS. Ein alter römischer Gott, dem man schon im 6. Jh. v. Chr. am 17. August die *Portunalia* ausrichtete. Er hatte einen Eigenpriester. Sein Tempel steht – heute unter dem Namen der *Fortuna virilis* – auf dem Forum Boarium am Tiber, unweit des Pons Aemilianus (heute Ponte Palatino). Das Tempelbild soll einen Schlüssel getragen haben. Dieses Attribut lässt an den Türwächter → Janus denken. Wie dessen Name auf ein Wort für „Durchgang" und „Tür" verweist, so leitet man auch den Namen des P. ab von einem Wort für „Tor/Tür" (vgl. Zwölf-Tafel-Gesetz II.3) und später „Hafen" (lat. *„portus")* ab.[1] Damit zeigt der Gott sich als Hüter des Hafens, der doch recht eigentlich ein Tor ist. P. soll ein Sohn der → Mater Matuta sein, Schutzgöttin der Seefahrt. Später hat man P. mit dem griechischen Palaimon gleichgesetzt.[2] Es scheint, dass er dabei seine mütterliche Anlage zum Helfer in Seenot entwickelt.

[1] vgl. Cicero, *nat.* 2.66 [2] vgl. Vergil, *aen.* 5.241, 5.823; Ovid, *fasti* 6.545 ff.

POSEIDON, griech., lat. → Neptunus, etr. Nethunus/Nethuns. Gott des Meeres und der Erdbeben. Sohn von → Kronos und R(h)ea, Bruder des → Zeus und des → Hades, von → Hera, → Demeter und → Hestia. Die drei Brüder teilen die Erde unter sich auf, und das Los entscheidet: Zeus erhält den Himmel, Hades die Unterwelt, P. das Meer. Anders als Zeus, dessen Wohnung auf dem Olymp liegt, und Hades, der in seinem Palast in der Unterwelt residiert, hat P. keinen festen Wohnsitz, obwohl Homer von einem golden erstrahlenden, unvergänglichen Palast in einem Salzsee in Aigai spricht.[1] Eine Residenz scheint der nicht gewesen zu sein. P. bewohnt das Meer, aber auch (und vielleicht zuerst) die süßen Gewässer.

Ursprünglich war P. wohl der mächtigste Gott der Ägäis. Zerstörerische Naturgewalten stehen ihm zu Gebote: Erdbeben, der Sturm, das entfesselte Meer. Seine bedrohliche Gewalt wird durch den ihm verbundenen Stier veranschaulicht, der auch sein bevorzugtes Opfertier ist. Der Machtbereich des P. war keineswegs auf die Gewässer beschränkt, sondern erstreckte sich ebenso auf das Land, was daraus ersichtlich wird, dass er auch als

Verursacher der Erdbeben galt. So haben nach heutiger Auffassung die einwandernden Griechen den Gott in der Ägäis vorgefunden. Er scheint der Fantasie eines Landes entsprungen, das vom Meer umspült, in viele kleine Inseln aufgespalten ist und von Erdbeben erschüttert wird.

Eine Vorstellung von seiner gewaltigen Erscheinung vermittelt die Ilias.[2] Der Boden erzittert unter dem Schritt des Gottes, des „Erderschütterers", und gewaltig ist auch seine Stimme: Als er dem Griechen Agamemnon vor Troja in Gestalt eines alten Mannes erscheint und ihn zum Kampf anfeuert, schreit er so laut wie „neuntausend aufschreien oder zehntausend Männer im Kampf".[3]

Wie ein Reflex auf das unstete Element, das er vertritt, wirkt seine bemerkenswerte Wandlungsfähigkeit: Demeter nähert er sich in Rossgestalt, als Widder schwängert er Theophane, die den berühmten Widder mit dem goldenen Vlies hervorbringen wird, als Vogel zeugt er mit der Gorgo Medusa den Chrysaor und das Flügelross Pegasos.

Spätestens in geschichtlicher Zeit hat P. seinen Platz im griechischen Mythos. Seine Vormachtstellung hatte er an (den von den Griechen mitgebrachten) → Zeus abtreten müssen.

Der Mythos erzählt: P. teilt das Schicksal seiner Geschwister, Vater Kronos verschlingt ihn gleich nach der Geburt und speit ihn später wieder aus.[4]

Über den Heranwachsenden erfahren wir nichts (vgl. dagegen die Kindheit der → Artemis/Diana oder des → Hermes/Merkur). Erst erwachsen sehen wir ihn im Kampf der Götter gegen die Giganten (→ Zeus, S. 178), wo er seinen Dreizack als Waffe einsetzt, später im Kampf um Troja (neben → Athene) auf der Seite der Griechen, während Zeus die Troer unterstützt. P. hat allen Grund, den Troern zu zürnen. Gemeinsam mit Apollon hatte er Laomedon, dem König von Troja, eine Mauer um die Stadt gebaut,[5] der aber hatte die Götter um ihren Lohn betrogen und sie obendrein aufs Übelste beschimpft und bedroht. – Den nach dem Krieg um Troja heimkehrenden Odysseus verfolgt P. mit seinem Groll, denn der Grieche hat P.s Sohn Polyphem (s.u.) geblendet. Er zerbricht sein Floß auf hoher See, nackt kann sich der Schiffbrüchige zu den Phaiaken retten.

Im Wettstreit mit Athene schlägt P. auf der Akropolis von Athen mit seinem Dreizack einen Quell von Salzwasser (oder einen Brunnen) aus dem Boden.[6] Spätere Mythografen berichten, P. habe auf diese Weise auch das Pferd erschaffen.[7] Bekanntlich gewinnt Athene den Wettstreit mit ihrem Geschenk an die Athener, dem Ölbaum (s. S. 46 f.). Der Unterlegene schickt verärgert eine Flut über das Land.[8]

Eine besondere Beziehung hat P. zu Pferd und Wagen. Die Griechen riefen den Gott vor Wagenrennen an und schworen bei seinem Namen einen fairen Wettkampf. Seine „schnell dahinfliegenden" Rösser, die ein goldenes Fell und eherne Hufe haben, treibt P. mit goldener Geißel an, wenn sie mit dem Wagen, der eine eherne Achse hat, dahinfliegen, legt ihnen goldene Fesseln an[9] und füttert sie mit Ambrosia. P. ist auch zuständig für die Zähmung der Pferde.

P. hat zahlreiche Kinder von verschiedenen Frauen. In ihnen findet sich die Wandlungsfähigkeit des Gottes wieder. Viele seiner Kinder sind Ungeheuer, wie der einäugige, menschenfressende Riese Polyphem und der Riese Antaios, oder Mischwesen, wie der fischschwänzige Triton (oder – in der Mehrzahl: Tritonen), das Flügelpferd Pegasos, der berühmte Widder mit dem goldenen Vlies, das Pferd Areion, das er in Hengstgestalt mit Demeter gezeugt hat und viele andere. Aber auch der zivilisierte Theseus ist sein Sohn. Als König Minos dessen Göttlichkeit anzweifelt und auffordernd seinen Ring ins Meer wirft, taucht Theseus hinab, kehrt mit dem Ring und einem goldenen Kranz der Amphitrite zurück und beweist so seine göttliche Abstammung.[10]

Die Hochzeit des P. mit der Meeresgöttin Amphitrite, einer Tochter des Okeanos, wird in der Bildkunst als „Triumph der Amphitrite" thematisiert, häufig in Anlehnung an die Ikonografie der Fahrt der → Aphrodite/Venus nach Kythera. Ihre Kinder sind Triton (s. o.), der dem Wasser verbunden ist, und Rhode, die der Erde zugehört. Beide verkörpern somit das Wesen des Vaters.

Die Attribute des Gottes sind vornehmlich auf das Wasser bezogen: Der Dreizack mit langem Schaft, der als Harpune beim Fischfang dient (ursprünglich soll er P. als „Blitzgott" charakterisieren[11]), der Fisch, der Delfin, die Tritonmuschel, die Prora (das Vorderteils des Schiffs), auf die er seinen Fuß setzt. Seine Gestalt ähnelt der des Zeus und ist oft ohne ein helfendes Attribut nicht von ihm zu unterscheiden. Wie jener ist er in der Regel ein bärtiger Mann reiferen Alters mit vollem Haupthaar, das jedoch wie vom Sturm zerzaust erscheint und seiner Gestalt damit doch eine gewisse ikonografische Eigenständigkeit verleiht. Manche Mythografen sehen sein Haar blauschwarz, auch blau; blau ist er auch gekleidet.[12]

Unter den bildlichen Darstellungen kommt, neben dem Triumph der Amphitrite (s.o.), dem Triumphzug des P. mit all seinen Geschöpfen, dem Meeresthiasos, besondere Bedeutung zu. Er entspricht zu Wasser dem Siegeszug des → Dionysos zu Land. Der Gott wird geleitet und begleitet von fischschwänzigen Hippokampen (Pferden mit Fisch- oder Schlangenleibern) und Tritonen: „Die Ungeheuer des Meeres umspringen freudig ihren Herrn", heißt es in der Ilias.[13]

---

[1] Homer, *il.* 13.21 f. [2] ebd. 13.10 ff. [3] *ebd.* 14.148 f. [4] Hesiod, *theog.* 459 ff. u. 501 f. [5] Homer, *il.* 7.452 f. [6] Apollodor, *bibl.* 3.14.6; Pausanias 1.26.6 [7] Myth. Vat. I 2; II 110 [8] Apollodor, *bibl.* 3.14.1 [9] Homer, *il.* 13.25 f. u. 13.35-38 [10] Pausanias 1.17.3; Hygin, *astron.* 2.5 [11] Kl. Pauly 4, Sp. 1077 [12] Cornutus, *nat. deor.* 22 [13] Homer, *il.* 13.27-30

PRIAPOS, griech., lat. Priapus. Gott der Fruchtbarkeit von Mensch, Tier und Pflanze. Ursprünglich bekannt an der kleinasiatischen Küste des Hellespont, in der Troas. Über seine Eltern gibt es unterschiedliche Nachrichten. Die Vaterschaft des → Dionysos[1] oder auch des → Hermes[2] erklärt das Wesen des Gottes, indem er ihn in seiner Erscheinung vorstellt mit einem großen oder gar riesigen Phallus. Der ist das Instrument generativer Fruchtbarkeit und Zeugung des Mannes, dessen Bild man auch im dionysischen Thiasos zeigt. An der Herme (dem „Mercurius Quadratus") steht der (gewöhnlich) erigierte Phallus eigentlich für das Prinzip der wirkmächtigen Zeugung des Geistes im Götterboten.

P. dagegen ist die nackte Fleischeslust („Sex"): Der Wein mache, dass dem Mann die Glieder schwellen und ihm der Sinn nach den Vergnügungen der Liebe steht, sagt sinngemäß Diodor.[3] So hat man in ihm auch eine Verkörperung des Dionysos gesehen.[4] Der Mythograf (II 38) wird erzählen, P. sei in Lampsacus Priester des Liber Pater (→ Bacchus), des Gottes der Wollust gewesen. Er sei seines riesigen Phallus wegen aus dem Ort vertrieben worden. Vielleicht missfiel sein Anblick, denn P. ist wohl hässlich!

In Lampsacus opferte man dem P. Esel, die wohl allgemein als hässlich galten und als geil.[5] Bei Hygin und anderen steht die Geschichte, wonach P. einmal mit einem Esel um den größeren Phallus streitet und verliert.[6]

Sein Kult verbreitet sich, vielleicht im Zusammenhang mit dem Alexanderzug, über die griechische Welt. So kommt P. als „Priapus" auch nach Rom und verbreitet sich von dort über das Imperium. Dabei mag seine lebenerhaltende Kraft ihn zugleich zum Schutzgott der Wanderer, in Griechenland auch der Fischer und Schiffer machen.[7] Gleich dem → Eros/Amor, passend zu beider Bedeutung, erwirbt er eine Allgegenwart, die sich in seinem Bild manifestiert, das gewöhnlich Hermengestalt hat und vielerorten aufgestellt war. Es ist gewöhnlich aus

Holz, einem vergleichsweise verderblichen Werkstoff (gerne aus dem „nutzlosen" Feigenholz![8]). Eher selten scheint es künstlerische Sorgfalt zu genießen. Typisch ist dabei sicher, dass der Mann nackt ist. Man sah ihn aber auch in Kleidung, unter der der Phallus deutlich sichtbar wurde, von der Hand gehalten oder gar entblößt. Auch hieß es, man habe ihn auf dem Lande nackt, in der Stadt bekleidet gezeigt.[9] Dass man sein Bild geradezu als Hausgott aufstellte, dass man ihn in Läden und Gasthäusern traf,[10] veranschaulicht seine populäre Allgegenwart wohl als Helfer und Beschützer.

In Rom hat man ihn im Sinne seiner apotropäischen Kompetenz auch in Gärten aufgestellt als Diebes- und Vogelscheuche, welch Funktion gut zu einer sorglosen Gestaltung passt.[11] Es ist denkbar, dass er im Garten zugleich die Fruchtbarkeit fördern sollte.[12] Amüsant in diesem Kontext Vergil im *Catalepton* Ia und IIa, wo der P. aus Pappelholz, aufgestellt als Wehr gegen Diebeshand, fürchtet, im Winter verheizt zu werden, und bangt, der Verwalter könne ihm das Glied ausreißen und als Keule benutzen.[13]

[1] von einer Nymphe: Strabo 13 [2] Hygin, *fab.* 160 [3] Diodor, 4.6.1 [4] Athenaios 1.30b und 5.201c [5] vgl. Ovid, *fasti* 1.391 u. 1.430 f. [6] Hygin, *astron.* 2.23.2 [7] Kl. Pauly 4, Sp. 1130 f. [8] Horaz, *serm.* 1.8.9 [9] Anth. Palat. 4.12 [10] Kl. Pauly 4, Sp. 1131 [11] Tibull 4.1 [12] vgl. Kl. Pauly 4, Sp. 1130 [13] Vergil, *cat.*, s. *Vergil, Landleben,* ed. Götte, S. 6 f., Ia u. IIa

PROSERPINA → Persephone

QUIRINUS, lat. Italischer Gott der ältesten Besiedler des Hügels in Rom, der nach ihm später den Namen Quirinal erhielt. Sein hohes historisches Alter wie auch seine vermutlich ursprüngliche Bedeutung zeigen, dass er einen eigenen Flamen, einen Sonderpriester hat, wie auch → Juppiter und → Mars, mit denen er eine Trias bildete.

Diese Trias hatte einen hohen Rang, ehe sie von der Trinität Juppiter – → Juno- → Minerva abgelöst wurde. Man weiß auch von Verbindungen des Q. mit → Vesta, → Janus und → Portunus.[1]

Q. war ein kriegerischer Gott, der nach dem Zusammenschluss von Quirinal und Palatin allmählich hinter dem ihm wesensverwandten Mars zurücktritt und mit ihm eine Personalunion einzugehen scheint. Andererseits bewahrt er bei den Feiern der Salier (lat. *salii*) seine kultische Präsenz eigenständig neben Mars. Im Dienst von Kriegsgöttern gliedern die Salier sich in zwei Bünde (*sodales*): Die Feiern der *Sodales Palatini* gehören dem Mars *Gradivus*. Die Feste der *Sodales Collini* (auf den Quirinal bezogen) gehören dem Q., den man für den vergöttlichten Romulus, den Sohn des Mars, hält. So seit augustäischer Zeit häufig in der Literatur.[2]

[1] Kl. Pauly 4, Sp. 1314 f. [2] Vergil, *aen.* 1.292; Ovid, *fasti* 2475 ff.; Ovid, *met.* 14.805 f.

Saturnus, lat., etr. Satre(?); Saturn. S. teilt das übliche Schicksal römischer Götter und übernimmt spätestens in hellenistischer Zeit – unter Beibehaltung seines lateinischen Namens – die Mythen seiner griechischen Entsprechung, des → Kronos. So ist es nun Cybele anstelle der R(h)ea, die ihrem Gemahl, der hier S. heißt, einen in Windeln gewickelten Stein reicht, den er verschlingen wird (s. S. 134). Selbst gleichgesetzt mit Kronos, hat S. seine eigene Geschichte und sein eigenes Wesen, während beide auf je ihre Weise auf uralte orientalische Wurzeln verweisen (vgl. den phrygischen Satra, Kl. Pauly 4, Sp. 1570). Archäologen sprechen von den „gefesselten Göttern", die der Frühzeit der Religionen angehören.[1] Im Namen des S. erkennen Sprachwissenschaftler eine Verwandtschaft mit einer indogermanischen Wurzel für „Gebundensein". Späte Quellen berichten, S. sei mit

→ Juppiter/Zeus in kriegerischen Streit geraten, von ihm besiegt und in Fesseln gelegt worden. Danach sei S., nun von den Fesseln befreit, nach Italien geflohen.[2] Der Ort Drépanum auf Sizilien (das heutige Trapani) soll seinen Namen von der Sichel (griech. *drépanos*) haben, die S. auf seiner Reise der Sage nach dort hinwarf.[3] In Rom habe ihn König → Janus empfangen, der von ihm dann den Anbau von Wein und den Gebrauch der Sichel (lat. *falx*) lernte. Als Mitherrscher hat er seine Residenz auf dem Kapitol. So sehen wir S. schließlich entschieden als Kulturbringer, auch als Patron nicht nur des Weinbaus, sondern auch des Ackerbaus.[4] Daher hat man den Namen S. auch mit *satus* (lat., „Saat", „Zeugung") in Verbindung gebracht. Der Gott des Ackerbaus gilt manchmal als Gemahl der Ops, der Göttin des Überflusses, unter deren Schutz das Gedeihen der Feldfrucht steht und die deshalb auch als der Unterwelt angehörende („chthonische") Göttin angesehen wird (vgl. Pluto/→ Hades). Es ist sicher der Kulturbringer, der als Wächter der Schatzkammer in der Spätantike zum Patron des Geldwesens wird.[5] Boccaccio wird sagen, S. habe das Metallgeld nach Italien gebracht.[6]

Der Kult des S. war schon in der Königszeit in Rom etabliert. Die im Laufe der Zeit zum Volksfest gewordenen Saturnalien (am 17. Dezember, dem Tag der Einweihung des Tempels des S., später bis zu sieben Tage) wurden noch im fünften nachchristlichen Jahrhundert gefeiert. Zu diesem Fest legte S. die Fesseln ab, die sein Charakteristikum sind. Auch das Kultbild in seinem Tempel zeigte sie. Dem Ablegen der Fesseln entspricht, dass während des Festes Sklaven Ferien genossen und dabei gar von ihren Herrn bedient wurden. Auch Gerichte und Schulen waren von ihren Pflichten beurlaubt. Das Fest entspricht in vielen Aspekten Festen zum Jahresende in christlicher Zeit. Die „Entfesselung" mag verstanden werden im Sinne einer zeitlichen Entpflichtung von den Verbindlichkeiten einer Diszplin, wie Kultur, wie eben S., sie mit sich bringt.

So hat Kronos in der Gestalt des „Römers" S. nun seinen finsteren Aspekt weitgehend abgelegt und zeigt sich
von einer freundlichen Seite, wie sie bereits bei Hesiod
aufscheint (*erga* 111 ff.). Hier heißt es, die Menschen haben unter der Herrschaft des Kronos in einem goldenen
Zeitalter in ständiger Glückseligkeit gelebt. Orakel hatten
die Wiederkehr dieses Goldenen Zeitalters (der *aurea ae-
tas*) geweissagt.

Die Nachantike hat über dem Kulturbringer den finsteren Gott des griechischen Mythos nicht vergessen.
Das geschieht in seiner „Verkörperung" als Planetengott
mit dem Namen S., in den sinnvoll auch der zeitbezo-
gene Chronos eingeht. Gemeinsam mit → Mars gilt er als
missgünstiger Stern, als boshaft und schädlich.[7] Er bringe
den Menschen weder Reichtum noch Ruhm, dafür Träg-
heit oder Stumpfsinn, Langsamkeit und Kälte (wegen
seiner Stellung fern von der Sonne[8]). Er sei kalt und tro-
cken, und man assoziierte mit ihm hohes Alter, bitterste
Armut und Tod. Seine Farbe sei schwarz, sagt der Mythographus Vaticanus I (1.4). Entsprechend negativ werden
auch die unter dem Planeten S. Geborenen geschildert.
Die *saturnii* seien verfressen, habgierig, übelwollend, arm
„bis zur Notdürftigkeit",[9] sogar Leichenschändung wird
ihnen da nachgesagt.

Wenn Vergil in der vierten Ekloge von einer Wiederkehr des Goldenen Zeitalter unter S. spricht, so hat er dabei kaum den düsteren Planetengott im Sinn.

In arabischen Schriften wird dem S. seit dem 9. Jh. die
Melancholie an die Seite gestellt, die der Neuplatonismus
philosophisch für das Temperament des schöpferischen
Menschen hält.

Die Bildkunst zeigt den S., gleich dem Kronos, als älteren Mann mit vollem Haupt- und Barthaar und dem
für ihn charakteristischen verhüllten Hinterkopf, über
den er den Mantel gezogen hat. Eine Sichel oder eine
Harpe (wohl das gezähnte Messer des Weinbauern) sind
seine Attribute. Darin gleicht er dem Kronos, von dem

er sich jedoch charakterlich und durch seine Zuständigkeiten unterscheidet, was wohl in der Harpe anschaulich wird.

[1] s. E. Simon, *Römer*, S. 193 [2] Macrobius, *sat.* 1.7.22; Myth. Vat. III 1.2; Remigius 1.5.22, ed. Lutz, Bd. 1, S. 73 [3] Servius, *aen.* 3.707 [4] s. Macrobius, *sat.* 1.7.21 [5] Varro, *ling. lat.* 5.183 [6] Boccaccio, *gen.* 8.1 [7] Macrobius, *comm.* 1.19.20 [8] Remigius 1.13.1, ed. Lutz, Bd. 1, S. 91 [9] Boccaccio, *gen.* 8.1, unter Berufung auf den arabischen Astrologen Albumasar.

SILVANUS, lat., etr. Selvans. S. ist eine eigenständige römische, wohl voritalische Gottheit ohne griechische Entsprechung. Man hat ihn oft mit → Pan in Verbindung gebracht. Er ist ohne eigenen Stammbaum und ohne eigenen Mythos. Sein Name ist mit dem lateinischen *„silva"* (Wald) – vielleicht nicht ursprünglich – verwandt, von dem wiederum sich das Adjektiv *silvestris* (im Sinne von „wild") ableitet. Vielleicht über seinen so verstandenen Namen meinte man, dass er im Wald sich durch geheimnisvolle Stimmen vernehmbar machte. Diese besondere Weise der Präsenz teilt er mit dem ihm eng verwandten → Faunus. Seine eigentliche Zuständigkeit aber galt den Äckern und Herden,[1] als Patron der Bauern.[2] Nach Servius erfand er das Anpflanzen und erscheint so doch wohl als Kulturbringer.[3] Doch bleibt, dass sein eigentliches Tun das Wesen fruchtender (auch gewalttätiger) Vitalität hat. Cato weiß, dass Frauen ihm nicht opfern durften.[4] Merkwürdig, dass man in ihm eine Gefahr für die Wöchnerin (lat. *feta*) sehen konnte, wie Augustin berichtet.[5]

S. war ähnlich den Laren (→ Lar) und Penaten eine im privaten Bereich wirkende Schutzgottheit, besaß also – anders als Faunus – keinen Staatskult. Dagegen waren es häufig Vereine, die ihn zu ihrem Patron machten. In enger Verbindung stand er zu → Mars, möglicherweise bildete er mit diesem sogar ein *numen mixtum*. Auf einem Tondo Hadrians am Konstantinsbogen in Rom erscheint

S. in der Gesellschaft von → Apollo, → Diana und → Hercules als einziger Gott ohne Staatskult.

Mit den Laren teilt er das Attribut des Hundes und die Opfertiere Schwein und Widder. Sein Jagdtier ist der Bär.

Die römische Bildkunst zeigt ihn im Typus eines älteren bärtigen Mannes mit vollem gelockten Haupthaar, mitunter dem Juppiter nicht unähnlich. Er ist meist nackt bis auf ein Mäntelchen, seltener auch ein Schaffell, das um die Schultern gelegt ist, niedrige Fellstiefel an den Füßen. Gelegentlich ist sein Mantelbausch mit Früchten gefüllt. Ein Pinienkranz (Kranz aus Pinienzapfen und -zweigen) im Haar legt eine Deutung als Waldgott nahe. Horaz nennt ihn einmal *horridus*,[6] wir würden sagen: einen Naturburschen. Der Hund sitzt oder steht meist an seiner Seite und schaut zu seinem Herrn auf.

In der römischen Kaiserzeit, vor allem in der 1. Hälfte des 2. Jhs. n. Chr. (d.h. von Trajan bis Antoninus Pius), erfuhr S. besondere Pflege. Ausnahmsweise sehen wir ihn da auch in Gestalt eines Jünglings, wie auf einem Relief, das den jungen Antinous, den Favoriten des Kaisers Hadrian, als S. darstellt, hier mit einem Winzermesser in der erhobenen rechten Hand unter einer Weinlaube stehend.

Jedes zu einer Villa rustica gehörige Grundstück hatte seinen eigenen S. domesticus, vornehmlich als Hüter der Grundstücksgrenzen (als *tutor finium*, als „Hüter der Grenzen").

Ein heiliger Hain des S. lag nahe der etruskischen Stadt Caere (heute Cerveteri; s. Vergil, *aen.* 8.600 ff.).

Der etruskische Selvans erscheint stets jugendlich. Eine Bronzestatuette z.B. stellt ihn nackt, nur mit Fellstiefeln und dem Skalp eines wilden Tieres als Kappe dar. Wie S. war er ein reiner Kultgott ohne eigenen Mythos.

---

[1] Vergil, *aen.* 8.601 [2] Isidor, *etym.* 8.11.81 [3] Vergil, *georg.* 1.20 [4] Cato, *agr.* 83 [5] Augustin, *civ.* 6.9: struppig, rauh, ungeschmückt; [6] Horaz, *carm.* 3.29.22 ff.

TELLUS. Römische Göttin der Erde, die man mit der griechischen Ge/→ Gaia und auch der → Demeter gleichsetzte. Es scheint, dass man in ihr ursprünglich und eigentlich die lebenspendende Fruchtbarkeit der Erde (des Bodens) sieht,[1] in welchem Sinn sie eng verbunden ist der → Ceres. Im Unterschied dazu heißt das Element (und auch der Körper) Erde *terra*,[2] die aber als *Terra Mater* („Mutter Erde") nicht selten auch für T. steht.

[1] vgl. Servius, *aen.* 10.252: *fertilis frugum pecorisque*: „fruchtbar an Ackerfrucht und Vieh" [2] ebd. 1.171 u. 12.778

TERMINUS, lat. Römischer Gott der Grenzen, wesentlich der in der Terminatio festgelegten Grenzen zwischen den bäuerlichen Anwesen, eigentlich der Felder und Äcker (*arva*, sagt Ovid[1]). T. ist ein Stein oder ein Pfahl,[2] der die Grenze zeigt und bestätigt. Er verkörpert den Gott und damit göttliche Macht. Sein kultischer Rang entspricht einem genuinen Anliegen römischer Kultur, wie sie sich auch in der Vorstellung von → Janus zeigt, der logisch den T. voraussetzt, sofern dem Janus der Übergang angelegen ist. T. bestimmt und bestätigt die Grenze und trennt damit eines vom anderen. So hat er zwei Seiten und blickt in entgegengesetzte Richtungen. Eine Grenze schafft Nachbarn. Der Kult veranschaulicht das zugleich Trennende und Verbindende, wenn die Herren (*domini*) von je ihrer Seite her den T. bekränzen und ihm Opferkuchen spenden.[3] Wer einen solchen T. willkürlich versetzte, galt als verflucht (*sacer*).[4]

Den religiösen Rang des Gottes veranschaulicht eine aetiologische Geschichte, die einen Ursprung erklärt und bemerkenswert häufig überliefert wird (z.B. Livius 1.55.3): Als man den Juppitertempel auf dem Kapitol baute, war da ein „T." in Gestalt eines unbehauenen Steines im Wege. Er ließ sich nicht vom Platz bewegen. So bezog man ihn in den Tempel ein und öffnete darüber das Dach, weil es als Frevel galt, den T. unter einem Dach zu halten.[5]

Dieser Stein wurde zum Kultzentrum des Gottes, der schon seit „ältester Zeit" Juppiter *Terminus* hieß und nun doch als solcher diesen Platz neben dem Göttervater beanspruchte. Sein von Titus Tatius oder Numa eingesetztes Fest feierte man am 23. Februar. Ovid[6] erzählt von einer Feier am 6. Meilenstein der Via Laurentina. Der 23. Februar war der letzte Tag des alten römischen Kalenders. Daraus hat man geschlossen, T. sei ursprünglich ein Gott des Jahresendes und damit zugleich auch zuständig für Grenzen in der Zeit, im zeitlichen Ablauf des Jahres. Auch hier sollte sich ein wesentlicher Unterschied zeigen in den Zuständigkeiten von T., der eine Grenze bezeichnet, und Janus, dem deren Überschreiten angelegen ist. Unterschied und Gemeinsamkeit im Wesen der beiden zeigen sich auch darin, dass T. immobil, das Überschreiten offenbar eine Bewegung ist, in welchem Sinn man den Namen des → Janus vom Verb *ire* („gehen") abgeleitet hat. Auch möchte man vielleicht beobachten, dass T. sich in einem Körperlichen manifestiert, während Janus seine Körperlosigkeit vielleicht auch der Tatsache verdankt, dass der Ort eines Übergang seinem Wesen nach eben leer ist. Interessant auch die Vorstellung, dass ein T. nicht überdacht sein darf und dass das Wort *ianus* lexikalisch einen bedeckten Gang meint (→ Janus).

[1] Ovid, *fasti* 2.640 [2] ebd. 641 f. [3] ebd. 2.643 f. [4] vgl. Kl. Pauly 5, Sp. 609 [5] „Terminus quo loco colebatur, super eum foramen patebat in tecto, quod nefas esse putarent, Terminum intra tectum consistere": Festus P.368 M., Lindsay, S. 505.22 ff. [6] Ovid, *fasti* 2.639–684

VENUS, etr. Turan, röm. Muttergottheit, Göttin der Fruchtbarkeit, Liebesgöttin, die der griechischen → Aphrodite entspricht. Der Name V. ist nicht eindeutig aus dem altlateinischen *venos* zu erschließen (vgl. Kl. Pauly 5, Sp. 1174).

Als eine der V. entsprechende Gottheit kann → Mater Matuta gelten, eine latinische Vorläuferin und Muttergottheit, die wohl der orientalischen Astarte vergleichbar und wie jene auch als Liebesgöttin aufzufassen ist. Schon die Etrusker der archäischen Zeit verehrten die Muttergottheit V. als Mutter des Aeneas. In der römischen Usprungssage folgt Aeneas einem Stern, mit dem die Liebesgöttin sich ihm zeigt, bis Lavinium.

Die älteste Kultstätte jener Göttin, die die Lavinier „Frutis" nannten, war vermutlich das *Frutinal*, das in der Gegend von Lavinium ausgegraben wurde und das mit dem von Strabo[1] als „Aphrodision" bezeichneten heiligen Bezirk identisch sein dürfte.

Im Lauf des 3. Jhs. v. Chr. erlosch der dortige Kult allmählich in dem Maße, in dem sich Rom zur Metropole entwickelte. Den ersten Tempel bauten die Römer der Göttin im Jahr 295 v. Chr. Interessant ist die Kultgenossin der V. in deren zweitem Heiligtum, auf dem Kapitol: *Mens* (lat., „Vernunft"), die sich wie ein Korrektiv der Liebesgöttin ausnimmt, die so ganz Emotion ist. Von größerer Bedeutung ist ihre Gruppierung mit → Mars, die in der Allegorese zum Symbol der *Concordia* (lat., „Eintracht") wurde, und in der römischen Bildkunst zu einem eigenen Typus geworden ist. Dies zeigt schon, dass die Gruppierung der V. mit Mars nichts mit dem griechischen Mythos von Aphrodite und Ares und deren Liebesaffäre zu tun hat, sondern von rein politisch-religiöser Bedeutung ist.

Schließlich bildet V. in der Spätzeit zusammen mit *Roma* eine kultische Einheit. Sie teilte sich als V. *Felix* mit der *Roma Aeterna* ein Heiligtum auf dem Forum.

Über Aeneas wird sie schließlich zur Stamm-Mutter des julischen Geschlechts und als V. *Genetrix* verehrt.

Die wechselseitige Annäherung von Aphrodite und V. geschieht in Rom relativ spät. Mit der griechischen Göttin der Liebe taten sich die Römer schwer. Auch ihr Name

wird in frühen römischen Kulttexten nicht genannt. Erstmals erscheint der Name *Venos* in der zweiten Hälfte des
4. Jhs. v. Chr., und zwar im Zusammenhang mit der Darstellung des Streits zwischen der Göttin und Proserpina
um das Kind Adonis (→ Persephone). Damit ist klar, dass
V. damals bereits mit Aphrodite gleichgesetzt wurde,
denn der Adonismythos stammt aus Griechenland. Nach
Rom gelangte er vermutlich über die Göttin Turan der
Etrusker, die V. und Adonis auch in kultischer Gemeinschaft verehrten.

V. ist Verbindungen mit zahlreichen anderen Numina
eingegangen. Als V. *Mefitis (Mephitis)* erinnert sie an jene
panitalische Göttin, die schon früh mit V. gleichgesetzt
wurde. Sie war die Göttin des Schwefels, den man seiner reinigenden Kraft wegen verehrte.[2] Die Mefitis vom
Esquilin war neben der Cloacina vom Forum Romanum
die früheste stadtrömische Vorläuferin der V. Mit Cloacina verbindet sich V. zur V. *Cloacina* und wird so zur Ga-
rantin der Reinheit der Stadt Rom.

Zur reinigenden Kraft gesellt sich zwanglos die hei-
lende, über die V. verfügt. In der *Aeneis* sehen wir sie mit
dem Kraut *dictamnum* die Wunde ihres Sohnes heilen.[3]
So ist es wohl auch folgerichtig, dass V., die durch Kräu-
ter zu heilen verstand, auch als Göttin der Gärten verehrt
wurde. Als V. *Erucina* wurde V. zur Patronin der Wein-
gärten.

Die V. *Victrix* wurde wohl vor Schlachten und Wett-
kämpfen angerufen. Das erste feste, von Pompeius Ma-
gnus (48. v. Chr. ermordet) errichtete Steintheater Roms
war mit einem Tempel der V. *Victrix* verbunden.

Die Erscheinung der V. entspricht der der Aphrodite.
Ihre Attribute sind vor allem die Taube (Tauben begleiten
sie oder ziehen ihren Wagen), seltener der Schwan oder
Schwäne, die Muschel (in der sie über das Meer fährt),
ferner die Rose und der Spiegel. In römischer Zeit trägt V.
eine Fackel, die sie als Geburtsgöttin charakterisiert und
auf die nach einer Geburt fällige Reinigung hinweist.

Die Neuzeit erfindet weitere Attribute entsprechend neue Zuständigkeiten, wie die Myrte als Symbol der Häuslichkeit in der Emblematik der Renaissance. Hier wandelt sich V. zur züchtigen Ehe- und Hausfrau und übernimmt so Zuständigkeiten der → Juno. Dieses Verständnis basiert wohl auf Plutarch.[4] In demselben Zusammenhang sieht man auch die das Haus symbolisierende Schildkröte, die ursprünglich jedoch der *Urania* zuzuordnen ist (s. die Beschreibung des Kultbildes des Phidias bei Plutarch, s.o.). Ein Schlüssel weist V. als Hüterin des Hauses aus.[5] Seit der Renaissance ist das flammende Herz (auch das von einem oder mehreren Pfeilen durchbohrte) Attribut der Liebesgöttin.

Schon in der Antike wurde V. mit dem Abend- und dem Morgenstern gleichgesetzt; als Planetengottheit trägt sie eine Lampe in der Hand. Die im Zeichen der V. Geborenen, die „V.-Kinder", geben sich der Liebe, der Musik und dem Tanz hin. So finden frühchristliche Autoren an der Liebesgöttin denn auch nur Verdammenswertes. Bei Augustin steht V. für die Geilheit,[6] Clemens von Alexandrien schimpft sie ein Flittchen (selbst die Athener hätten sie eine Kurtisane genannt!), die Syrakuser nannten sie griechisch „die mit dem schönen Hintern" (*kallípygos*), so wie Nikander[7] für sie einen ähnlich ordinären Namen gehabt habe: *kallígloutos*. Ihre Riten seien lediglich dazu angetan gewesen, die Menschen zur Unzucht anzuleiten.[8] Besonders anstößig erscheint den christlichen Exegeten die ehebrecherische Affäre der V. mit Mars: Diese Geschichte diene nur dazu, menschliche Laster zu rechtfertigen.[9]

Das Mittelalter hat ein differenziertes Urteil über die Göttin. Als Verkörperung einer fundamentalen Lebensmacht ist sie offenbar nicht ohne Weiteres zu ignorieren, und so „erfindet" man zwei Veneres: eine unzüchtige, wollüstige, die zum Bild der *Luxuria* (der „Fleischeslust") wird,[10] und eine keusche, die ehrenhaften und erlaubten Liebesbeziehungen vorsteht.[11] So spaltet sich die Liebesgöttin in eine V. fleischlicher Begierde, der *cupiditas*, und eine dienender und barmherziger Zuwendung, der *caritas*.

[1]Strabo 5.3.5 [2]s. E. Simon, *Römer*, S. 221 [3]Vergil, *aen*. 12.411 ff.
[4]Plutarch, *coniug. praec*. 32; ders., *de is. et os*. 75; vgl. Pausanias
6.25.1 [5]vgl. ein Emblem von Guillaume de la Perrière, 1539, Nr. 18,
H./S. Sp. 1749 f. [6]Augustin, *civ*. 7.27 [7]Nikander 2.33P [8]Clemens v.
Alexandrien, *exhort*. 2.13P [9]Minucius Felix, *oct*. 24.7 [10]Ovide moralisé en prose 1.18, ed. de Boer, S. 49, u. 4.8, ebd. S. 141 [11]Remigius
1.37.1, Bd. 1 S. 135 f.; Myth. Vat. III 11.18

VERTUMNUS, römischer Gott, den Varro den „ersten Gott
Etruriens" und dabei aber *Vortumnus* nennt.[1] Nach Rom
soll er aus Volsinii (heute Bolsena) gekommen sein. Er
hatte einen Tempel auf dem Aventin. Das Stiftungsfest
fand am 13. August statt.

Sein ursprüngliches etruskisches Wesen ist unbekannt.
In lateinischer Etymologie hat man den Namen von lat.
vertere („wenden") abgeleitet und ihm dazu passende
Aufgaben zugeschrieben. Properz[2] nennt deren drei: V.
sei einer, der die Überschwemmungen des Tibers wendet, oder einer, der zuständig ist für den Wechsel der Jahreszeiten, oder er heiße so, weil er sich in alle Gestalten
verwandeln könne. Letzteres überzeugt Properz.

Dieser Gott des Wandels fügt sich leicht in die Welt der
sich wandelnden Vegetation und findet ebenso leicht einen
Platz in den *Metamorphosen* Ovids, der ihn in vielfältiger
Gestalt die Tätigkeiten eines Landwirts oder Gärtners,
auch eines Kriegers und eines Fischers, ausüben lässt, nur
um der Nymphe Pomona, Gottheit (Numen) der Baumfrüchte, nahe zu sein und um sie zu werben.[3] Es scheint,
dass V. auf diese Weise historisch der Vegetationsgott wird,
den man gemeinsam mit Pomona häufig in der mythologischen Besetzung vor allem des Barockgartens sieht.

[1]Varro, *ling. lat*. 5.46 [2]Properz, *eleg*. IV.2, ed. Goold, S. 368 ff.
[3]Ovid, *met*. 14.623 ff.

VESTA → Hestia

VOLCANUS, Vulcanus, auch Mulciber, lat.; etr. Sethlans; Vulkan. Der Name kommt wahrscheinlich aus dem Etruskischen (vgl. die Stadt Vulci), wo V. wohl unter zwei verschiedenen Namen verehrt wurde. Der Name Mulciber dagegen ist lateinisch („der Erweicher", „der Schmelzer", im übertragenen Sinn auch das Feuer).[1] Er wird aber auch auf das gutmütige Wesen des Gottes gedeutet.

Die Schmiede des V. liegt unter dem Ätna,[2] auf Lipari[3] oder irgendwo dazwischen.[4] Er schmiedet Waffen, eherne Kriegstrompeten und Blitze, die er auch selbst schleudert. Das unterscheidet ihn wesentlich vom griechischen Schmiedegott. Der Waffenschmied V. steht im römischen Kult dem Kriegsgott → Mars nahe; in Ostia z.B. wurde Mars neben dem Hauptgott V. verehrt. Diese kultische Beziehung macht von neuem deutlich, dass der römische Gott (abgesehen von der Spätzeit, s.u.) ein anderer ist als Hephaistos, der im griechischen Mythos der Gegner des Ares ist (vgl. S. 31,85).

V. wurde in Rom bereits in voretruskischer Zeit verehrt; aus dieser Zeit stammen jedenfalls die ältesten archäologischen Zeugnisse. Er hatte seinen festen Platz auf dem Comitium, wo alle wichtigen politischen Entscheidungen getroffen wurden. Hier sehen wir ihn an der Seite der → Ceres bzw. neben deren unterirdischer Kultstätte, die auch dem Dispater und der → Proserpina heilig war. V. und Ceres wachten über zwei für das Wohlergehen des Volkes wesentliche Elemente: den Ackerbau und das metallbearbeitende Gewerbe. Beide Numina waren andererseits gefürchtet: V. als Blitzeschmied und -schleuderer, der auch für Brände verantwortlich war, Ceres als die große Rächerin.

Zu V. und Ceres gesellte sich → Saturnus, in dessen Bereich die gestempelten Erzbarren fielen, die Servius

Tullius (6. Jh. v. Chr.) erfunden haben soll.[5] Er wachte also über das Material, das der Schmied V. bearbeitete.

Der Mythos des Hephaistos war in Rom schon früh bekannt, was man aus der Darstellung der Rückführung des Hephaistos auf den Olymp auf einem attischen Krater schließen kann, der unter dem *niger lapis* (Grabstätte des Romulus) ausgegraben wurde. Jedoch erst im 2. Jh. n. Chr., zur Zeit der sog. Zweiten Sophistik, kam es zu einer Verschmelzung des V. mit Hephaistos.

V. gilt als der Erfinder der Schmiedekunst und, wie Natale Conti meinen wird, der Pyromantie, der wahrsagenden Feuerschau.[6]

In der Allegorese steht er allgemein für das Feuer (vgl. Hephaistos). Christliche Exegeten des Mittelalters sehen in V. den feurigen, gewalttätigen Liebhaber und das Sinnbild feuriger Begierde in Erinnerung an die Verfolgung der Athene durch Hephaistos (s. S. 44). In der Interpretation des *„Ovide moralisé en prose"* z.B. entehrt und beschmutzt er die keuschen Jungfrauen und zerstört Ehen. Schließlich sei er sogar der Teufel, der mit seinem hässlichen Gesicht (von den verkrüppelten Füßen ist keine Rede!) bei den Göttern in Ungnade gefallen sei, der aus dem Paradies geworfen wurde und seitdem die göttliche Weisheit und Macht herausfordere. Seine Ehe mit Venus macht das Feuer, das so viele Menschen in Liebe entbrennen lässt, zum Gemahl böser Fleischeslust.[7]

Der Typus des V. entspricht dem des Hephaistos, doch scheint die römische Kunst dessen körperliches Gebrechen nicht zur Kenntnis zu nehmen.

---

[1] „Das Feuer": Ovid, *met.* 14.5.33 [2] Vergil, *aen.*, 8.416 ff. [3] Juvenal, *sat.* 13.45 u.a. [4] Vergil, *aen.* 8.417; der Scholiast zu Apollonios Rhodios, 3,41, nennt Hiera, das heutige Vulcano [5] Plinius, *nat. hist.* 33.43 [6] Natale Conti, *myth.* 1567, 6.2, Bl. 46ᵛ [7] *Ovide moralisé en prose* 2.27, ed. de Boer, S. 98 ; ebd., 2.28, S. 98 f.; ebd. 1.18., S. 49 u. 4.8, S. 141

VULKAN → Volcanus

ZEUS, griech., lat. → Jup(p)iter, Di(e)spater/Di(e)spiter, auch Jovis, etr. Tinia. Sohn des → Kronos und der R(h)ea, ob der älteste[1] oder der jüngste[2] Sohn der beiden, bleibt unklar. Z. ist der oberste olympische Gott, Herrscher über Götter und Menschen, zunächst Gemahl der Metis (griech., „Klugheit") und der Themis (griech., „Satzung", „Sitte", „Brauch"). Erst dann vermählt er sich seiner Schwester → Hera in *Heiliger Hochzeit.*[3] Mit ihr hat er viele Nachkommen: → Athene (die auch als Tochter des Z. allein gilt), → Ares, → Hebe, → Hephaistos, → Persephone und die Geburtsgöttin Eileithyia. Noch mehr Kinder hat er mit seinen zahlreichen Geliebten, Göttinnen wie Sterblichen. Unter ihnen steigen vier in den Olymp auf: die Zwillinge → Apollon und → Artemis (von Leto), → Dionysos (von Semele) und → Herakles (von Alkmene). Auch → Pan soll sein Sohn sein (von Hybris[4]).

Der Name Z. ist zweifelsfrei indoeuropäischer Herkunft und bedeutet so viel wie der hell Aufleuchtende, Glänzende, Wetterleuchtende.[5] Z. ist aber auch der Gott des Sternenhimmels, des Blitzes und schließlich des Himmels schlechthin. In spezifischer Bedeutung spricht man auch von Diespiter als dem Gott des himmlischen Lichts, des Tageslichts (lat. *dies,* „Tag", *pater,* „Vater"). Den Beinamen „Vater" hat er schon seit homerischer Zeit.

Der Mythos des Z. ist außerordentlich reich. Vater Kronos hat die Eigenart, seine Kinder gleich nach der Geburt zu verschlingen, aus Furcht davor, eines davon könnte ihm die Herrschaft streitig machen. In ihrer Verzweiflung übergibt die Mutter, einem Rat ihrer Eltern folgend, den neugeborenen Z. auf Kreta der Mutter → Gaia, die das Kind an einen sicheren Ort auf dem Berg Aigaion bringt. R(h)ea indes wickelt einen Stein in Windeln und gibt ihn dem Kronos, der ihn ahnungslos verschlingt.

Über den Geburtsort des Z. gibt es unterschiedliche Meldungen. Er war entweder eine Höhle auf dem Berg Dikte[6] oder dem Berg Ida.[7] R(h)ea gibt das Kind in die Obhut der Kureten (griech., „Jünglinge", zum kriegerischen Gefolge der → Kybele und anderer Gottheiten gehörend) und der Nymphen Adrastaia und Ida. Der bekanntesten Version der Sage zufolge wird die Ziege Amaltheia seine Amme. Um das Kind, wenn es schreit, vor der Aufmerksamkeit des Kronos zu schützen, sorgen die Kureten für einen ohrenbetäubenden Lärm, vollführen wilde Tänze und schlagen auf ihre Schilde.

Als Z. herangewachsen ist, veranlasst er den Vater, den Stein und die Geschwister → Demeter, → Hades, → Hera (falls die schon vor Z. geboren sein sollte), → Hestia und → Poseidon wieder auszuspeien.

Dann liegen Kronos und seine Kinder von R(h)ea auf dem Olymp im Kampf mit den Titanen. In diesem Machtkampf kündigt sich schon die spätere Vormachtstellung des Z. an. Die Mutter versteht es, ihn zu ihrem Verbündeten gegen Kronos wie gegen die Titanen zu machen, und sie sagt voraus, Z. werde den Krieg gewinnen mit Hilfe der Hekatoncheiren (der „Hundertarmigen") und der Kyklopen,[8] der Kinder der → Gaia und des Uranos, die der in den Tartaros geworfen hatte. Wirklich gelingt es Z., die Verbannten zu befreien. Zum Dank schenken ihm die Kyklopen „Donner, Donnerkeil und Blitz".[9] So kommt Z. auch zu seinem gängigsten Attribut, dem Donnerkeil (s.u.), Poseidon erhält bei dieser Gelegenheit seinen Dreizack, Hades seine Tarnkappe. Mithilfe dieser Waffen besiegen die Götter die Titanen, stecken nun sie in den Tartaros und machen die Hekatoncheiren zu deren Wächtern.[10] Nach zehn Jahre währendem Krieg teilen nun Z., Poseidon und Hades das Reich des Vaters unter sich auf. Z. erhält den Himmel, Poseidon die Herrschaft über das Meer, Hades/Pluton über die Unterwelt.

Späte Quellen behaupten, Z. habe seinem Vater das

Gemächte abgeschnitten, → Aphrodite wäre damit also eine Generation später entstanden.[11]

Es heißt, er habe dazu dieselbe Sichel benutzt, mit der Kronos den Uranos entmannt hatte. Dieses Ereignis illustriert – nicht zuletzt durch seine Wiederholung – das Urphänomen des Machtkampfes zwischen den Generationen. Anders als der seit Ewigkeit existierende Gott des Alten und des Neuen Testaments muss der, den man üblicherweise den obersten Olympier nennt, die Macht für sich erst erstreiten.

Nun tragen die Götter dem Z. die Herrschaft an, und der verteilt die Zuständigkeiten unter ihnen.[12] Doch auch der Thron des Z. ist nicht sicher.[13] Keine Geringere als Hera, die wieder einmal Anlass sieht, sich über den Gemahl zu erregen, wiegelt die Giganten, die monströsen Söhne der → Gaia, auf, den Himmel zu stürmen. Die greifen mit Felsen und brennenden Eichenbäumen an, und es entbrennt ein schrecklicher Kampf (die „Gigantomachie"). Einer Weissagung zufolge werden die Götter den Kampf nur gewinnen, wenn ein Sterblicher daran teilnimmt. So wählt Z. seinen Sohn → Herakles zum Kampfgenossen aus, und schon wenden sich die Ereignisse zugunsten der Olympier. Z. selbst setzt seinen Blitz als Waffe ein, Herakles tötet die sterbenden Giganten mit seinen Pfeilen.[14] Später wurde dieser Kampf gegen die Götter den Titanen zugeschrieben. Die unterliegen, und Z. wirft sie in den Tartarus.[15]

Die nächste Herausforderung ist das Ungeheuer Typhóeus (Typhon/Typhos), halb Mensch und halb Tier, der jüngste Sohn der Gaia und des Tartaros, die den Göttern wegen der Vernichtung der Titanen immer noch zürnen. Typhóeus erstrebt die Herrschaft über Götter und Sterbliche, doch auch er endet im Tartaros.[16] Apollodor erzählt in diesem Zusammenhang noch eine andere (wohl ältere) Geschichte: Als Typhon den Himmel angriff, flohen die Götter in Gestalt von Tieren nach Ägypten. Nur Z. blieb und bekämpfte das Ungeheuer. Da zeigt sich zum ersten

Mal die Ohnmacht auch eines Z.: Zunächst bringt er zwar den Gegner durch seinen Blitz und eine diamantene Sichel zur Strecke, verfolgt ihn bis Syrien und fordert ihn zum Ringkampf heraus. Da erleidet er eine schmerzliche Niederlage: Mit der Sichel, die Typhon dem Z. entwendet hat, schneidet er ihm die Sehnen von Händen und Füßen heraus und versteckt den Besiegten in einer Höhle. Kaum hat sich Z. erholt, besteigt er einen von geflügelten Rossen gezogenen Wagen und verfolgt Thyphon schließlich bis Sizilien, wo er den Ätna auf das Ungeheuer wirft. Das Feuer des Ätna verstand man noch zu Zeiten Hygins als das, das Z. mit seinem Blitz in Thyphon entfacht hatte.[17]

Eine späte Quelle verschmilzt die drei Mythen um die Titanen, die Giganten und Typhóeus mit fantasievollen Erweiterungen des ursprünglichen Mythos zu einer einzigen Geschichte.[18]

Nicht nur Götter und Ungeheuer machen im Laufe der Zeit dem obersten Olympier zu schaffen. Der Titan Prometheus (griech., „vorbedacht", „der Vorausdenkende"), der im Auftrag des Z. den Menschen erschaffen hat,[19] macht sich zum Anwalt der Menschen, bewährt sich als Kulturbringer, und seine Erfindungen sind dazu angetan, den Menschen das Leben zu erleichtern. Die größte Bedeutung unter ihnen hat das Feuer. Doch dadurch dass er den Göttern das Feuer stiehlt, verwirkt er deren Wohlwollen. Es heißt auch, Prometheus habe damit seinen leblosen Geschöpfen aus Ton Seele und Leben eingegeben.[20] Anderes zu diesem Schöpfungsmythos wissen Apollodor,[21] Kallimachos[22] und Aischylos[23] zu berichten. Wie dem auch gewesen sein mag, Z. straft den Eigenmächtigen, indem er ihn an den Kaukasus ketten lässt, und den („elenden"[24]) Menschen schicken die Götter die verführerische, verderbenbringende Pandora (→ Hephaistos).

Schließlich ist die Herrschaft des Z. gesichert. Seine Macht ist umfassend – das machen vor allem Homer und Hesiod (auf Ersterem aufbauend) deutlich. Vom hohen Olymp aus, wo ihm → Hephaistos einen Palast erbaut hat,[25] regiert er das Wetter (Gewitter und Blitz, den er selbst schleudert), gebietet Wolken, Regen und Hagel und dem (für ein Land der Seefahrer wie Griechenland so wichtigen) Wind. So gestaltet er den Lebensraum von Menschen und Göttern und beherrscht zwangsläufig auch die Zeit: Er schafft Jahre und Jahreszeiten, Tag und Nacht.[26] Zugleich ist er Schöpfer und Ordner von Weltzeitaltern, die von mehreren Generationen von Menschen getragen werden. Hesiod zählt fünf Generationen, Ovid dagegen spricht – in der bekanntesten Version – von nur dreien: der des Goldenen, des Silbernen und des Eisernen Zeitalters.[27]

Von einer Generation zur nächsten vollzieht sich ein Prozess fortschreitender Trennung der Menschen von den Göttern, nicht zum Besten der Menschen: Die alten Werte wie Scham, Treue und Wahrheit werden verdrängt durch Betrug, rohe Gewalt, List und Tücke und einen allgemeinen Sittenverfall. Hier greift Z. ein und bewährt sich in den vielfältigsten Funktionen. Er ist Schutzgott des Hauses, des Gastrechts und der Herolde, Gott der Schutzflehenden und der Flucht. Vor allem aber sorgt er für Gerechtigkeit, und so erklärt sich, dass er den Menschen Glück wie Unglück, Gutes wie Schlechtes schickt. Das symbolisieren zwei Gefäße, die vor seinem Tempel stehen.[28] Viele seiner Zuständigkeiten finden ihre Verkörperung in seinen Kindern: den Schicksalsgöttinnen Moirai (den drei Moiren), Kindern der Themis: der strafenden Dike (griech., „Gerechtigkeit"), der Eunomia (griech., „vollkommene Ordnung") und der Eirene (griech., „Frieden"),[30] den Litai (griech., „Bitten", „Gebete"), als deren Vater er auch zum Sühnegott wird.[31] Von Mnemosyne soll er der Vater der Musen sein, von Eurynome Vater der Schönheit und Anmut verkörpernden Chariten. Es kennzeichnet wohl den „heidnischen" Gott schlechthin, der nicht wie der christliche ein „lieber Gott" ist, wie schon aus der *Ilias* ersichtlich ist: grausam, bösartig und lügnerisch nennt Homer diesen Gott.[32]

Im Krieg um Troja, den Z. vom hohen Olymp (oder auch dem Gargaron oder dem Berg Ida) aus verfolgt, steht er auf der Seite der Troer. So ist er Gegner der eigenen Ehefrau, Hera, die sich für die Griechen einsetzt, die schließlich den Krieg gewinnen (s. S. 90 f.). Ein Ehekrieg also als weltpolitisches Ereignis, das mit dem Triumph der Gemahlin endet!

Z. ist ein unermüdlicher und potenter Liebhaber. Dem jeweiligen Ziel seiner Begierde nähert er sich in vielerlei fremder Gestalt, auch um sich vor Hera zu verbergen, die ja selbst einer Verwandlungsform des Z., nämlich des Kuckucks, zum Opfer gefallen war. Die Europa erobert er als Stier, die Leda als Schwan, Antiope als Satyr oder Stier usw. Der keuschen Nymphe Kallisto nähert er sich in Gestalt der Göttin Diana/Artemis.[33] Den → Herakles zeugt er mit Alkmene in Gestalt ihres eigenen Gemahls, Amphitryon. Als Goldregen schwängert er die Danaë, die den Perseus gebären wird. Wenn Z. der Semele in Gestalt eines (tödlichen) Blitzes erscheint, so erliegt er damit einer List der eifersüchtigen Hera (→ Dionysos, S. 61 f.).

Z. liebt auch Knaben. Den schönen Ganymed lässt er von einem Adler entführen und zum Olymp bringen,[34] wo er ihn an Stelle der Hebe als Mundschenk der Götter einsetzt (oder er selbst entführt ihn in Gestalt eines Adlers[35]).

Aus sich selbst bringt er → Athene hervor, die (vielleicht mit Hilfe des Hephaistos, der Z. den Schädel spaltet) seinem Haupt entspringt.

Es ist schwer, sich mithilfe der literarischen Quellen ein Bild von Z. zu machen. Hoch auf dem Olymp, sehen wir den Blitzeschleudernden vornehmlich aus der Ferne. Homer sieht ihn mit wallendem Haar und schwarzen Brauen,[36] einen Bart habe er, sagt Kallimachos.[37] So und thronend stellt ihn auch die Bildkunst dar, bekleidet mit einem Mantel, der meist den Oberkörper freilässt. Seine Attribute sind ein Blitzbündel (der „Donnerkeil") und

ein Zepter, sein Begleiter ist der Adler, der manchmal für
den Gott selbst steht.

[1] Homer, *il.* 15,197 ff., u. a. [2] Hesiod, *theog.* 478, u.a. [3] ebd. 886 ff.
u. 901 ff.; ebd. 886-923 [4] Apollodor, *bibl.* 1.5.1 [5] Kl. Pauly 5, Sp. 1516
[6] Apollodor, *bibl.* 1.1.6 u. a. [7] Diodor 5.70. u. a. [8] Hesiod, *theog.* 139 ff.
u. 617 ff., Apollodor, *bibl.* 1.2.1 [9] Hesiod, ebd., 503 ff. [10] ebd. 851 u.
147 ff. [11] Fulgentius, *myth.* 1.2; Myth. Vat. I 102 u. III 1.7 [12] Hesiod,
theog. 881 ff. [13] Hesiod, ebd. 183 ff.; Apollodor, *bibl.* 1.6.1 [14] zur Gigantomachie vgl. Horaz, *carm.* 3.4.49ff; Ovid, *met.* 1.151 ff.; Claudian, *gigant.*, u. a. [15] Hygin, *fab.* 150 [16] Apollodor, *bibl.* 1.6.3; Hesiod,
theog. 853 ff. [17] *fab.* 152; 2. Jh. n. Chr. [18] Myth. Vat. I 11 [19] *etym. magn.*
S. 471 [20] Fulgentius, *myth.*, Helm 1970, S. 45, u.a. [21] *bibl.* 1.7.1; ders.
erga 42 ff.; [22] ed. Trypanis, S. 264, Frg. 551 [23] *prom.* 445 ff. [24] Homer, *il.*
24.525 [25] ebd. 1.606 [26] ebd. 2.134; Homer, *od.* 24.344 u. 14.93; Hesiod,
theog. 901; ders. *erga* 564 ff. u. 765 [27] ebd. 109 ff.; Ovid, *met.* 11.113 ff.
[28] Homer, *il.* 24.527 ff. [29] Hesiod, *theog.* 904 f. [30] ebd. 901 ff. [31] Homer,
il. 9.502 [32] ebd. 3.365; 2.112; 12.164; 1.63 u.ö. [33] Ovid, *met.* 6.103 ff.;
2.422 ff. [34] Apollodor, *bibl.* 3.12.2 [35] Lukian, *dial. deor.* 5.2 [36] Homer, *il.*
1.497 ff. [37] Hymnos 3, *an A.*, 269 L./L., *Myth.*, S. 344 f.

Benutzte Quellenliteratur mit bibliogra-
fischen Hinweisen auf die verwendeten
Ausgaben

Die Fülle der Quellen ist fast unüberschaubar. Ihre Auswahl, der
es jedenfalls um das Typische geht, wird bestimmt vor allem vom
verfügbaren Raum. Unsere nach Anzahl und Umfang also not-
wendig knappen Quellenhinweise sollen wenigstens je ein Stück
Authentizität einbringen und zugleich dem Interessierten weiter-
helfen, dem auch der Hinweis auf eine eher seltene Textausgabe
nützlich sein möchte.

Aelian . . . . = Claudius Aelianus:
    de anim. . . . . *De natura animalium* (ed. A.F. Scholfield, *On
    the characteristics of animals*, The Loeb Clas-
    sical Library, Cambridge [Mass.]/London,
    3 Bde., 1971 u. 1972)
Aesop . . . . = Aisopos, *Fabeln*, (ed. B.E. Perry, *Aesopica* I,
    Urbana / Illinois 1952)
Aischylos
    prom. . . . . *Prometheus Vinctus*
    eum.. . . . . *Eumenides*
Anakreon . . . . = –, von Theos (ed. G. Gentili, Rom 1958)
Anth. Palat. . . . . = Anthologia Palatina
Apollodor . . . . = Apollodoros, *Bibliotheke* (ed. J.G. Frazer,
    The Library, The Loeb Classical Library,
    Cambridge [Mass.]/London, 2 Bde. 1976 u.
    1979)
    bibl. . . . . *Bibliotheke*
    epit. . . . . *Epitome*
Apollonios Rhodios. . = –, *Argonautica* (ed. R.C. Seaton, *The Argo-
    nautica*, The Loeb Classical Library, Camb-
    ridge [Mass.]/London 1980; ed. princ.: Flo-
    renz 1496)
Apuleius . . . . = –, von Madaura (ed. J. Arthur Hanson,
    Metamorphoses, The Loeb Classical Library,
    Cambridge [Mass.]/London, 2 Bde. 1989)
    met. . . . . *Metamorphosen*

Aristophanes
  aves . . . . *Vögel*
Artemidor . . . . = Artemidoros von Daldis, *Oneirokritiká*
                              („Traumdeutung"; ed. R.A. Pack, Reclam,
                              Leipzig 1963, deutsch von F.S. Krauss, Leip-
                              zig 1991)
Athenaios . . . . =, aus Naukratis, *Deipnosophistai* („Philo-
                              sophengastmahl", ed. C.B. Gulick , *Athe-
                              naeus, The Deipnosophists*, 7 Bde., The Loeb
                              Classical Library, Cambridge [Mass.]/Lon-
                              don 1927-1941 u.ö.; ed. princ.: Venedig
                              1514)
Augustin(us)
  civ. . . . . *De civitate dei*
  ep. . . . . *Epistulae* (CSEL)
Babrius . . . . = Babrios, Valerius (?), *Mythiamboi Aisopei-
                              oi*, Äsopische Fabeln (ed. B.E. Perry, Babrius
                              and Phaedrus, The Loeb Classical Library,
                              Cambridge [Mass.] / London 1984)
Batman, Stephan . . . . *The Golden Booke of the Leaden Gods.* London
                              1577
Bion . . . . = –, (ed. J.M. Edmonds, *The Greek Bucolic
                              Poets*, The Loeb Classical Library, Cambridge
                              [Mass.]/London 1977
Boccaccio . . . . = –, Giovanni:
  gen. . . . . *Genealogia deorum gentilium* (Genealogiae,
                              ed. Venedig 1494; ed. V. Romano, *Genealogiae
                              deor. gentil.* , Bari 1951)
Cato . . . . = –, Maurus Portius
  agr. . . . . *De Agricultura* (ed. A. Mazzarino, *De agri cul-
                              tura*, Leipzig 1982)
Catull . . . . = Catullus, Gaius Valerius (ed. G.P. Goold,
                              C., Sämtliche Gedichte, dtv, München 1987)
Christine de Pizan . . = *Le livre de la Cité des dames* (deutsch von
                              Margarete Zimmermann, Das Buch von der
                              Stadt der Frauen, München 1990)
Cicero . . . . = –, Marcus Tullius
  div. . . . . *De divinatione*
  nat. . . . . *De natura deorum* (deutsch von W. Gerlach u.
                              Karl Bayer, Vom Wesen der Götter, 3. Aufl.
                              München/Zürich, Artemis u. Winkler, 1990)
  pis. . . . . *In L. Calpurnium Pisonem oratio*

rep.. . . . . *De re publica*
Claudian . . . . = Claudianus, Claudius (ed. M. Platnauer,
The Loeb Classical Library, Cambridge
[Mass.]/London, 2 Bde., 1922, 1972; ed.
princ.: Vicenza 1482):
  stilich. . . . . *De laudibus Stilichonis*
Clemens von
Alexandrien
  exhort.. . . . . *Exhortationes ad Graecos* (ed. G.W. Butter-
worth, *Clement of Alex.*, The Loeb Classical
Library, Cambridge [Mass]/London 1919 u.
1982)
Coluccio Salutati . . . . *De Laboribus Herculis*, ed. B.L. Ullman, The-
saurus Mundi, Zürich o.J., 2 Bde
Conti . . . . = –, Natale (Natale Comes)
  myth.. . . . . *Mythologiae*, Venedig 1537 u. öfter
Cornutus . . . . = – (auch Phornutus), Lucius Annaeus
  nat. deor.. . . . . *Natura deorum*; Theologiae graecae compen-
dium (ed. C. Lang, Leipzig 1881)
Dares Phrygius . . . . . = Dares von Phrygien, *De excidio Trojae* (ed.
F. Meister, Teubner, Leipzig 1873)
Dictys Cretensis . . . . = *Ephimeridos belli Troiani libri* (ed. W. Eisen-
hut, Teubner, Leipzig 1973; ed. princ.: Köln
1470 od. 1475)
Diodor . . . . = Diodoros Siculus (aus Agyrion), *Bibliothe-
ke* (ed. C.H. Oldfather et alii, *Diodorus of Si-
cily*, The Loeb Classical Library, Cambridge
[Mass.]/London, 12 Bde. 1933-1967 u.ö.; lat.
Übersetzung, Bologna 1472)
Dionys. Halic. . . . . . . = Dionysios Halicarnasseus, *Romaike Archa-
iologia*. (ed. C. Jacoby, Leipzig, 5 Bde. 1885–
1925; ed. princ.: Frankfurt 1586)
Eratosthenes
  Kat. . . . . *Katasterismoi* («Verstirnungen»; ed. C. Ro-
berts, Berlin 1963; A. Olivieri, Mythographi
Graeci III 1, Leipzig 1897)
  Etym. Magn.. . . . . . *Etymologicum Magnum* (1. Hälfte 12. Jh.; Ed.
Th. Gaisford, Oxford 1848, 1962; ed. princ.:
Venedig 1499)
Euripides
  bacch. . . . . *Bakchae*
  hel.. . . . . *Helena*

185

ion. . . . . *Ion*
iph. aul . . . . *Iphigenia aulidensis* (Iphigenie auf Aulis)
iph. taur. . . . . *Iphigenia taurica*
Eusebius . . . . = Eusebios Pamphilos von Kaisareia
   evang. praep. . . . . . *Praeparatio Evangelica* (ed. Th. Gaisford,
        griech. / lat., Oxford 1843)
Festus . . . . *De verborum significatu* (ed. W.M. Lindsay,
        Teubner, Stuttgart 1997)
Fulgentius . . . . = –, Fabius Planciades (ed. R. Helm, *Opera*,
        Teubner 1898/Stuttgart 1970)
   myth. . . . . *Mitologiarum libri tres*
Fulg. met. . . . . = John Ridewall, *Fulgentius Metaforalis* (ed.
        H. Liebschütz, Leipzig/Berlin 1926)
   libellus. . . . . *De deorum imaginibus libellus,* im Codex Re-
        ginensis 1290, ed. H. Liebeschütz, s. oben
        unter Fulg. met.
Gyraldi . . . . = –, Lilio Grigorio, *De deis gentium varium et*
        multiplex historia, Basel 1548
   synt. . . . . *Syntagma*
Hesiod . . . . = (ed. H.G. Evelyn-White, *Hesiod and the Ho-*
        meric Hymns,
        The Loeb Classical Library, Cambridge
        [Mass.]/London 1977)
   aspis. . . . . *Schild des Herakles*
   erga . . . . *Werke und Tage*
   theog.. . . . . *Theogonie*
Homer:
   Il. . . . . *Ilias* (Deutsch, ed. Roland Hampe, *Ilias,* Re-
        clam, Stuttgart 1979 u.ö., mit Register!)
   od. . . . . *Odyssee* (Deutsch, ed. Roland Hampe, *Ho-*
        *mer, Ody*ssee, Reclam, Stuttgart 2005, mit Re-
        gister!)
Hom. Hymn. . . . . = *Homerischer Hymnos* (ed. Anton Weiher,
        Homerische Hymnen, Tusculum München
        und Zürich 1989; ed. *Homeric Hymns,* The
        Loeb Classical Library, Cambridge[Mass.]/
        London 1977)
Horaz . . . . = Q. Horatius Flaccus:
   carm. . . . . *Carmina*
   serm. . . . . *Sermones*

Hygin . . . . = Gaius Julius Hyginus

astron. . . . . *Astronomia* (ed. A. Le Boeuffle, *L'Astronomie*, Paris 1983)

fab. . . . . *Fabulae* (ed. H.I. Rose, *Hygini Fabvlae*, Leyden 1933)

Isidor . . . . = Isidorus von Sevilla (Isidor v. S.)

etym. . . . . *Etymologiae* (ed. W.M. Lindsay, Oxford 1962)

Julian Apostata . . . . . Ed. Wilmer Cave Wright, *The works of the emperor Julian*, The Loeb Classical Library Cambridge [Mass.]/London, 3 Bde. 1969–1996

Juvenal . . . . = Decimus Junius Juvenalis (ed. J.D. Duff, *D. Ivnii Ivvenalis Satvrae*, Cambridge 1929)

sat. . . . . *Saturnalia*

Kallimachos . . . . = Kallimachos von Kyrene (ed. C.A. Trypanis, *Callimachus, Hymns and Epigrams*, The Loeb Classical Library, Cambridge [Mass.]/London 1977)

hymn. . . . . *Hymnen*

frag. . . . . *Fragmente*, (ed. ders., *Aetia- Iambi ... and other fragments*) ebd. 1978)

Kolluthos . . . . = Kolluthos von Lykopolis, *Harpage Hellenes* («Raub der Helena» , ed. A.W. Mair, *Oppian, Colluthus, Tryphiodorus*, The Loeb Classical Library, Cambridge [Mass.]/London 1928)

Kyprien . . . . = Epischer Zyklus (ed. H.G. Evelyn-White, *Hesiod, The Homeric Hymns and Homerica*, The Loeb Classical Library, Cambridge [Mass.]/London 1977 p. 488 ff.)

Libellus . . . . = *De deorum imaginibus libellus*, im Cod. Reginensis 1290 (ed. H. Liebeschütz, *in Fulgentius Metaforalis*, Teubner Leipzig und Berlin 1926, S. 117 ff.; vgl. oben unter Fulg. Met.)

Livius . . . . = *Ab urbe condita*

Longos . . . . = –, aus Lesbos (?), *Daphnis und Chloe* (ed. J.M. Edmonds, s. *Daphnis and Cloe* – S. Gaselee, *Parthenius*, The Loeb Classical Library, Cambrigde [Mass.] / London 1989; deutsch O. Schönberger, Stuttgart 1970)

Lukrez . . . . = *Titus Lucretius Carus* (ed. W.H.D. Rouse / M.F. Smith, *De rerum Natura*, The Loeb Classical Library, Cambridge [Mass.]/London; ed. princ. : Brescia 1473)

Lukian .... = Lukianos von Samosata (ed. A.M. Har-
mon et alii, The Loeb Classical. Library,
Cambridge [Mass.]/London, 8 Bde – 1979;
ed. princ.: Florenz 1496)

dial. .... *Dialogi deorum*

her. .... *Herakles*

Luther, Martin ......

enarr. in genes. .... *Enarrationes in Genesin*, Werke 1912

Lykophron .... = – von Chalkis, *Alexandra* (A.W. Mair, The
Loeb Classical Library, Cambridge [Mass.]/
London, mit Callimachus und Arat, 1977,
pp. 303 ff.; ed. princ. Venedig 1513)

Macrobius .... = –, Ambrosius Theodosius (ed. J. Willis,
Teubner, Leipzig 1963, 2 Bde.; ed. princ.: Venedig 1472)

comm. .... *Commentarium in somnium Scipionis*

sat. .... *Saturnalia*

Martian .... = Martianus Capella, *De nuptiis Philologiae
et Mercurii* (ed. A. Dick, Teubner, Stuttgart
1978)

Minucius Felix

oct. .... *Octavius* (ed. G.H. Rendall – W.C.A. Kerr,
in:T.R. Glover, *Tertullian*, The Loeb Classical
Library, Cambridge [Mass.]/London 1977)

Myth. Vat. I , II, III .. = Mythographus Vaticanus I, II, III (G.H.
Bode, *Scriptores rerum mythicarum latini tres*,
Celle 1834 ed. Olms, Hildesheim/Zürich/
NewYork 1990; vgl. ed. N. Zorzetti, *Le Pre-
mier Myth. Du Vatican*, Les Belles Lettres, Pa-
ris 1995

Nonnos .... = Nonnos von Panopulos, *Dionysiaca* (ed.
W.H.D. Rouse, The Loeb Classical Libra-
ry, *Dionysiaca*, Cambridge [Mass.]/London
1984; ed. princ.: Antwerpen 1569)

Orphisch .... = *Orphica* (Orphische Schriften)

orph. hymn. .... *Orphischer Hymnos* (ed. J.E. Plaßmann 1928;
unsere Zählung schließt den Vorspruch aus)

Ovid: .... Ovidius Naso, Publius:

ars .... *Ars amatoria*

fasti. .... *Fastorum libri sex* (ed. E.H. Alton, D.E.W.
Wormell, E. Courtney, *Ovidius, Fasti*, Teub-
ner, Leipzig 1978)

her. . . . . *Heroides*

met. . . . . *Metamorphoses* (ed. zweisprach., Michael von Albrecht, *Ovid, Metamorphosen,* Reclam, Stuttgart 1994

Ovide moralisé

en prose . . . . = Text des 15. Jhs. (ed. C. de Boer, North Holland Publishing Company, Amsterdam 1954)

Pausanias . . . . = *Graeciae descriptio*

Philostrat . . . . = Philostratus, Flavius, *Eikones* (ed. O. Schönberger, Tusculum, München 1968; ed. princ.: Venedig 1503)

imag. . . . . *Imagines* (= Eikones)

vita Apoll.. . . . . *Vita Apollonii* (F.C. Coneybeare, *The Life of Apollonius of Tyana,* The Loeb Classical Library, Cambridge [Mass.]/London, 2 Bde. 1969; ed. princ.: Venedig 1501/02)

Picinello . . . . = –, Filippo (= Filippo Picinelli), *Mundus Symbolicus in emblematum universitate,* 2 Bde., Köln 1681

Pindar . . . . = Pindaros, *Carmina* (ed. Sir John Sandys, The Loeb Classical: Library, Cambridge [Mass.]/London 1989; ed. princ. Venedig 1513, Rom 1515)

frg. . . . . *Fragmente*

isthm.. . . . . *Isthmionica* (Isthmische Oden)

nem.. . . . . *Nemeonica* (Nemeische O.)

ol. . . . . *Olympionica* (Olympische O.)

pyth. . . . . *Pythionica* (Pythische O.)

Platon:

krat. . . . . *Kratylos*

prot. . . . . *Protagoras*

symp.. . . . . *Symposion*

tim.. . . . . *Timaios*

Plautus:

amph. . . . . *Amphitruo*

rud. . . . . *Rudens*

Plinius . . . . = Gaius P. Secundus

nat. . . . . *Naturalis historia* (ed. H. Rackham et alii, *Natural History,* 10 Bde., The Loeb Classical Library, Cambridge [Mass.]/London, 1. Bd. 1938)

Plutarch . . . . = Plutarchos von Chaironeia, *Moralia* (= *Ethica*; ed. The Loeb Classical Library, Cambridge [Mass.]/London, 17 Bde.; ed. princ.: Venedig 1509)

mor. . . . . *Moralia*

coniug. praec. . . . . . *Coniugalia praecepta* (Bd. 2)

quaest. rom. . . . . . . *Quaestiones romanae* (4)

de def. or. . . . . *De defectu oraculorum* (5)

is. et os. . . . . *De Iside et Osiride* (5)

de frat. . . . . *De fraterno amore* (6)

Ders. . . . . Parallelviten (*bioi parallèloi* ; ed. B. Perrin, *The Parallel Lives*, The Loeb Classical Library, Cambridge [Mass.]/London, 11 Bde.)

cam. . . . . *Camillus* (Themistokles-Cam.)

rom. . . . . *Romulus* (Theseus-Rom.)

thes. . . . . *Theseus* (→ *Rom.*)

Priscian . . . . = Priscianus von Caesarea

inst. gramm. . . . . . . *Institutiones grammaticae* (ed. M. Hertz in: Grammatici Latinii: ed. H. Keil II, 1855, III, 1859–60)

Properz . . . . = Propertius, Sextus P., *Elegiae* (ed. G.P. Goold, *Propertius, Elegies*, The Loeb Classical Library, Cambridge[Mass.]/London 1990)

Quintus Smyrnaeus . = *Posthomerica* (ed. A.S. Way, *The fall of Troy*, The Loeb Classical Library, Cambridge [Mass.]/London 1962

Remigius . . . . = Remigius von Auxerre, *Commentum in Martianum Capellam* (ed. C.E. Lutz, 2 Bde., E.J. Brill, Leyden 1962, Bd. 2, ebd. 1965)

Ronsard . . . . = –, Pierre de (1525–1585)

Hylas . . . . *Poèmes*, 7e livre, 1569 (vgl. Ed. Françoise Joukovsky, *Pierre de Ronsard Po´sies Choisies*, Paris 1989, p. 219 f.: [*Sur Hercule*] = «Hylas», Text von 1578)

Seneca . . . . = –, Lucius Annaeus:

hipp. . . . . *Hippolytus* (ed. F.J. Miller, *Seneca, Tragedies*, The Loeb Classical Library, Cambridge [Mass.]/London, 2 Bde, Bd. I, *Hippolytus, or Phaedra*, pp. 320 ff.)

nat. quaest. . . . . *Naturales quaestiones* (ed. T.H. Corcoran, The Loeb Classical Library, Cambridge [Mass.]/ London, 2 Bde.)

Servius . . . . = Servius Maurus Honoratus, *Commentarii in Virgilium* (ed. H.A. Lion, Vandenhoeck und Rupprecht, Göttingen 1826):

aen. . . . . *Aeneis*

Sophokles

trach. . . . . *Trachiniae*

Statius . . . . = –, Publius Papinius

theb. . . . . *Thebais* (ed. A. Klotz, Teubner, Leipzig 1973)

Strabon . . . . = Strabon von Amasea, *Geographia* (ed. A. Meineke, 3 Bde. 1851–52)

Tacitus . . . . –, Cornelius

dial. . . . . *Dialogus de oratoribus* (ed. C. Halm, *Cornelii Taciti libri qui supersunt*, Bd. 2, Teubner, Leipzig 1911, pp. 276 ff.)

Terenz . . . . = Publius Terentius Afer (J. Sargeaunt, The Loeb Classical Library, Cambridge [Mass.]/ London 1912, 1983, 1986)

eun. . . . . Eunuchus

Tertullian . . . . = Tertullianus, Quintus Septimius Florens (T.R. Glover, The Loeb Classical Library, Cambridge [Mass.]/London 1931, 1977)

apol. . . . . *Apologeticus*

spect. . . . . *De spectaculis*

Theodulf von

Orléans

carm. . . . . *Carmina* (ed. Migne, Patrologia Latina 105, pp.191–380)

Theokrit . . . . = Theokritos (ed. J.M. Edmonds, *The Greek Bucolic Poets*, The Loeb Classical Library, Cambridge [Mass.]/London 1977)

Tibull . . . . = Tibullus, Albius, *Carmina*, (ed. G. Luck, Leipzig 1964, 1998; ed. princ.: Venedig 1472)

Tzetzes . . . . = –, Johannes, *Chiliades* («Historien»; ed. Th. Kießling, Leipzig 1826, Nachdruck 1962)

Valerius Flaccus . . . . = –, *Argonautica* (ed. J.H. Mozley, The Loeb Classical Library, Cambridge [Mass.]/London 1972; ed. princ.: Bologna 1471)

Varro . . . . = –, Marcus Terentius

ling. lat. . . . . *De lingua latina* (ed. Jean Collart, *Varron, De Lingva Latina, livre V*, Paris 1954; ed. princ.: Bologna 1471)

Vergil . . . . = Vergilius Maro, Publius
    aen. . . . . *Aeneis*
    georg. . . . . *Georgica* (ed., Johannes u. Maria Götte, *Vergil,*
                Landleben, München/Zürich 1987)
    cat . . . . *Catalepton*

Abgekürzt zitierte und weiterführende
Literatur

CSEL = Corpus Scriptorum Ecclesiasticorum Latinorum

H./S. = Henkel, Arthur/Schöne, Albrecht (Hg.): Emblemata. Hand-
    buch zur Sinnbildkunst des XVI. und XVII. Jahrhunderts. Stuttg.
    u. Weimar 1967 u. 1996. Supplement Stuttgart 1976

Kl. Pauly = Ziegler, Konrat/Sontheimer, Walther (Hg.): Der Kleine
    Pauly. Lexikon der Antike in fünf Bänden. Deutscher Taschen-
    buch Verlag, München 1979

König, Angelika und Ingemar: Der römische Festkalender der Re-
    publik. Philipp Reclam jun. Stuttgart 1991

LIMC = Lexicon Iconographicum mythologiae classicae. Zürich/
    München 1981–97

L./L. = Lücke, Hans-K. u. Susanne: Antike Mythologie. Ein Hand-
    buch. rowohlts enzyklopädie, Reinbek bei Hamburg 1999. Li-
    zenzausgabe Marix Verlag, Wiesbaden 2005
dies.: Helden und Gottheiten der Antike. Ein Handbuch, ebd. 2002.
    Lizenzausgabe, ebd. 2006

E. Simon, Griechen = Simon, Erika: Die Götter der Griechen. Hir-
    mer Verlag München, 3. Aufl. 1985

E. Simon, Römer = dies.: Die Götter der Römer. Hirmer Verlag
    München 1990